전쟁과 평화 학술총서 III-1

한국전쟁의 거짓말

스탈린, 마오쩌둥, 김일성의 불편한 동맹

한국전쟁의 거짓말

스탈린, 마오쩌둥, 김일성의
불편한 동맹

오일환·이연식·방일권 편역
(ARGO인문사회연구소)

채륜

2018년 4월 남북정상회담 직후 북미정상회담에 이어 종전협정 또는 평화협정 체결 가능성까지 거론되자 주변국들의 움직임이 긴박해졌다. 특히 중국은 한반도의 급격한 정세변화에 중국의 역할이 반드시 필요하다는 입장을 적극 피력하고 있다. 중국은 남·북·미 3개국만 참여하는 '한반도 평화 프로세스'에 노골적인 불만을 표시하며, 중국이야말로 한국전쟁의 교전 당사국이자 정전협정 체결국으로서 반드시 관련 당사국들은 중국과 협의해야 한다는 점을 강조하고 나섰다.

이런 상황은 70년 전의 한국전쟁과 휴전협정이 지닌 성격과 의미가 얼마나 심대한 것이었는지 새삼 깨닫게 해 준다.

그동안 학계에서는 한국전쟁의 책임, 기원과 발발, 성격과 결과 등에 관한 논쟁이 이어져 왔다. 전통주의 대 수정주의의 오랜 논쟁을 필두로, 전쟁의 원인이 어디에 있는가에 관한 내인론과 외인론의 논쟁, 내전 또는 국제전이었느냐, 아니면 복합전이었느냐의 논쟁, 전쟁의 시점을 1950년 6월 25일로 볼 것인가? 아니면 1945년 분단, 또는 1948년 정부수립을 기점으로 볼 것인가의 문제, 전쟁을 기획하고 주도한 것은 김일성인가, 스탈린인가? 아니면 미국이 유도한 때문인가를 둘러싼 논쟁은 현재도 이어지고 있다.

이런 가운데, 1990년대 이후 구소련과 중국의 비밀문서들이 공개되면서부터 논쟁이 더욱 활발해졌다. 공산권 국가들의 비밀문서가 공개된 직후 수정주의를 재반박하며 기존의 전통주의가 복권하는 듯 했지만, 최근에 와서는 오히려 다양해진 사료들만큼이나 한국전쟁에 관한 다양한 논점과 주장들이 제시되고 있는 상황이다. 미국 우드로 윌슨 센터가 세계냉전사 프로젝트CWIHP를 통해 입수한 구소련과 중국의 문서들, 그리고 이를 분석한 연구자들의 여러 논문들은 한반도에서의 냉전뿐만 아니라 아시아와 유럽 등 세계냉전의 기원과 구 공산권 국가들의 비밀문서들을 소개하고 분석하는 데 크게 기여하고 있다.

하지만 그동안 공개된 구소련과 중국의 문서들, 그리고 이에 대한 수많은 연구 결과들을 연구자들끼리만 공유하는 것은 너무 아쉬운 일이다. 이에 ARGO인문사회연구소는 이 가운데 한반도를 둘러싼 냉전과 관련된 중요 논문들을 쉽게 번역하여 일반에게 소개하고자 한다. 한국전쟁에 관한 논문들이 그 첫 번째 결실이다.

이 책에 수록한 글들은 이미 오래 전에 학술지에 발표되었거나 각 필자들의 저서를 통해 국내에도 여러 차례 소개된 적이 있다. 하지만, 공문서와 부록 문서들이 빼곡한 이런 학술논문들을 일반인들이 일일이 찾아서 읽어보기란 쉽지 않은 일이다. 이 책은 한국전쟁에 관심을 둔 대학생과 일반인은 물론이고 누구라도 쉽게 읽어볼 수 있도록 매우 흥미진진한 논문들만 우선 추려서 새롭게 번역한 것이다. 이번 번역에서는 필자들이 그동안 학술지와 저서에서 빠뜨렸던 자료들도 새로 제공해 주었고, 중국어 원서와 영역본의 차이를 바로 잡을 수 있도록 허락해 주었다.

이 책은 기존 학계의 논쟁을 소개하거나 어느 한 쪽의 이론과 주장을 뒷받침하기 위한 시도가 아니라는 점을 미리 밝혀 둔다. 여기에 실린 글들은 학자들끼리 논쟁을 벌이는 주제에 초점을 맞추기보다는 그동안 일반인들이 당연하게 간주해 왔던 부분에 이의를 제기하고 색다른 관점을 제시하는 것들만 선별했다. 한국전쟁을 전후해서 북한·소련·중국의 3국 간 동맹의 실체와 본질은 무엇이었고, 그동안 당연하다는 인식과 어둠 속에 감춰져 왔던 그 속살과 민낯에 조명을 비추어 살펴보자는 데 이 책의 목적이 있다.

또한 이 책은 북한·소련·중국의 동맹이 불순했다거나 한국과 연합군이 더 우월했다는 점을 말하려는 것이 아니다. 비슷한 시기 한국과 미국의 관계에서도 수많은 갈등과 우여곡절이 있었고 현재의 한미동맹, 미일동맹 역시 수많은 내적 갈등과 모순을 끌어안고 있다. 한국전쟁 기간 동안 미국은 이승만 대통령을 제거하려는 작전까지 수립했다. 이 책의 후반부에 등장하는 헝가리의 종군기자였던 티버 머레이Tibor Méray는 미국의 세균무기 사용에 관한 비난 선전전이 거짓이었음을 세세하게 폭로하면서도, 그렇다고 미 공군의 가공할 폭격이나 이승만과 김일성의 폭정을 호도할 생각이 전혀 없다고 밝혔다. 이처럼 어느 쪽 동맹이든 그 이면에는 엄청난 갈등과 모순이 잠재해 있기 마련이며, 이제 우리는 단순한 진영논리에서 벗어나 동맹 간 갈등과 모순에 대해서도 살펴볼 수 있는 다양성의 시대에 살고 있다.

어떤 독자들은 각 필자들의 분석 내용을 서로 대조하고 맞춰보며 상충되는 부분을 발견할 수도 있고, 각 필자들이 문서와 사료를 특정 관점에 입각해서 해석하려는 경향도 감지할 수 있을 것이다.

그러나 대개의 일반 독자들에게는 미처 알지 못했던 북·중·소 3국 간 동맹관계의 내막과 의외의 사실들을 생생하게 들여다 볼 수 있는 흥미로운 기회가 될 것이다. 어쩌면 동맹의 본질과 이면에는 이런 모습이 당연하게 존재하는 것인지도 모르겠다.

천젠陳兼, Chen Jian 교수는 한국전쟁이 발발하기까지 중국과 소련의 관계에 주목했다. 그는 소련과 중국의 관계가 흔히 돈독하고 굳건한 동맹이었으리라는 선입견에 다소 낯선 광경을 소개하고 있다. 당초 스탈린이 마오쩌둥을 괄시했고 마오쩌둥은 이런 굴욕을 감내하고 스탈린과 동맹을 체결하기 위해 절치부심했다는 점, 김일성의 남침 계획을 소련과 중국이 함께 고민했고 미국의 개입을 가장 큰 도전으로 간주했다는 점, 중국인민지원군의 참전 결정 직전 스탈린이 공군 엄호를 주저하는 바람에 마오쩌둥이 큰 배신감을 느꼈지만 중국군 참전을 결단함으로써 오히려 스탈린의 군비지원을 이끌어 냈다는 점, 이때의 경험이 이후 중국과 소련 간에 분열의 씨앗을 뿌렸다는 점 등이 그러하다. 오래 전에 발표된 이 글은 이미 학계에 널리 소개되었지만, 국공내전 시기 소련과 중국공산당의 불화관계가 오히려 세계 냉전과 한국전쟁 시기를 전후해 동맹관계로 발전해 나아갔고 동시에 그 기반이 얼마나 취약했는가에 관해 시사하는 바가 크다.

캐스린 웨더스비Kathryn Weathersby 교수는 한국전쟁에 관한 스탈린의 정책결정과정에서 결정적인 두 번의 순간, 즉 1950년 초 한국전쟁 개전에 관한 결단과 1950년 10월 중국의 참전을 열심히 독려하는 과정에 주목했다. 김일성의 개전 의지를 검토하는 과정에서 스탈린은 미국의 개입과 참전을 가장 걱정했다. 그는 북한주재 소련대사 슈티코프와 소련의 군사고문단을 통해 미국의 움직임과 세세한 군사작전까지 신경 썼다. 스탈린은 개전 직전까지 미국에 소련이 개입하고 있다는 인상을 주지 않기 위해 신경을 곤두 세웠지만 막상 북한군이 낙동강까지 파죽지세로 남하하자 한껏 고무되었다. 그러다가 인천상륙작전 이후 연합군이 북상하자 다시 세계대전으로의 확전을 걱정하며 김일성에게 북한을 포기하고 망명하라고까지 다그쳤다. 그리고 최후의 보루로써 스탈린은 중국에 일본제국주의 부활, 타이완 회복 불가를 내세워 겁을 주고 만약 미국과 직접 대결하고 제3차 세계대전이 벌어지더라도 상호원조조약을 체결한 소련이 참전할 텐데 '무엇이 두려운가?'라며 회유하고, 결국에는 중국이 요구하는 공군과 탱크 등 막대한 군비를 지원하면서까지 중공군의 참전을 독촉했다. 웨더스비 교수는 이러한 스탈린의 모습을 기회주의적이며 허세였다고 평가했다.

천젠의 논문은 중국인민지원군의 참전과 파병이 결정되기까지 마오쩌둥이 주도적이었고 스탈린이 망설였다는 점을 보여주고 있다. 이에 반해 웨더스비의 논문은 망설이고 주저하는 마오쩌둥을 설득하기 위해 스탈린이 겁을 주고 소련이 참전할 수 있다는 가능성까지 내비쳤다는 점을 보여주고 있다.

션즈화沈志華 교수 역시 한국전쟁 기간 중 북한과 중국이 찰떡궁합의 관계였으리라는 일반의 선입견에 대해 '결코 그렇지 않았다'는 점을 잘 보여주고 있다. 전쟁 초기 중국이 북한을 돕기 위해 군사고문단을 보내고 인민지원군 파병을 준비하는 과정에서 놀랍게도, 김일성이 중국군의 참전을 달가워하지도, 요청하려들지도 않았고 심지어 전황에 관한 정보를 제공하지 않아서 중국 측이 매우 불쾌해 했다는 점을 보여 준다. 이 문제는 소련이 정리를 해서 겨우 봉합할 수 있었다. 막상 중국인민지원군이 참전한 다음에도 북한 인민군을 포함한 작전통수권과 지휘체계 문제를 놓고 북한과 중국은 심각한 갈등을 겪었다. 이 문제 역시 스탈린이 결론을 내려 주었다. 그리고 북중 연합군이 38도선을 남하해 진격하는 문제를 놓고는 남하를 재촉하는 김일성과 군대정비를 위해 숨고르기를 주장하는 펑더화이 사령관 사이에 멱살잡이 직전에 가까운 일촉즉발의 상황이 벌어졌다. 펑더화이와 김일성의 신경전, 펑더화이의 최후통첩을 눈여겨 볼 필요가 있다. 이 문제 역시 스탈린이 중재함으로써 봉합되었다. 철도수송 문제를 놓고 벌인 북한과 중국 간의 신경전은 북한의 관심사와 중국에 대한 인식이 어떠했는가를 보여주기에 충분하다.

밀턴 라이텐버그Milton Leitenberg 교수의 논문도 매우 흥미롭다. 그는 한국전쟁 당시 미국이 세균무기를 사용했다는 북한·중국·소련의 주장이 허구였음을 밝혀 왔다. 한국전쟁 당시 북한에서 종군기자로 활약하며 미국의 세균무기에 관해서도 기사를 썼던 헝가리의 티버 머레이Tibor Méray 기자의 회고와 분석은 경험과 취재, 과학적 추론을 통해서 사건이 날조되었음을 입증했기에 더욱 놀랍다. 게다가 당시 중국인민지원군의 위생부장으로서 사건의 주역이었던 우쯔리吳之理의 회고와 소련공산당의 공식 문서들은 사건이 어떻게 날조되었는지 그 내막을 여과 없이 생생하게 드러내 보여주고 있다.

라이텐버그의 짧은 논문 보다는 부록 문서에 실린 관계자들의 회고와 소련공산당의 내부 문서, 그리고 중국 측의 공식 문서들이 오히려 읽어볼 만한 가치가 더 크다. 특히 사건이 조작되고 선전에 이용되었다는 점 보다는 소련이 사건의 실체를 파악한 후 이를 바로잡기 위해 관계자를 어떻게 처리하고, 마오쩌둥과 김일성에 대해 어떤 조치를 취했는지 살펴보면, 북·중·소의 동맹 관계와 실체를 파악하는 데 도움이 될 것이다.

한반도에서 남·북·미·중 간에 종전협정과 평화협정이 체결된다면, 세계적 차원에서 아니, 최소한 동북아시아 지역에서 냉전은 사라질 것인가? 한반도 평화체제 구축 후 한미동맹, 미일동맹, 실질적인 북중동맹와 북러관계는 해체되고 일반적인 국가관계로 변할 것인가? 당분간 동맹이 존속한다면 그 속에는 갈등과 모순이 없을까?

이 책은 과거의 해답이 아니라 현재와 미래에 던지는 질문이다.

여러 필자의 글을 번역하고 책으로 엮어내기까지 많은 어려움이 있었다. 특히 웨더스비 교수는 여러 글을 추천해 주었고, 라이텐버그 교수는 기존 논문에서 누락되었던 소련공산당 내부 문서의 번역에 많은 도움을 주었으며, 션즈화 교수는 중국어 원문을 제공해 주었다. 양갑용 교수는 션즈화 교수와의 연락뿐만 아니라 적지 않은 중국어 인명과 지명을 우리말로 옮기는 데 많은 도움을 주었다. 다시

한 번 번역을 허락하고 자료 등을 제공해 준 여러 필자들, 그리고 양갑용 교수에게 각별히 감사드린다.

마지막으로 '고매한' 연구에만 매달리는 아빠들에게 여러모로 불만이 많았을 터인데, 이를 초인적 인내심으로 감내해 준 옮긴이들의 사모님을 비롯한 모든 가족들에게 머리 숙여 고맙고도 송구한 마음을 전하고 싶다.

2018년 11월

편역자들을 대표하여, 오일환 씀

한국전쟁의 거짓말

일러두기

○ 이 책은 미국의 우드로 윌슨 국제학술센터에서 추진 중인 세계냉전사프로젝트(CWIHP : the Cold War International History Project)의 일환인 Working Paper Series와 Bulletin에 실린 영어 논문과 사료들을 중심으로 하되, 이 글의 모체인 중국어 논문과 국내 연구서 등을 대조하여 국문으로 편역한 것이다. 이 책의 편역 및 편집은 다음 기준에 따라 진행하였다.

1. 인명
– 서양인명은 국립국어원의 인명 표기법에 따라 한글로 독음을 달고, ( )안에 영어 원문의 로마자 표기를 그대로 병기하였다.
　　　예) 세르게이 라드첸코(Sergey S. Radchenko)
– 동양인명은 ( )안에 한자로 병기하였다. 단, 한자가 확인되지 않는 경우 원문에 표기된 로마자를 그대로 병기하였다.
　　　예) 마오쩌둥(毛澤東), 이시이 시로(石井四良)
– 인명은 각 장에서 처음 등장하는 경우에 한해 로마자 또는 한자를 병기하며, 그 다음부터는 한글 독음만 달았다.

2. 지명
– 우리나라의 지명은 한자를 병기하되 확인이 안 된 경우, 원문에 표기된 로마자를 그대로 두었다. 중국의 지명은 소리말로 적고 한자를 병기하였다.
　　　예) 선양(瀋陽),
– 지명은 각 장에서 처음 등장하는 경우에 한해 한자를 병기하며, 그 다음부터는 한글 독음만 달았다.
– 조선민주주의인민공화국은 ‘북한’, 대한민국은 ‘남한’, ‘한국’이라는 용어를 문맥에 따라 혼용하였으며, 남북한을 함께 지칭할 경우에는 ‘한반도’라는 용어로 통일하였다. 아울러 영어 원문의 ‘Korea’는 문맥에 따라 ‘한반도’, ‘남한’, ‘북한’으로 번역하였다.
– 중국과 한반도의 일부 지명 중 확인되지 않는 곳의 영문표기는 그대로 두었다.

3. 사건명
– 동일 사건이라도 문맥에 따라 다양한 한국식 용어가 사용되는 경우에는 가급적 한 가지 용어로 통일하고 뒤에는 원문 표기를 병기하였다.
　　　예) 푸에블로호 나포사건(the Pueblo's capture)
– 역사용어나 전문용어의 경우는 학계에서 사용하는 가장 일반적 용어를 채택하였고, 가급적 일반인도 읽을 수 있도록 뜻을 풀이하였다. 필요한 경우에는 영어 원문 표기를 병기하였다.
　　　예) 항미원조 → 미 제국주의에 저항하고, 북한을 원조한다는 항미원조(抗美援朝)

4. 숫자
- 숫자는 모두 아라비아 숫자로 표기하되, 가독성을 고려해 3자리를 기준으로 잘랐다.
    예) 123,456명 → 12만 3,456명

5. 각주(미주) 표기
- 원문의 각주는 모두 미주로 처리하였다. 필자의 각주를 그대로 번역하되, 부연설명 또는 역자의 설명이 필요한 경우는 (역자 주) 또는 (역주)를 표시하였다.
- 원문에서 영역되었던 중국어 출전은 다시 중국어로 표시하였는데, 일부 중국어 출전은 필자의 사정에 따라 그대로 영문으로 남겨둔 것이 있다.
- 출전의 표기 방식은 가급적 일관되게 통일시켰지만, 각 필자들의 요구와 대조확인이 어려운 경우 그대로 유지한 것이 있다.

6. 인용문
- 인용문은 큰따옴표(" ")나 문단 나눔을 이용해 내용과 구별하였다.

차례

옮긴이의 말 | 4

1장 중소동맹과 중국의 한국전쟁 개입_천젠(Chen Jian) | 19

2장 "무엇이 두려운가?" 스탈린의 대미 전쟁 위험 감수 | 63
     _캐스린 웨더스비(Kathryn Weathersby)

부록문서
[문서 No. 1] | 91
     – 슈티코프가 스탈린에게 보낸 전문(1949년 4월)

[문서 No. 2] | 94
     – 소비에트연방 내각위원회 결의문

3장 한국전쟁기 중국과 북한의 갈등과 해소_션즈화(沈志華) | 99

4장 한국전쟁기 미국의 생물학무기 사용에 관한 중국 측의 거짓 의혹 제기
     _밀턴 라이텐버그(Milton Leitenberg) | 143

부록문서
[문서 No. 1] | 173
     – 적들의 세균전을 응징하는 건에 관하여(1952년)

[문서 No. 2] | 174
　– 한국전선에서 세균에 감염된 곤충을 살포한 사실을 발견했다는 보고에
　　관한 지시(1952년 2월 19일)

[문서 No. 3] | 175
　– 마오쩌둥이 스탈린에게 보낸 전문

[문서 No. 4] | 178
　– 스탈린이 마오쩌둥에게 보낸 전문

[문서 No. 5] | 179
　– 푸순(撫順) 외곽지역에서 곤충을 발견했다는 보고에 관한 지시

[문서 No. 6] | 180
　– 저우언라이가 스탈린에게 보낸 전문

[문서 No. 7] | 181
　– 저우언라이가 스탈린에게 보낸 전문

[문서 No. 8] | 182
　– 적들의 박테리아 살포를 방지하기 위한 소련 공군 파견 요청에 관한 건

[문서 No. 9] | 183
　– 스탈린이 저우언라이에게 보낸 전문

[문서 No. 10] | 184
　– 중국인민지원군의 방역기구 조직 방법을 따를 것

[문서 No. 11] | 185
　– 세균전 방역상황 보고에 관한 지시

[문서 No. 12] | 186
　– 마오쩌둥이 스탈린에게 보낸 전문

[문서 No. 13] | 187
　- 중국인민지원군의 위생근무 사업에 관한 언급

[문서 No. 14] | 188
　- 소련 내무성 산하 우랄 군구 방첩대 부대장이자 북한 사회안전성과 내무
　　성 고문으로 파견되었던 글루호프(Glukhov)가 L.P. 베리야 내각위원회 부
　　위원장에게 보내는 설명문

[문서 No. 15] | 190
　- 키로프(S.M. Kirov)군사의료아카데미 학생 겸 의무대 중위로서 북한 인민
　　군 군사의무대 고문으로 파견되었던 셀리바노프(Selivanov)가 L.P. 베리
　　야에게 보내는 설명문

[문서 No. 16] | 192
　- 북한주재 소련대사관 수석군사고문 라주바예프 중장이 L.P. 베리야에게
　　보내는 설명문

[문서 No. 17] | 195
　- L.P. 베리야가 G.M. 말렌코프와 소련공산당 중앙위원회 간부회의에 보낸
　　비망록

[문서 No. 18] | 196
　- 베리야, 몰로토프, 흐루시초프 동지에게

[문서 No. 19] | 197
　- 소련공산당 중앙위 상임간부회의 문건

[문서 No. 20] | 198
　- V.M. 몰로토프가 소련공산당 중앙위원회 간부회의 구성원들에게 보낸 비
　　망록(1953년 4월 21일자 라주바예프 메모 첨부)

[문서 No. 21] | 200
　- 북한 정치보위국 및 외무성 파견 전 고문, 글루호프와 스미르노프의 1953

년 4월 24일자 보고서 조사 결과에 관한 내무부 의견, 공산당 중앙위원회
간부회의 의안 No.6(발췌)

[문서 No. 22] | 202
　- 중국주재 소련대사 V.V. 쿠즈네초프 및 북한주재 소련 대리대사 S.P. 수즈
　　달레프에게 보내는 서한에 관한 소련 내각위원회 상임간부회의 의결

[문서 No. 23] | 203
　- 마오쩌둥과의 면담 결과에 관해 북경주재 소련대사 V.V. 쿠즈네초프가
　　V.M. 몰로토프에게 보낸 전문

[문서 No. 24] | 205
　- 소련공산당 중앙위원회 당 기율위원회 위원장인 슈키리아토프가 G.M. 말
　　렌코프에게 보낸 비망록, 북한 사회안전성과 내무성에 고문으로 파견되었
　　던 글루호프(Glukhov)와 스미르노프(Smirnov) 동지의 보고서와 관련된
　　S.D. 이그나티예프(Ignatiev) 전 국가안전부 장관의 행동에 관한 당의 조
　　사 결과

[문서 No. 25] | 207
　- 북한주재 대리대사 S.P. 수즈달레프가 V.M. 몰로토프에게 보낸 전문

[문서 No. 26] | 209
　- S.D. 이그나티예프 동지에 관한 소련공산당 중앙위원회 당 기율위원회의
　　결정

[문서 No. 27] | 211
　- 세균전 참전 미군 포로의 자백 공개 계획(1953년 11월 8일)

[문서 No. 28] | 212
　- 티버 머레이(Tibor Méray), "세균전에 관한 진실" 연재기사(1957년 5월 6
　　일~19일)

[문서 No. 29] | 262

　　− 트루먼 대통령이 카스텐마이어 하원의원에게 보낸 서한

[문서 No. 30] ｜ 263
　　− 중국인민지원군 위생부장 우쯔리(吳之理)의 글

[문서 No. 31] ｜ 278
　　− 티버 머레이(Tibor Méray), "세균전−기억과 회상"

- -

주 ｜ 294

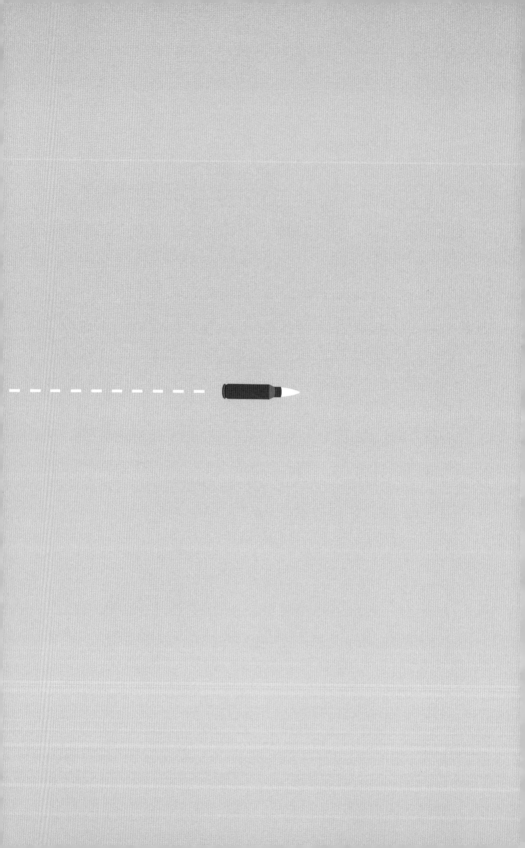

중소동맹과 중국의 한국전쟁 개입

천젠(Chen Jian)

이 글은, Chen Jian, "THE SINO-SOVIET ALLIANCE AND CHINA''S ENTRY INTO THE KOREAN WAR" *Cold War International History Project*(이하 *CWIHP*) *Working Paper No. 1.*(June 1992)을 번역한 것이다.

들어가며[1]

1950년 2월 중화인민공화국PRC과 소련은 모스크바에서 전략적인 동맹조약을 맺었다. 그로부터 불과 8개월 만에 중국은 "미 제국주의에 맞서 북한을 원조한다는 항미원조抗美援朝"를 명분 삼아 한국전쟁에 참전했다. 중국과 소련은 어떻게 동맹국이 되었을까? 중소동맹은 한국전쟁 발발과 관련이 있을까? 중국이 전쟁에 개입하는 과정에서 중소동맹은 어떤 역할을 했을까? 그리고 어떤 측면에서는 중국의 한국전쟁 개입이 결과적으로 중소동맹의 성립과 향후 양국 관계에 영향을 미쳤다고도 할 수 있지 않을까?

이러한 질문들은 분명 아시아 지역의 냉전뿐만 아니라 공산화된 중국의 외교전략에 대한 깊은 이해와 관련이 있지만, 지금까지 학계는 주로 중국 측 자료가 부족(물론 이것 때문만은 아니겠지만)하다는 이유 때문에 이에 대한 적절한 해답을 제시하지 못했다.

하지만 최근에 해제된 중국 측 자료들 덕분에, 이 글에서는 다음 세 가지에 관해 새로운 시각을 제시해 보려고 한다.

(1) 중소동맹의 성립과정
(2) 한국전쟁의 발발과 중소관계
(3) 중국공산당 지도부가 한국전쟁에 참여하기로 최종 결정을 내리는 과정에서 중국과 소련은 어떻게 접촉했는가?

국공내전 시기의 중소 관계 – 오해와 접점

1940년대 후반 미소美蘇 간의 대립이 격화되고 세계냉전이 심화되자 중국공산당은 공개적으로 소련과 새롭게 동맹을 맺었다. 1949년 6월 30일 중국공산당 중앙위원회 의장 마오쩌둥毛澤東은 그 유명한 대對소련 '일변도 성명一邊倒聲明'을 발표했다.

> 우리는 극단적으로 우리를 등등하게 대우하는 세계의 여러 나라와 공동투쟁의 대오를 형성해야 하며 전 세계의 인민과 대동단결해야 한다. 다시 말해 우리는 소련과 동맹하고, 민주국가의 인민들은 물론이고 다른 모든 나라의 프롤레타리아 및 민중과 광범위하게 연대함으로써 국제적인 전선을 형성해 … 일변도로 나아가야 한다.[2]

마오쩌둥은 어째서 이 시점에 이런 성명을 발표했을까? 그리고 중국공산당이 내세운 '일변도 정책'의 본질과 실질적인 의미는 무엇이며, 또 그 배경은 무엇인가? 특히 이 성명이 중국공산당의 대미정책과 외교정책 전반에 미친 영향은 무엇인가? 이에 대한 해답은 곧 중국공산당 지도부가 최종적으로 1950년에 미국과 직접적인 무력대결을 결정하게 된 전반적인 환경을 이해하는 데에 큰 도움을 줄 것이다.

중국공산당의 정책적 행동을 국제적인 환경 안에서 살펴보자면, 마오쩌둥의 '일변도 성명'은 결국 소련이 이끄는 국제적인 진보세력과 협력한다는 중국공산당의 오랜 혁명정책의 논리적 귀결이라는 사실을 쉽게 이해할 수 있다. 1940년대 말까지 중국공산당 지도자들은 전후 세계질서가 2개 진영으로 나뉠 것이라 굳게 믿었고, 소련과 미국이 각 진영을 주도한다고 내다보았다. 그들은 자신들의 혁명을 소련이 이끄는 국제프롤레타리아운동과 불가분의 관계에 있다고 보았고, 두 진영 사이에 중간지대가 존재할 가능성을 배제했다.[3] 마오쩌둥의 '일변도 성명'은 이러한 전후 세계질서에 대한 이해와 정확히 일치한다. 마오쩌둥의 결정이 지닌 정치적 함의는 매우 확실했다. 즉 소련이 주도하는 진보진영과 미국이 이끄는 반동진영 간의 국제적 대립 속에서 중국공산당은 미국에 대항하는 소련과 동맹할 수밖에 없다는 입장이었다.

또한 마오쩌둥의 '일변도'식 접근은 미국이 중국 공산주의의 국가안보를 심각하게 위협하고 있다는 중국공산당의 지배적인 인식에서 비롯되었다. 1949년 초 국공國共내전에서 공산당이 승리를 앞둔 시점에 중국공산당 지도부는 미국이 중국에 직접 개입하지 않을까 걱정했다. 1949년 1월 확대중앙회의가 진행되는 동안 미국의 개입 문제는 주된 의제 가운데 하나였다. 〈1949년의 현 상황과 우리 당의 임무〉라는 문건은 마오쩌둥이 직접 초안을 작성했다. 그는 이 문건에서, "전쟁 계획을 세울 때 우리는 항상 미국이 군대를 파견해 우리의 해안도시를 점령하고 우리와 직접 전투를 벌일 가능성을 염두에 두었다. 지금이야말로 우리는 지속적으로 미국의 침략에 대비해야만 한다. 실제로 그러한 일이 벌어진다면 기습공격을 당하는 비상사태를 방지하기 위해서 말이다."[4] 1949년 3월과 4월 중국공산당이 양쯔강揚子江을 건널 때의 군사 배치는 국민당 정부를 대신해 미국이 개입할 수도 있다는 점을 전제로 한 것이었다.[5]

비록 예상했던 미국의 군사 개입은 실제로 발생하지 않았지만 중국공산당 지도부는 '미 제국주의'가 지닌 침략적 본질과 '최악의 사태'를 가정하고, 항상 미국을 가장 위험한 적으로 상정했다. 마오쩌둥과 중국공산당 지도부는 러시아 볼셰비키혁명 이후 제국주의 국가들이 소비에트에 개입했던 것처럼, 신新중국 건설 이후 중국에 대한 지배를 포기하고 싶지 않은 제국주의 국가들이 중국문제에 군사적으로 개입할 수 있다고 생각했다.[6]

한국전쟁의 거짓말

마오쩌둥과 중국 지도부가 생각하기에, "사회주의국가들과의 동맹이 필요하다고 결심한 이유는 제국주의 국가들의 군사적 개입 가능성 때문"이었다.[7] 호전적인 미국을 상대하기 위해, 마오쩌둥과 중국공산당 지도부는 소련과의 동맹을 통해 좀 더 유리한 위치에 서고자 했던 것이다.

한편 중국공산당의 '일변도 정책'은 국내정치와도 밀접한 관련이 있었다. 현재까지 확인할 수 있는 자료에 따르면, 신중국이 지향해 나가야 할 국내외 정책과 관련해서 중국공산당과 이를 지지하는 '민주정당들'에 소속된 인사들의 의견이 서로 달랐던 것 같다. 마오쩌둥과 마찬가지로 중화인민공화국 초대 수상과 외교부장 및 중국공산당 중앙위원회 부의장을 겸직한 저우언라이周恩來는, "이 사람들은 아직도 미 제국주의에 대한 환상을 버리지 못하고 있다."고 주장했다. 즉, 그들은 신중국이 국제정치 무대에서 너무 급진적이지 않은 제3의 길로 나아가길 바라며 미국을 안일하게 인식하고 있다는 것이었다.[8] 장쯔중張治中 장군이 대표적인 사례이다. 그는 한때 장제스蔣介石와 함께 국공합작을 추진하다가 공산당 쪽에 합류한 인물인데, 마오쩌둥과 저우언라이가 위에서 언급한 그런 생각을 지닌 전형적인 사람이었다. 장쯔중은 마오쩌둥과 환담을 나눌 때, 신중국은 소련과 연대하는 한편 미국이나 서방 국가들과도 대화해야 한다고 제안했다. 그는 이런 정책이 바로 중국의 국익에 도움이 된다고 믿었다. 그러나 마오쩌둥은 다음과 같이 주장하며 그의 말에 동의하지 않았다. 즉 "국제정치에서 중용의 도中庸之道를 추구하는 것은 중국혁명을 위험하게 하는 것이다. 왜냐하면 그러한 태도는 중국혁명의 내부 동력을 약화시킬 것이며, 혁명세력과 반혁명세력의 구분을 모호하게 만들기 때문이다."[9] 국내에서 공산혁명을 촉진하기 위해서는 중국의 국제정책에 소련 '일변도'가 필수적이라는 것이 마오쩌둥의 생각이었다.

마오쩌둥의 '일변도' 결정은 실용적인 정책을 선택한 것인데, 이는 국공내전의 마지막 단계에서 소련과 가까워지려는 중국공산당의 노력이었다는 측면에서 이해할 필요가 있다. 1949년 6월 30일 마오쩌둥이 성명을 발표한 시점은 류사오치劉少奇를 단장으로 하는 대규모 중국공산당 사절단이 이틀 후 소련을 방문하는 일정을 염두에 둔 것이었다.[10] 그동안 중국공산당과 소련의 관계가 여러 차례 불편했던 것을 고려할 때, 마오쩌둥은 소련과의 우호협력에 대한 그의 강한 의지를 스탈린에게 표명하고자 했다.

중국 공산혁명의 오랜 여정 속에서 중국공산당과 소비에트 간에는 그야말로 우여곡절이 많았다. 1920년대와 1930년대 초반 중국공산당은 소비에트가 지휘 감독하는 코민테른의 일개 지부로서 소비에트의 지시를 종종 따라야만 했다. 그때마다 당 지도부 내에서는 마오쩌둥을 수장으로 하는 국내부와 소비에트가 육성한 정통파 공산주의자였던 왕밍王明(본명은 천샤오위陳紹禹)이 이끄는 국제부 사이에 상당한 알력이 있었다. 마오쩌둥은 오랫동안 국제부로부터 억압을 받았다. 그리고 스탈린과 소련공산당은 국제부를 후원했기 때문에 마오쩌둥은 그러한 경험을 잊을 수 없었다. 1930년대 후반에 접어들며 마오쩌둥이 중국공산당의 확고한 리더로서 자리를 잡자 그는 여러 차례 코민테른과 소련으로부터 억압을 받았다. 1940~1941년경 중국에 주둔하고 있는 일본군 기간부대를 공격하기 위해 중공군을 투입하라는 소련의 지시를 마오쩌둥이 거부하자 마오쩌둥을 비롯한 중국공산당 지도부는 코민테른으로부터 신랄한 비난을 받아야 했다.[11] 또 1940년대 초반 마오쩌둥의 지도권을 강화하기 위해 중국공산당의 정치적 움직임이 본격화되자 소련공산당과 코민테른은 이것이 혹시 중국공산당 내의 친소세력을 억압하기 위한 시도가 아닌지 의심했다.[12] 심지어 1943년 코민테른 해체 후에도 중국공산당의 정책은 소련으로부터 비난을 받았는데, 특히 국민당과의 연합전선이 그 표적이었다.[13] 1945년 얄타회담에서 외몽고의 독립과 몇 가지 중국과 관련된 사항을 루즈벨트가 양보한 대가로 스탈린은 국공내전 시 중국공산당을 지원하지 않기로 약속한 바 있다.[14]

1946~1949년의 국공내전 기간 동안 중국공산당과 소련의 관계는 다시 벌어졌다. 국민당과 대치하는 상황, 특히 동북지역(만주)에서 어쩌다 중국공산당을 지원하는 동안에도 소련 지도부는 중국공산당이 승리를 거둘 능력이 없다고 의심했다. 냉전이 심화되는 가운데 국민당이 줄기차게 친미정책을 취했음에도 불구하고 소련은 중국공산당과 국민당 사이에서 중립적인 태도를 취했다. 심지어 소련은 중국공산당을 압박해 국민당에게 양보를 하도록 했으며, 소련의 미디어들은 중국공산당이 결정적인 전투에서 연승을 거두는 동안에도 이상하리만치 침묵을 지켰다.[15] 몇몇 중국 측 자료들에 따르면, 1949년 초 스탈린이 마오쩌둥과 중국공산당 지도부에게 자칫 미소 간의 직접적인 대립을 초래할 수 있는 양쯔강 도하작전을 포기하도록 종용했다고 한다. 그러나 마오쩌둥은 그러한 제안을 단호히 거부했다.[16] 1949년 2월 하순 인민해방군은 국민당을 난징南京에서 광저우廣州로 밀어냈다. 당시 주중 소련대사는 국민당 정부와 함께 광저우로 옮겨갔다. 이런 과거 때문에 중국공산당은 소련과 긴밀한 전략적 유대관계를 구축할 수 없었다.[17]

하지만 이상에서 언급된 일들은 중소관계의 전체에서 보면 일부에 불과하다. 마오쩌둥과 중국 공산주의자들도 결국에는 공산주의자들이었다. 중국 공산혁명의 오랜 여정 속에서 중국공산당 지도부는 항상 스탈린과 소련공산당 간에 진밀한 관계를 유지하거나, 최소한 그러한 관계를 구축하려고 노력했다. 중국 남부지방에서 북서지방에 이르는 홍군의 '대장정'이 진행된 아주 짧은 시기를 제외하고, 중국공산당 중앙위원회가 매일같이 코민테른 및 소련공산당과 전문을 주고받았다는 사실은 잘 알려져 있다. 마오쩌둥과 중국공산당 지도부는 그들의 거의 모든 중요 결정사항을 모스크바가 파악할 수 있도록 적극적으로 소통했다. 심지어 스탈린이나 소련공산당과 심각하게 의견이 다른 경우에도 모스크바에 대해서는 공개적으로 불만을 표출하지 않기 위해 노력했다. 마오쩌둥과 중국공산당 지도부는 소련과의 의견 대립을 형제간에 흔히 벌어질 수 있는 일 정도로 치부했다.[18]

국공내전에서 차츰 중국공산당의 승리가 유력해지자 공산당 지도부는 중국의 신정부 수립을 검토하기 시작했고, 마오쩌둥은 소련과의 긴밀한 유대관계 구축을 표방했다. 1948년 9월 마오쩌둥은 중국공산당 중앙정치국 회의석상에서, "우리 혁명이 새로운 민주주의 단계에서 사회주의로 성공적으로 이행하는 과정에서 소련은 우리를 도울 것이다. 무엇보다 그들은 우리의 경제개발을 지원할 것이다."라고 말했다. 그리고 1948년 9월 28일 스탈린에게 보낸 중국공산당 중앙정치국회의 결과보고서에서 마오쩌둥은 스탈린 및 소련공산당과 긴히 나눌 이야기가 있다며 11월에 소련을 방문하겠다고 밝혔다. 그 후 10월 16일 스탈린에게 보낸 전문에서 마오쩌둥은 "새로이 정치자문회의를 소집하여 중국에 새로운 임시중앙정부를 수립하는 문제"에 관해 스탈린의 의견을 듣고 싶다는 자신의 뜻을 분명히 밝혔다. 1948년 12월 30일 마오쩌둥은 스탈린에게 중국공산당 중앙정치국이 1949년에 수행할 당의 전략과제 토의를 위해 확대회의를 개최한다고 통지했다. 마오쩌둥은 중앙정치국회의를 마친 뒤 소련을 방문할 계획이었다.[19] 하지만 당시 스탈린은 어떤 이유든 그러한 회의에는 관심이 없었다. 그리고 그는 현재 국공내전이 매우 중요한 국면에 있다고 강조하며 마오쩌둥이 중국을 떠나는 것은 부적절하다는 내용의 전문을 마오쩌둥에게 보냈다. 그러면서 스탈린은 소련 중앙 정치국 간부를 중국에 파견해 마오쩌둥의 의견을 청취하도록 하겠다고 적었다.[20]

1949년 1월 31일부터 2월 7일까지 소련 중앙정치국 멤버인 미코얀Anastas Mikoyan이 비밀리에 중국공산당 중앙본부가 있는 시바이포西栢坡를 방문했다.

시바이포진에서 미코얀(왼쪽 사진 가운데)과 중국공산당 인사들, 마오쩌둥(오른쪽 사진 맨 앞)

그가 시바이포에 체류하는 동안 마오쩌둥과 류사오치, 주더朱德, 저우언라이, 그리고 런비스任弼時 등 4명의 중앙서기국 구성원들은 그와 3차례에 걸쳐 공식 회담을 가졌다. 첫 번째 회담 첫머리에 미코얀은 왜 스탈린이 마오쩌둥의 소련 방문에 동의하지 않았는지를 설명했다. 그에 따르면 스탈린은 중대한 전쟁국면에서 마오쩌둥이 자리를 뜨는 것을 원하지 않았다고 한다. 그는 또한 마오쩌둥의 안전과 건강을 걱정했다고 전했다. 그래서 스탈린이 마오쩌둥을 모스크바로 초대하는 대신에 미코얀을 중국에 파견했다는 것이다. 당시 미코얀은 힘주어 말하기를, "스탈린 동지는 우리에게 중국에 가서 중국공산당과 마오쩌둥 동지의 의견을 듣고 모스크바로 돌아와 보고하라고 지시했다. 따라서 우리는 오로지 당신들의 의견을 듣기만 할 뿐 어떤 중요한 결정이나 토의에 의견을 개진하지는 않을 것"이라고 했다. 그러자 마오쩌둥은 당시 구체적인 전황을 설명했다. 그리고 승리는 단지 시간문제라는 점을 강조했다. 마오쩌둥은 공산당이 승리를 쟁취한 다음, 국민당에 반대하는 여러 민주정당들과의 연립정부 수립을 모색하고 있는 것과 관련해 혹시라도 스탈린이 티토주의 Titoism[21]를 우려하지 않을까 싶어 다음과 같이 말했다. "우리가 수립할 정부는 본질적으로 맑스레닌주의를 지향한다." 그리고 인민해방군은 양쯔강을 넘지 말라는 스탈린의 제안에 호응하면서도 마오쩌둥은 결국 국민당 잔당을 소탕하고 "혁명을 끝까지 완수하기" 위해서는 결국 양쯔강을 넘어야만 한다고 지적했다. 공식회의를 마친 뒤 저우언라이는 개별적으로 미코얀을 만났다. 저우언라이는 중국의 정치외교 노선을 어떻게 만들어 나갈 지에 관해 부연설명 했다. 그리고 신중국 건설 뒤 중국 경제의 재건과 교통시스템 복구 등과 같은 현안들에 관해 토의했다. 저우언라이는 혁명 후 중국의 재건사업에 소련이 적극적으로 참여해 주기 바란다고 분명히 밝혔다.[22]

표면상 미코얀의 시바이포 방문은 중국공산당을 후원하겠다는 소련의 확실한 약속을 만들어내지 못했다. 하지만 전체적으로 이 방문의 실질적인 중요성은 절대 무시할 수 없다. 이것은 오래간만에 성사된 중국공산당 지도부와 소련 공산주의 리더의 첫 번째 만남이었고, 미코얀의 중국 방문은 서로의 입장을 이해하고 서로 동등한 입장에서 의견을 나눌 수 있는 분위기가 조성되었다는 측면에서 큰 의미가 있었다. 따라서 미코얀의 중국 방문은 중국공산당과 소련이 상호 이해와 협력을 새롭게 하는 첫 걸음이 되었으며, 이것이 결국 중소동맹을 이끌어내는 시발점이 되었다고 할 수 있다.

중국과 소련, 세계혁명 전쟁의 길로 나아가다

1949년 4월 인민해방군이 양쯔강을 건너 난징을 점령한 뒤 중국공산당은 마침내 승리를 거두었다. 신중국의 국내외 정책의 틀을 정비하면서 마오쩌둥과 중국공산당 지도부는 소련과의 관계가 더욱 굳건하게 구축되기를 원했다. 5월 초 중국공산당 지도부는 최고위 인사로 구성된 대표단을 모스크바로 파견할 때가 왔다고 생각했다. 류사오치와 저우언라이가 소련 방문 준비 작업을 맡았다. 중국공산당 중앙위원회 선임멤버이자 1930년대 코민테른 중국대표를 지낸 왕자샹王稼祥 만주지역 당비서가 방소 계획을 돕기 위해 중앙으로 호출되었다.[23]

준비 작업은 6월 말까지 진행되었고 중국공산당 중앙위원회는 류사오치가 대표단을 이끌게 했다. 류사오치는 스탈린과 국제상황 및 중소관계와 관련된 모든 중요한 문제를 토의할 수 있는 전권을 위임받았다. 우선 그는 스탈린에게 중국공산당이 생각하고 있는 정책의 기본 틀을 설명하고자 했다.(특히 중국공산당이 지도하는 중국인민정치협상회의에 비공산 민주주의자들을 포함시키는 정책) 그리고 스탈린에게 중국 공산주의자들은 결코 티토주의에 경도되지 않았다는 점을 확실히 각인시키고자 했다. 이를 통해 소련이 중국의 상황과 중국혁명의 본질을 더욱 깊이 이해할 수 있도록 노력했다. 아울러 그는 신중국의 승인과 군사문제를 포함한 다양한 지원 등 중국 정부에 대한 소련의 실질적인 원조를 이끌어내고자 했다. 만일 이 방문이 성공적으로 이루어진다면 가까운 미래에 마오쩌둥의 소련 방문도 가능할

것으로 기대했다.[24]

마오쩌둥과 중국공산당 지도부는 류사오치의 소련 방문이 소련과의 전략적 협력관계 구축에 매우 중요한 의미를 지닌다고 보았다. 류사오치의 성공적인 소련 방문을 보장하기 위해서 마오쩌둥은 무언가 확실하고 의미심장한 일을 해야만 했다. 류사오치 대표단이 소련으로 출발하기 이틀 전에 '일변도 성명'을 발표한 것도 결국 이러한 배경에서 이루어진 일이다. 또한 마오쩌둥이 소련을 국제 진보세력의 독보적인 리더로 추켜세우고, 스탈린에게 오해의 여지가 없는 메시지를 보낸 것도 이 때문이다. 이제 스탈린이 중국지도부를 티토주의에 물들어있다고 의심할 이유가 전혀 없는 것이다.

중국대표단은 소련에 체류하는 동안 스탈린 및 소련 지도부와 4차례의 공식 회담을 가졌고 매번 매우 중요한 의제를 다루었다.

첫째, 스탈린은 국공내전 기간 동안 중국공산당에게 충분한 도움을 주지 못한 데 대해 사과했다. 류사오치와 그의 동료들은 뜻밖이었고 동시에 만족했다. 쉬저師哲의 회고에 따르면 두 번째 회담에서 스탈린은 류사오치에게 "(국공내전에서) 우리가 방해가 되었는가?"라고 물었고 류사오치는 "그렇지 않다!"고 답했다. 그러자 스탈린이 말하기를, "아니오. 우리는 당신들에게 방해가 되었을 것이오. 사실 우리는 중국에 대해 너무 모르고 있었소."[25] 비록 스탈린의 사과는 사적인 회담 자리에서 이루어졌지만 마오쩌둥과 중국공산당 지도부는 큰 감명을 받았다. 가장 중요한 것은 중국공산당 지도부가 이로써 스탈린이 이제부터 중국 공산주의자들을 동등하게 대우하겠다는 신호로 인식했다는 점이다. 후에 마오쩌둥, 류사오치, 저우언라이 등 중국의 최고위 지도자들은 기회가 있을 때마다 스탈린의 이 사과를 언급했고, 중국공산당이 '일변도' 정책을 취했던 것을 정당화 할 때마다 이 일화를 이용했다.[26]

둘째, 토의 내용은 주로 새롭게 탄생할 중국 공산주의 정권에 대한 소련의 원조에 집중되었다. 류사오치의 소련 방문을 전후해 중국공산당 지도부는 중국 공산중의 정권에 대한 국제적인 승인문제를 걱정했다. 일단 미국과 서방 국가들은 즉각적인 승인을 하지 않으리라 예상했다. 그리고 마오쩌둥과 중국공산당 지도부는 과연 모스크바와 동유럽의 '신민주주의' 국가들이 중국의 신정부를 즉각적으로 승인할지 여부도 확신할 수 없었다. 그래서 류사오치는 스탈린에게 당시 중국 정부의 국내외 정책을 정성껏 설명했다. 특히 중국공산당이 신정부 수립 과정에서 채택하려는 중국인민정치협상회의 방식은 중국의 특수한 상황에 따른 것이며, 혁명 후 중국공산당은 어떠한 환경에서도 다른 세력에게 지도권을 양보하지 않을 것이라는 점을 강조했다. 그러자 스탈린의 반응은 매우 호의적이었다. 중국공산당은 현재 신新 중앙정부를 1950년 1월 1일에 수립할 것이라고 류사오치가 말하자, 스탈린은 "중국의 무정부상황이 장기간 지속되도록 내버려둘 수는 없다."며 최대한 일정을 앞당기는 것이 좋다고 말했다. 이로써 소련은 신중국을 무조건 지원하겠다고 분명히 선언한 것이다. 스탈린의 반응에 힘입어 중국공산당은 중앙정부 수립일정을 앞당기기로 결정했다. 이로써 양국의 지도부는 어느 정도 심리적인 거리감이 여전히 남아 있었지만 이전에 비하면 훨씬 더 거리를 좁힐 수 있었다.[27]

셋째, 류사오치의 방문은 신장新疆지구 문제를 해결하는 과정에서 중국공산당과 소련의 협력을 이끌어냈다. 중국공산당에게는 이것이 매우 중요하고도 실질적인 성과였다. 신장은 중국의 서북쪽과 러시아와 카자흐스탄의 동남쪽에 위치하고 있다. 특히 오래 동안 러시아인들은 신장의 북부 지역을 자신의 영역으로 생각해왔다. 그 결과 19세기 말에서 20세기 초에 걸쳐 신장 북부지역에서 중국과 러시아인 사이에 여러 차례 유혈분쟁이 발생했다. 1917년 볼셰비키 혁명에서 승리한 뒤, 레닌의 소비에트 러시아는 신장을 중국의 주권지역으로 승인했다. 그러나 소련은 한 번도 그곳에 대한 이권을 완전히 포기한 적이 없었다. 1944년 11월에는 소련이 지원하는 친공산주의자들이 신장의 제일 북쪽에 위치한 타청塔城, 이리伊犁 그리고 아산阿山에서 폭동을 일으키고 그 때부터 이 지역을 지배했다. 중국공산당이 1949년 국공내전에서 국민당을 제압하고 결정적인 승리를 거두었을 때, 신장은 국민당이 지배하는 극소수 지역들 가운데 하나였다. 류사오치의 소련 방문 기간 동안 스탈린은, 소련 정보기관의 보고에 따르면 미국이 중국 서북쪽의 국민당계 무슬림 군대를 지원해 신장에 독립 이슬람공화국 수립을 계획하고 있으며, 만일 이것이 실현된다면 중국공산당과 소련 모두에게 엄청난 해악을 끼칠 것이라고 말했다. 그러면서 그는 중국의 인민해방군이 신장 북쪽으로 쉽게 접근할 수 있도록 신장 북부 지역에서 소련이 지원하는 혁명부대를 활용해 국민당계의 동향을 확인하도록 하자고 제안했다.[28] 그리고 모스크바는 중국공산당이 신장 북부 지역의 혁명세력과 직접 접촉할 수 있도록 중국공산당 중앙위원회 유격대의 덩리췬鄧力群이 모스크바를 거쳐 신장 북부로 이동하는 것을 도왔다. 1949년 10월 인민해방군이 마침내 신장을 차지하기 전까지 중국공산당 중앙위원회와 신장의 공산당 요원 간의 통신과 교통은 소련과 외몽고 지역을 매개로 이루어졌다.[29]

류사오치가 소련 방문회담에서 거둔 가장 중요한 성과는 스탈린과 함께 국제정세와 세계혁명, 그리고 아시아혁명에 이르기까지 중국과 소련의 역할분담에 관해 논의했다는 점이다. 스탈린은 당분간 또다른 세계전쟁이 발생할 가능성은 거의 없고 세계혁명세력은 이전보다 훨씬 더 강력해졌다고 강조하면서 중국공산당이 세계혁명, 특히 동아시아 지역의 혁명을 이끌어 감으로써 이전보다 더 중요한 역할을 수행하기 바란다고 말했다. 그리고 스탈린은 국제 공산주의운동에서 소련과 중국이 책임을 분담했으면 좋겠다는 뜻을 분명히 밝혔다. 즉 소련이 서방에 주력한다면 중국은 아시아에 더 많은 노력을 경주해 주기 바란다고 그는 말했다. 또한 그는 결코 중국을 치켜세우려는 것이 아니라 그저 사실을 말할 뿐이라고 강조했다. 스탈린은 중국이 아시아의 식민지와 반식민지 국가들에 큰 영향력을 행사할 수 있기 때문에 아시아의 혁명은 역시 소련보다는 중국이 이끄는 것이 쉬울 것이라고 판단했다.

한편 류사오치는 중국이 보기에 역시 소련이 세계 진보세력의 지도자라고 강조했다. 그는 스탈린 면전에서 중국이 동아시아 혁명의 중심이 된다는 사실을 인정하는 데에 조심스런 태도를 보였다.(쉬저의 회고록에 따르면 스탈린이 "이제 혁명의 중심은 동양과 중국으로!"라고 외치며 건배를 제안했지만 류사오치는 이에 반응을 보이지 않았다고 한다.) 하지만 류사오치는 공산주의 중국이 아시아 혁명운동에 기여하기 위해 노력할 것이라는 데에는 동감을 표시했다.[30] 이로써 당시 류사오치와 스탈린의 대화는 매우 중요한 합의를 도출했다고 할 수 있는데, 이는 국제 프롤레타리아혁명의 중심은 소련이, 아시아혁명의 촉진은 우선적으로 중국이 맡게 된다는 것을 의미한다.

류사오치와 스탈린의 회담에서 한반도 문제가 거론되었는지 여부는 현재까지 공개된 중국 자료로는 알 수가 없다. 몇몇 국민당 자료와 한국 자료에는 1949년 봄, 여름, 가을 동안 중국·북한·소련이 중국 동북지역(만주)과 북한에서 군사적 협력에 관해 일련의 비밀스런 교환을 했다고 언급되어 있다. 이 자료들에 따르면 김일성이 소련을 방문한 뒤에 중국공산당과 북한이 1949년 3월 상호방위협정을 체결하고 중국공산당이 인민해방군 소속의 조선족을 북한으로 돌려보냈다고 한다.[31] 그러나 중국 자료 어디에서도 1949년 3월 협정이 존재했다는 사실을 찾아볼 수 없다. 당시 정보장교였던 야오쉬姚旭를 필자가 전화로 인터뷰한 결과, 그는 한국전쟁 동안 중국이 그러한 협정을 맺었을 리 없다며 부인했다.[32] 하지만 1949년 7~8월 류사오치가 소련을 방문했을 무렵, 인민해방군 제4야전군 164사단과 166사단 병력 중 상당수의 조선족 출신이 북한 인민군에 편입된 사실은 잘 알려져 있다.[33] 소련과 북한의 김일성 정권이 밀접한 관계를 유지하고 있었고, 동아시아의 혁명운동 촉진 문제가 류사오치와 스탈린 회담의 주요 의제 가운데 하나였던 사실을 고려하면, 류사오치가 소련을 방문했을 때 중국이 북한의 혁명을 지원하기 위해 조선족 출신의 인민지원군을 북한군에 편입시키는 문제에 관해 이야기를 나누었을 가능성을 배제할 수 없다.

류사오치와 스탈린의 대화가 순조롭게 진행되자 중국공산당과 소련은 재빨리 양국의 군사 및 기타 협력문제 논의로 들어갔다. 1949년 6월 26일 중국공산당 중앙위원회는 류사오치에게 전문을 보내, 소련이 중국에 100~200대의 야크 전투기와 40~80대의 중폭격기를 제공하고, 소련항공학교에서 중국인 조종사 1,200명과 엔지니어 500명을 훈련시키고, 공군 고문의 중국 파견이 가능한지 스탈린에게 타진해 보라고 지시했다. 아울러 만약 소련이 앞의 두 요건에 동의하면 신설된 공군사령관인 류야러우劉亞樓가 세부 사항을 조율하기 위해 즉시 소련을 방문할 것이라고 전했다.[34] 중국공산당 중앙위원회의 지시에 따라 이 문제를 협의하기 위해 류사오치는 다음날 스탈린과 여타 소련 지도자들을 만났다. 소련 측은 긍정적인 반응을 보였고 심지어 중국공산당이 제안한 비행연수생을 소련에서 훈련시키는 방안 대신 만주에 직접 비행조종사학교를 설립해 지원하겠다고 제안했다. 또한 그들은 세부 논의를 위해 류야러우가 모스크바를 방

한국전쟁의 거짓말

문해도 좋다고 동의했다. 류사오치는 7월 27일자 전문을 통해 이 사실을 곧바로 중국공산당 중앙위원회에 보고했다.[35]

류사오치의 보고를 받자마자 중국공산당 중앙위원회는 곧바로 류야러우를 소련에 보내기로 결정했다. 마오쩌둥, 주더, 저우언라이는 각각 류야러우가 소련으로 떠나기 전에 그를 불러 미국과 국민당을 주적으로 삼아 공군을 신설하는 데 소련의 원조를 최대한 이끌어내라고 지시했다.[36] 류사오치는 원래 8월 초에 중국으로 돌아올 예정이었다. 그러나 그는 중국 공군대표단을 소련 측에 직접 소개하기 위해 8월 14일까지 모스크바에 머물렀다. 류야러우와 다른 네 명의 중국 공군 장교들은 8월 9일 모스크바에 도착했다. 이들은 8월 13일 류사오치와 왕자샹의 안내로 소련 국방장관 바실렙스키Aleksander M. Vasilevsky를 만났다. 중국 측은 소련 측에 세부계획을 소개하고 1년 안에 300~350대의 전투기로 공군을 설립할 수 있도록 소련의 도움을 청했다. 그러자 바실렙스키는 이미 스탈린이 소련 공군에 최선을 다해 중국에 협조하라고 지시했다고 분명히 말했다.

중국 공군의 설립과 관련된 세부사항은 양국 공군 장교들끼리 논의하기로 하는 협정이 체결된 다음 회담이 마무리되었다.[37]

류사오치는 8월 14일 모스크바를 떠났다. 그는 중국 경제 재건과 군사력 증강을 지원할 96명의 러시아 전문가들을 대동했다.[38] 소련의 대對중국 융자 및 물자 지원문제를 논의하기 위해 미코얀이 이끄는 소련 측과 류사오치 및 가오강高崗이 이끄는 중국 측 합동위원회가 설립되었다.[39] 류야러우가 이끄는 중국 공군대표단의 대소 협상도 어려움 없이 진행되었다. 양측은 8월 18일 공군 창설과 관련된 세부사항에 합의했고, 이에 따라 소련은 중국에 434대의 비행기를 판매하기로 했다. 이 계획은 10월 초 스탈린에 의해 최종적으로 승인되었다.[40] 1차로 10월 15일 소련제 야크YAK-12 비행기가 중국에

전달되었고, 1949년 말까지 중국은 소련으로부터 총 185대의 다른 기종의 비행기를 지원받았다.[41]

9월 말 소련의 지원을 받아 중국 해군을 창설하는 세부사항을 논의하기 위해 장아이핑張愛萍이 이끄는 중국 대표단이 모스크바를 방문했고 그들은 곧바로 소련과 협약을 체결했다. 이제 소련은 신중국의 해군 창설을 지원할 책임을 맡게 되었다. 이에 따라 1949년 10월과 11월에 90명으로 구성된 소련 측 자문단이 중국에 도착했다.[42]

마오쩌둥의 '일변도 성명'이 발표된 지 2개월도 채 지나지 않은 상황에서, 중국공산당은 류사오치의 소련 방문을 통해 소련의 실질적인 지원을 이끌어냈다. 이로써 중소 간의 전략적 협력체제가 마련되었다. 마오쩌둥과 중국공산당 지도부는 스탈린의 태도를 파악하고 있었기 때문에 미국이나 다른 '제국주의' 국가들을 자신감 있게 상대할 수 있었다. 처음에는 정치적 수사로 출발한 '일변도 정책'을 현실화하기 위해서라도 이제 중국공산당 지도부는 소련과의 전략적 동맹에 기초해서 중국공산당의 외교정책을 추진해야 하는 충분한 이유를 획득하게 된 것이다.

마오쩌둥과 스탈린의 동맹, 한국전쟁의 전조

1949년 10월 1일 중화인민공화국 수립이 공식적으로 선포되었다. 이날 오후 저우언라이는 중앙 인민정부의 외교부장 명의로 중화인민공화국의 출범을 여러 국가들에게 통보했다. 그리고 바로 다음 날 소련 정부는 중화인민공화국과 외교관계를 개시함과 동시에 국민당과 맺은 기존의 모든 관계를 청산하기로 결정했다고 저우언라이에게 알렸다.[43] 기쁜 나머지 마오쩌둥은 친히 신화통신사에 중화인민공화국과 소련의 수교 관련 기사를 써주었다.[44] 이로써 중국공산당 지도부는 가능한 한 빨리 모든 '새로운 민주 국가들'과 외교관계를 수립하기로 결정했다.[45]

중국 공산주의의 '일변도 외교'를 지속적으로 추진하는 핵심 단계로서 중국공산당 중앙위원회는 드디어 마오쩌둥이 모스크바를 방문할 때라고 결정했다. 방소 준비는 중화인민공화국 선포 후 곧바로 시작되었다. 10월 20일, 마오쩌둥은 스탈린에게 친서를 보내 소련 주재 초대 중국대사에 소련과 동유럽 관계를 담당해 온 외교부 부상 왕자샹을 임명했다고 알렸다. 마오쩌둥은 왕자샹이 중국공산당 중앙위원회의 멤버로서 '동유럽의 새로운 민주국가들과의 관계' 뿐만 아니라, "중소 양 공산당 간의 문제를 협의할 때 중국공산당 중앙위원회를 대표하여 당신과 협의할 수 있도록" 임명한 것이라고 스탈린에게 설명했다. 소련 주재 중국대사로 왕자샹을 선택한 것 역시 러시아와 협력을 촉진하려는 마오쩌둥의 의도를 드러낸 것이다.[46]

마오쩌둥은 자신의 방문을 통해 소련과 새로운 동맹조약을 체결함으로써 1945년 소련과 국민당이 체결한 옛 중소조약을 대체하고자 했다. 새로운 중소동맹의 의의에 대해 마오쩌둥은 나중에 이렇게 회고했다. "자본주의 국가들이 우리의 원칙에 따르도록 함으로써 중화인민공화국은 유리한 지위를 점하게 될 것이다. 즉, 다른 나라들은 옛 조약을 폐기하고 우리와 새 조약을 체결해야 할 뿐만 아니라 우리를 무조건 승인하도록 만들어야 한다. 저들 자본주의 국가들은 감히 우리를 경솔하게 대하지 못할 것이다." 러시아와의 새로운 동맹은 마오쩌둥의 최우선 과제였다.[47]

그는 소련 방문을 계획하면서 만약 새로운 조약체결에 관한 협상이 가능하다면 저우언라이를 데려가려고 했다. 마오쩌둥은 저우언라이가 함께 가도 좋은지 스탈린이 결정하도록 했다. 이는 스탈린이 무슨 생각을 하고 있는지 떠보기 위한 의도일 것이다. 11월 9일 마오 쩌둥은 왕자샹에게 전문을 보내 12월 초 베이징을 떠날 계획이라고 스탈린에게 전하도록 했다. 전문의 내용을 보면 "나의 동지 저우언라이가 함께 가도 좋은지, 혹은 내가 모스크바에 도착하고 나서 그가 출발해야 하는지 여부에 대해 스탈린에게 결정해 달라고 요청"하라고 적혀 있다. 스탈린은 그러한 요청의 의미를 잘 이해하지 못했을 것이다. 그는 저우언라이에 대해 아무런 언급도 하지 않았고, 그저 마오쩌둥을 초대한다는 사실만 재확인했을 뿐이다. 11월 12일 마오쩌둥은 방문 중의 구체적인 계획은 언급하지 않고 12월 초 베이징을 떠나 모스크바를 방문할 것이라고 스탈린에게 전문을 보냈다.[48]

마오쩌둥은 1949년 12월 6일 기차로 베이징을 떠났다. 그는 유라시아 대륙을 횡단해 10일 동안의 여행 끝에 12월 16일 모스크바 중앙역에 도착해 몰로토프V.M. Molotov, 불가닌Nikolai Bulganin, 그로미코Andrei Gromiko를 비롯한 소련 지도자들의 뜨거운 환영을 받았다.[49] 그 날 저녁 스탈린과 소련공산당 중앙정치국의 거의 모든 인사가 크레믈린에서 마오쩌둥을 맞이했다. 이것은 분명 마오쩌둥에게 경의를 표하기 위한 것이었다. 마오쩌둥의 통역이었던 쉬저에 따르면, 환영인사 후 스탈린은 마오쩌둥에게, "위대하오! 위대하오! 당신은 중국인들에게 엄청난 공헌을 했소. 당신은 그들의 좋은 아들이오. 나는 당신이 늘 건강하기 바라오."라고 말했다. 이에 마오쩌둥은, "나는 오랫동안 (당 내에서) 억압을 받았소. 나는 마땅히 불평할 곳도 없었고…"라며 말을 이으려는 순간 스탈린이 "이제 당신이 승자요. 승자를 비판하는 경우는 없지요. 그것이 일반적인 법칙이오."라고 했다. 덧붙여서 스탈린은, "중국 혁명의 승리는 세계 역학관계에 변화를 가져올 것이오. 우리 국제혁명 진영에 더 큰 힘이 실리게 될 것이오. 우리는 진심으로 당신의 승리를 축하하고, 앞으로도 더욱 큰 승

1949년 12월 스탈린의 70회 생일축하연에 참석한 마오쩌둥, 모스크바

리를 바랍니다."[50]라고 말했다. 이처럼 스탈린은 중국과 새로운 관계 발전에 지대한 관심을 표명했다.

　첫 번째 회담에서 스탈린은 조심스레 이번 방문의 목표와 소련에 기대하는 것이 무엇인지 마오쩌둥에게 물었다. 그러자 마오쩌둥은 매우 미묘한 답변을 내놨다. "이번 여행에서 우리는 보기에도 좋고 게다가 맛도 좋은 무언가를 원하고 있습니다."라고 말했다. 신중한 마오쩌둥은 새로운 중소동맹 관계를 원하면서도 소련 측의 반응을 지켜보기 위해 의도적으로 모호한 태도를 취한 것이다. 쉬저는 마오쩌둥의 발언에 대해 통역을 통해 이렇게 부연 설명했다. "보기에도 좋다는 것은 좋은 형식을, 맛이 좋다는 것은 실질적인 것을 뜻한다." 하지만 스탈린과 다른 소련의 지도자들은 마오쩌둥의 말을 이해하지 못했다. 쉬저는 소련정치국 멤버인 베리야Lavrenti Beria가 마오쩌둥의 이야기를 듣고 크게 웃었다고 회고했다. 만에 하나 스탈린이 마오쩌둥의 의중을 감지했을 수도 있었을 것이다. 하지만 그는 마오쩌둥이 확실한 태도를 보일 때까지 먼저 행동을 취할 생각이 없었다.

그래서 마오쩌둥이 저우언라이를 모스크바에 함께 데려가도 되냐고 물었을 때, "우리가 진정 함께 논의하고자 하는 것이 확실하지 않은데, 저우언라이가 굳이 여기에 와야 할 이유는 무엇인가?"라고 대답했던 것이다. 마오쩌둥 역시 즉답을 회피했다.[51]

모호한 마오쩌둥의 태도는 스탈린을 혼란스럽게 했다. 이 상황을 더욱 복잡하게 만든 것은 중국에 파견된 소련 측 고문단장으로서 마오쩌둥과 함께 모스크바에 온 코발레프I. V. Kovalev가 1949년 12월 24일에 올린 〈몇 가지 정책과 중국공산당 중앙위원회의 문제들〉이라는 보고서 때문이었다. 보이보薄一波의 회고록에 따르면, 이 보고서에는 중국공산당 중앙위원회의 몇몇 위원들이 과거 반소친미 성향을 보였고 이들은 여전히 중국공산당 최고 지도부의 지지를 받고 있으며, 류사오치가 중국 동북지역의 친소파 리더인 가오강에 대해 근거 없는 비난을 조직하고 있다는 내용이 담겨 있었다. 아울러 중화인민공화국 중앙인민정부 안에는 비공산주의자인 '민주적 인사'들이 여러 요직을 차지하고 있어서 이 정부는 사실상 여러 정당의 연합체라는 내용이 포함되어 있었다. 이 보고서의 영향 때문에 스탈린은 마오쩌둥에 대해 점점 더 모호한 태도를 취했다. 그러자 마오쩌둥이 공개적으로 소련에 대한 불만을 토로하기 시작했고, 바로 그 직후에 스탈린은 이 보고서를 마오쩌둥에게 건네기로 결심했다.[52] 하지만 그로 인해 소련과 중국 사이에는 어떤 심리적 거리감이 발생하게 되었다.

1949년 12월 말 스탈린은 마오쩌둥을 다시 만나 그의 계획과 의도를 표명해 달라고 촉구했다. 그러나 마오쩌둥은 스탈린이 어떻게 받아들일지 몰라서 모호한 태도를 취했다. 당시 마오쩌둥은 '상대방이 그의 의도를 완전히 드러낼 때까지 자신의 의향을 절대로 입 밖에 내지 말라'는 고대 중국의 일반적인 외교전술을 따랐던 것이다. 마침내 왕자샹이 마오쩌둥의 의중을 알아채고 소련 외무장관 비신스키

A. Y. Vyshinsky에게 마오쩌둥은 1945년 중소조약을 폐기하고 새로운 중소동맹 관계 체결에 관한 협상을 원한다고 힌트를 주었다.[53] 이것은 스탈린이 원하던 바였다. 왜냐하면 미국과의 갈등이 심화되고 있는 상황에서 중소동맹은 소련의 전략적 위상을 강화시켜 줄 수 있기 때문이다. 이에 스탈린은 마오쩌둥에게 그렇다면 당장 조약에 서명을 하자고 제안했다. 하지만 마오쩌둥은 그 조약에 서명할 사람은 양국 정상이 아니라 양국 정부 간의 절차이므로 중화인민공화국의 수상 겸 외교부장인 저우언라이와 소련 정부의 수장이 되어야 한다고 주장했다. 이로써 12월 말 스탈린은 저우언라이의 소련 방문에 동의하고 중소동맹 협정 문제가 해결되었다.[54]

1950년 1월 2일 소련의 타스통신TACC은 〈모스크바에서 타스통신 기자가 만난 마오쩌둥의 인터뷰〉라는 기사를 보도했다. 이 기사에서 마오쩌둥은, "(내가 생각하는) 여러 가지 문제 중에서 가장 중요한 것은 현재의 양국 간 우호조약과 중소동맹이며, 그 밖에 소련의 대 중국 경제차관과 양국 간의 무역협정 문제가 있다."고 말했다.[55] 그리고 그날 저녁 마오쩌둥은 몰로토프와 미코얀에게 대략적으로 3가지의 선택 조건을 제시했다.

> 1) 우리는 새로운 중소동맹조약을 체결할 가능성이 있다. 이
>   것은 우리에게 매우 유리한 선택이다. (중소동맹을 통해) 양
>   국의 관계는 새로운 조약에 기초해 더욱 굳건해질 것이다.
>   대내적으로는 중국의 노동자, 농민, 지식인, 그리고 좌파
>   민족주의 부르주아에게 매우 고무적이다. 반면에 우익 민
>   족주의 부르주아는 고립될 것이다. 또한 대외적으로 우리
>   는 너욱 상덕한 성시석 기반을 토내로 세국수의 국가들과
>   재협상을 할 것이고 과거 제국주의 국가들과 체결한 모든

조약을 재검토할 것이다.

2) 양측은 과거에 체결한 중소우호조약 및 기타 문제에 관해 의견을 교환하고, 모든 중요한 문제에 관해 합의에 도달할 경우, 우리 통신사들을 통해 공동성명을 발표할 것이다.

3) 우리는 조약이 아니더라도 양국 관계에 관한 원칙들을 열거한 공개 성명에 서명할 수도 있다.

이처럼 마오쩌둥은 첫 번째 요구조건이 충족될 경우에 한해서 저우언라이를 소련으로 부를 것이라는 점을 명백히 밝혔다. 그렇지 않다면 저우언라이를 부르지 않겠다고 했다. 이에 몰로토프Molotov는 첫 번째 선택지가 제일 좋다고 판단했고 저우언라이의 모스크바행을 승인했다. 그러자 마오쩌둥은 양국이 서명할 새로운 조약이 기존의 조약을 완전히 대체하는 것인지 물었다. 몰로토프의 대답은 이번에도 긍정적이었다. 그제야 마오쩌둥은 저우언라이를 부르기로 결심했다.[56]

1950년 1월 20일 저우언라이와 대규모 중국대표단이 모스크바에 도착했다.[57] 이틀 후 저우언라이는 왕자샹, 리푸춘李富春, 예지좡葉季壯, 우슈취안伍修權과 합류하여 소련 외무장관 비신스키가 이끄는 소련 측 관료들과 협상에 들어갔다. 특히 저우언라이는 새 조약이 확고한 군사동맹이 될 수 있도록 각별한 주의를 기울였다. 저우언라이의 최측근 보좌역 가운데 한 명인 우슈취안에 따르면, 당시 저우언라이는 만일 어느 일방이 제3국으로부터 공격을 받는다면, 다른 상대국은 '군사 및 기타 원조 제공에 최선을 다해야 한다.'는 내용을 조약에 명문화 해야만 한다고 주장했다. 그의 끈질긴 주장 덕분에 상호군사동맹에 관한 문장이 새 조약에 추가되었다.[58] 또한 마오쩌둥은 중국의 재건과 현대화를 위한 경제원조도 원했다. 그 대신

한국전쟁의 거짓말

마오쩌둥은 외몽고의 독립을 인정하고, 뤼순항旅順港 사용 기간 연장 등 만주에서 소련의 특권을 인정한다고 밝혔다.[59] 비록 소련이 중국과의 군사동맹을 명시하는 데에 주저하는 모습을 보였지만, 그들도 결국 그렇게 하는 편이 낫다는 결론을 내렸다. 결코 쉽지 않은 긴 협상이었지만 이로써 1950년 2월 14일 중소동맹이 체결되었다.

1950년 2월 14일 모스크바에서 중소 우호동맹상호원조조약에 서명하는 저우언라이, 뒤쪽의 스탈린과 마오쩌둥.

1950년 2월 17일 마오쩌둥과 저우언라이는 모스크바를 떠났다. 그들은 중국의 국가안보를 뒷받침할 군사동맹과, 중국 혁명에 대한 확고한 러시아의 지원 약속을 기어이 받아내고 고국으로 금의환향했다.[60] 이러한 성과를 거두기란 결코 쉽지 않았지만 마오쩌둥은 결국 성과를 얻어냈고 또 만족했다. 그는 출발에 즈음하여 다음과 같이 연설했다.

위대한 양 국민의 우대관계는 동맹 조약으로 더욱 굳건해졌다. 이것은 영구적인 것이며 그 누구도 침범할 수 없고 훼손할 수 없을 것이다. 게다가 이 두 위대한 국가, 중국과 소련의 동맹은 양국의 번영에 기여할 뿐만 아니라 전 세계 인류의 미래, 평화와 정의의 승리에도 긍정적인 영향을 미칠 것이다.[61]

저우언라이 역시 출발 직전 연설에서 이렇게 말했다. "이 조약과 협정들은 중국인들에게 우리는 더 이상 외톨이가 아니라는 안도감을 주었다." 오히려 "그 어느 때보다 훨씬 더 강해졌다."[62] 마오쩌둥과 저우언라이의 연설은 주로 신중국을 위협하는 적들을 겨냥한 것이었다. 중소동맹의 체결로 중국 공산주의는 불안한 세계정세 속에서 더욱 강력한 위상을 차지하게 되었다고 마오쩌둥은 생각했다. 이제 마오쩌둥의 '일변도 성명'은 중국공산당의 실질적인 대외정책의 원칙으로 자리 잡았다.

그렇다면 과연 마오쩌둥의 소련 방문 기간 동안 마오쩌둥과 스탈린은 한국문제에 관해 논의했을까? 현재까지 접근 가능한 중국 측 자료에서는 이에 관한 직접적인 해답을 찾을 수 없다. 다만 흐루시초프Nikita S. Khruchshev의 회고록에 따르면, 마오쩌둥이 소련에 체류할 무렵 김일성이 소련을 방문했다고 언급되어 있다. 김일성은 자신의 한반도 무력통일 계획에 대한 스탈린의 의견을 물었다.

스탈린은 무엇보다도 미국의 간섭을 가장 걱정했다. 그래서 그는 마오쩌둥에게 조언을 구했다. 흐루시초프 회고록에 따르면, 마오쩌둥은 미국이 개입할 가능성이 낮다고 보았다. 그래서 스탈린은 김일성의 남침 계획을 승인했다.[63] 흐루시초프가 사망한 다음, 최근에 나온 회고록(글라스노스트 녹음테이프, The Glasnost Tapes)에서 그는 다음과 같이 강조했다.

여러 해 동안 우리는 한국전쟁을 맨 처음 도발한 것은 남한
이라고 주장해왔다. … 나는 진정한 역사를 위해 이제 진실
을 말하고자 한다. 그것은 김일성 동지에 의해 시작되었다.
그리고 그 뒤에는 스탈린과 많은 사람들의 지원이 있었다.
사실상 모든 사람들이 지원했다.[64]

중국 측 사료에서 흐루시초프의 설명을 입증하거나 반박할 '결정
적 증거'를 찾지 못했지만, 필자는 적어도 두 가지 이유에서 흐루시
초프의 의견을 신뢰할 만 하다고 본다.

첫째, 흐루시초프가 설명한 대로 한국전쟁 기간 동안 중소 간에
이루어진 접촉에 관한 내용은 여러 중국 측 자료와 일치한다. 예를
들어, 흐루시초프는 유엔군이 인천상륙작전을 감행한 직후에 저우
언라이가 소련을 비밀리에 방문했다고 적고 있다. 그가 기록한 저우
언라이의 방소 관련 내용은 매우 세부적인 부분까지 최근에 공개된
중국 측 자료와 일치하거나 일맥상통한다.[65] 그러한 의미에서 흐루
시초프의 회고록에 관해서는 그 자신에 관한 회상보다, 그가 언급한
한국문제를 더욱 진지하게 다룰 필요가 있다.

둘째, 중국 자료들은 중국공산당 지도부가 1949년 말부터 동아
시아 문제에 미국이 개입할 위험성을 평가절하하기 시작했다고 암시
하고 있다. 앞에서 살펴 본 바와 같이 마오쩌둥과 중국공산당 지도
부는 1949년 봄과 가을 무렵 미국이 중국 본토에 직접적인 군사 개
입을 감행할 것에 대비했다. 그런데 인민해방군이 중국 해안 지역에
서 국민당 낙오자들을 소탕할 때, 특히 상하이上海와 칭다오靑島에
서 작전을 펼칠 때 미국의 군사적 침략이 없자, 1949년 말부터 1950
년 초 사이 '미국의 위협'에 대한 중국공산당의 인식에 복잡한 변화
가 일어났다. 즉 이제 미국이 중국본토를 침공할 가능성이 없다고

확신하게 된 것이다. 한발 더 나아가 중국공산당 지도부는 미국이 극동 지역에서 전략적으로나 군사적으로도 모두 취약하다고 믿게 되었다. 아시아 지역에서 미국의 동맹국들의 지원이 변변치 않을 뿐만 아니라 미국이 서방에 주력하다보니, 중국공산당 군사기획자들은 미국이 극동 지역에서 제대로 된 군사작전을 준비하려면 적어도 5년이 필요하다는 전망을 내놨다. 이러한 전망은 1950년 미 국무장관 애치슨Dean Acheson이 타이완과 한국을 미국의 서태평양 방위선에서 제외한다는 성명을 공개적으로 밝힘으로써 더욱 힘을 얻게 되었다.[66] 만약 스탈린이 극동에서 미국의 대규모 군사 개입 가능성과 미국의 의도를 저평가했다면, 중국공산당 역시 전쟁이 발발하기 전에 스탈린의 생각을 분명히 공유했을 것이다.

기밀 해제된 중국 측 자료 가운데, 마오쩌둥과 스탈린의 회담에서 한반도 문제가 의제로 거론되었을 가능성이 있다는 믿음을 뒷받침할 만한 두 개의 사건이 언급되어 있다. 마오쩌둥이 소련에 체류하고 있을 때 김일성은 김광협金光俠을 중국에 보내 인민해방군 제4야전군의 조선 출신 병사들을 보내달라고 요청했다. 인민해방군 총참모장을 지낸 네룽전聶榮臻의 회고에 따르면 자신과 김광협이 대화를 나눈 뒤 중국 측은 북한의 요청에 응하기로 했다고 적고 있다. 그리고 1950년 1월 19일에 다시 김광협은 조선 출신 군인들과 더불어 그들의 장비도 함께 보내달라고 중국에 요청했다. 네룽전은 북한 측의 요청에 공감했으나 그는 중국공산당 중앙위원회의 지시를 기다려야만 했다. 그래서 그는 1월 21일 중국공산당 중앙위원회에 이 문제에 관한 보고서를 상신했는데, 위원회는 바로 그 다음 날 북한의 요청을 승인했다.[67] 네룽전에 따르면, 1950년 봄[68] 조선 출신의 인민해방군 병력 14,000명이 자신의 장비를 가지고 북한으로 돌아갔다고 한다. 여기서 특별히 주목할 대목은 북한의 두 번째 요청에 대해 중국

한국전쟁의 거짓말

공산당 중앙위원회의 승인이 이례적으로 신속했다는 점이다. 1948년 말부터 1949년 초 사이 마오쩌둥은 여러 차례 "외교 문제에 사소한 것은 없다."고 강조하며 모든 안건을 그와 중국공산당 중앙위원회에 보고하도록 했다.[69] 따라서 설령 마오쩌둥이 부재중일지라도 네룽전이라든가 매일같이 중국공산당의 일상 업무를 관장하고 있던 류사오치가 결코 "작은 것"으로 볼 수 없는 북한의 요청을 마오쩌둥에게 보고하지 않았을 리 없다. 그리고 마오쩌둥이 이 요청을 신속히 허락했든, 류사오치가 이 문제를 단독으로 전결 처리했더라도 결국 논리적으로 보자면 중국공산당 지도부는 물론이고 중국과 소련 사이에 적어도 한반도 문제에 관해서는 확정된defined 의견의 일치가 있었다고 보는 것이 합리적일 것이다.

아울러 면밀하게 살펴봐야 할 또 다른 사건은 1950년 4월 김일성이 소련에서 귀국하는 길에 중국을 극비리에 방문하고 돌아 온 일이다. 거듭 말해두지만 최근에 기밀 해제된 중국 자료 안에서는 이와 관련된 내용을 찾을 수 없다. 이 방문에 대해 알고 있을 만한 중국 측 고위관료와 연구자들은 대개 김일성이 마오쩌둥에게 무력으로 한반도를 통일하겠다는 결심만 밝혔을 뿐이라고 알고 있다. 즉 구체적인 군사계획이라든가 행동개시일 등에 관해서는 김일성이 중국에 알리지 않았다는 것이다. 왜냐하면 김일성은 중국보다 소련을 더욱 신뢰했기 때문이다.[70] 김일성의 중국 방문과 관련해 더 많은 사료가 공개되지 않는 한 더 이상의 접근은 불가능하다.

아무튼 여기서 강조할 대목은 1) 김일성이 모스크바에서 돌아오는 길에 마오쩌둥에게 남한을 공격하겠다는 계획을 알렸다는 사실이다. 이로써 소련과 중국 모두 적어도 북한이 전쟁을 준비하고 있다는 사실을 미리 알고 있었음을 알 수 있다. 2) 하오위판郝雨凡과 자이즈하이翟志海는 「중국의 한국전쟁 개입 결정」이라는 논문에서 마오쩌둥과 중국공산당 지도부가 김일성의 남침 계획을 지지하지 않았다고 주장했는데, 이는 매우 순진한 발상이다.[71] 이들의 주장대로 중국이 김일성의 남침 계획을 지지하지 않았다면 대부분의 연구자들은 어째서 중국공산당이 1949년 말부터 1950년 중반까지 무려 5~7만 명이나 되는 조선 출신 인민해방군을 무기와 함께 북한으로 되돌려 보냈는지 납득하기 어려울 것이다. 이 대목에서 한국전쟁사 전문가인 수옌徐焰의 주장에 주목할 필요가 있다. "맑스레닌주의 원칙에 따라 중국공산당은 다른 나라의 국내 문제에 개입하지 않으려고 했다. 하지만 동시에 다른 나라 인민들의 혁명적 투쟁을 강 건너 불 보듯이 지원하지 않을 수도 없는 노릇이었다. 과거 일본이 항복한 후 미소 간의 직접적인 충돌을 피하기 위해 스탈린은 중국의 혁명을 방해한 적이 있다. 중국공산당 지도부와 마오쩌둥은 바로 이때의 쓰라린 경험 때문에, 무슨 일이 있어도 다른 나라의 혁명을 지원하는 데 수고를 아끼지 않으려 했다."[72]는 그의 주장은 충분히 설득력이 있다.

북한의 남침 준비와 관련해 중국이 과연 얼마나 개입했는지에 관해서는 현재 상황에서 단언하기 어렵다. 그러나 확실한 것은 중국공산당 지도부가 구체적인 계획까지는 아니더라도 무력으로 한반도를 통일시키겠다는 김일성의 남침 의도를 사전에 알고 있었다는 점이다. 또한 마오쩌둥과 중국공산당 지도부가 적극적으로 김일성의 계획을 지원했다고 단정하는 것은 무리지만, 적어도 반대하지는 않았다고 분명히 말할 수 있다. 그리고 어느 쪽이든, 중국공산당의 대 북한 정책은 중소동맹과 밀접한 관계가 있다.

중국인민지원군 파병 과정의 내막

1950년 6월 25일 한국전쟁이 발발하자 미국은 72시간 만에 이 문제에 개입하기로 결정했다. 6월 27일 트루먼Harry Truman 대통령은 미국이 한국을 구하기 위해 참전할 것이며, 한반도 사태가 끝나기 전에 대만해협을 중립화하기 위해 제7함대를 파견할 것이라고 발표했다. 한반도의 내전은 국제적인 위기로 급속히 발전했다.

마오쩌둥과 중국공산당 지도부는 한국전쟁 발발로 인한 위기 상황에 대처하기 위해 신속하게 움직였다. 곧바로 중국공산당 지도부는 한반도 사태에 집중하기 위해 인민해방군의 대만 공격 계획을 연기하기로 결정했다.[73] 6월 30일 즉 한국전쟁 발발 5일 후, 저우언라이는 전투와 관련된 직접적인 자료 수집 외에 김일성과 원활한 의사소통 시스템 구축을 위해 대부분 군사정보 요원으로 구성된 중국 측 외교관들을 파견하기로 결정했다.[74] 그로부터 일주일 뒤인 7월 7일과 10일, 마오쩌둥의 지시를 받은 저우언라이는 한반도 사태에 대비한 군비 문제에 초점을 맞춘 두 차례 회의에서 의장을 맡았다. 이 회의에서 매우 중요한 결정이 내려졌다 즉 '필요하다면 한국전쟁에 개입'할 수 있도록 제4야전군 산하의 제13병단을 즉시 동북변방군東北邊防軍으로 전환시키기로 결정했다.[75] 8월 초까지 제4야전군에 있던 25만 병력이 조중 국경에서 전투태세에 들어갔다.[76] 중국공산당 지도부는 북한이 한반도 내에서 유엔군에 제대로 대응하지 못할 경우 한반도의 상황을 뒤집을 수 있도록 중국이 개입하기 위한 제반 준비에 박차를 가했다. 1950년 8월 4일, 중국공산당 정치국이 한반도 사태를 논의하기 위해 소집되었다. 당시 중국공산당 중앙위원회 멤버였던 보이보의 회고록에 따르면, 마오쩌둥은 회의석상에서 자신의 의견을 분명히 밝혔다 즉, "만일 미 제국주의자들이 전쟁에서 승리한다면 더욱 더 거만하게 행동하면서 우리를 위협할 것이다. 우리는 반드시 조선을 도와야만 한다. 우리는 자발적인 지원병을 조선에 파견하는 형태로 조선 인민들을 도와야 한다. 그 시점은 약간 늦춰질 수도 있겠지만 아무튼 우리는 이것을 준비해야만 한다."[77] 그 다음 날 마오쩌둥은 동북변방군에 9월 초까지 군사작전 채비를 완벽하게 마치도록 명령했다.[78] 마오쩌둥의 지시에 따라 동북변방군은 8월 13일 사단급 장교들을 소집해 회의를 열었다. 제13병단 정치국장 두핑杜平의 회고에 따르면, 이 회의에서 중국은 "주도권을 장악하고 조선의 인민군과 협력해 망설임 없이 진군함으로써 적들의 침략 야욕을 분쇄해야 한다."고 입을 모았다고 한다.[79]

그럼에도 불구하고 이 회의에서 의견을 모아본 결과 한국전쟁 개입 준비 작업을 '8월에 완료하는 것은 시기상 너무나도 부담스럽고 촉박하다.'는 의견이 많았다. 이러한 문제들을 고려해 8월 18일 마오쩌둥은 동북변방군에 "9월 30일까지는 무슨 일이 있어도 모든 준비를 신속히 완료하도록" 재차 지시했다.[80] 그 사이 중국이 한국전쟁에 개입한다는 가정 하에 군사작전 돌입에 필요한 정치적 동원과 병참 준비가 신속히 이루어졌다.[81]

이 모든 증거에도 불구하고 마오쩌둥과 중국공산당 지도부가 8월 중순경에 중국군을 북한에 투입하기로 결정했다고 단정하는 것은 아무래도 성급하다. 이보다는 미국의 인천상륙작전 직전에야 비로소 중국공산당 지도부가 전쟁에 개입하기로 결정했다고 하는 것이 오히려 합리적일 듯하다.[82]

하지만 인천상륙작전 전까지 중국은 전쟁 개입과 관련해 결정적인 조치를 취하지 않았다. 단지 전쟁 개입에 대비하는 것과 실제로 전쟁에 참전하는 것은 전혀 다른 일이기 때문이었다. 돌이켜 보면 중국군의 파병과 관련한 마오쩌둥의 최종적인 결정은 여러 복잡한 제약 속에서 이루어졌다.

첫째, 앞서 언급한 바와 같이 동북 국경의 병력은 마오쩌둥의 계속된 재촉에도 불구하고, 인천상륙작전 전까지 전쟁에 개입할 준비가 되지 않았다.

둘째, 민족주의적 성향이 강했던 김일성은 외세의 도움 없이 가능한 한 자력으로 전쟁에서 승리하기를 바랐다. 그는 북한이 스스로 상황을 통제할 수 있는 한 중국의 도움을 받을 생각이 없었다. 따라서 김일성은 자신이 부탁하기 전까지 중국공산당이 기다려주기를 원했다.[83]

셋째, 스탈린의 신중한 태도가 마오쩌둥에게는 또 다른 제약 요인이었다. 이것은 본래 이 글에서 다루고자 하는 내용과 밀접한 관련이 있다. 몇몇 중국 측 자료는 스탈린이 미국의 한반도 개입 의지와 능력을 과소평가한 나머지 한국전쟁 발발 이후 더욱 신중한 태도를 보였으며, 미국과 최후의 결전을 벌일지도 모를 복잡한 사태에 휘말리는 것을 원하지 않았다고 지적하고 있다.[84] 이와 관련해 현재 1950년 6월 말부터 9월 말 사이에 베이징과 모스크바의 지도자들이 나눈 구체적인 대화 내용을 확인할 만한 중국 측 자료는 없다. 하지만 중국공산당 지도부가 소련과 긴밀한 대화를 나누었다고 해도 그것이 완전히 불가능한 일은 아니었다.[85] 그리고 마오쩌둥으로서도 스탈린의 신중한 태도를 심각하게 받아들일 이유는 없었다.

1950년 9월 15일 유엔군의 인천상륙작전 성공은 한국전쟁의 전반적인 흐름을 완전히 뒤바꾸어 놓았다. 북한의 저항은 점차 붕괴되어 갔고, 유엔군의 북진은 거침없이 이어졌다. 그러자 중국공산당 지도부는 한국전쟁을 이제 새로운 관점에서 바라볼 수밖에 없었다. 즉 유엔군이 신속하게 중소 국경지역에 접근함에 따라 해당 지역의 안전이 심각하게 위협받게 된 것이다. 그러자 중국공산당 지도부는 북한에 군대를 파견하기 위해 신속한 조치를 취했다. 우선 집단군기동통제총부集團軍機動控制總部는 9월 17일 "제반 상황을 파악하고, 아울러 지형 측량과 다가올 전투의 준비"를 위해 북한에 장교를 파견하기로 했다.[86] 그리고 그로부터 3일 뒤, 저우언라이는 중국의 한반도문제 개입 원칙을 정했다. 여기서 그는 미국에 대한 저항과 북한에 대한 지원, 그리고 '자주적 원칙에 입각한' 전쟁 수행을 강조했다.[87] 이것은 소련의 확실한 지원이 없더라도 중국공산당 지도부가 북한에 군대를 파견하고자 했다는 것을 시사한다.

그러나 인천상륙작전으로 새로운 상황에 직면하자 소련은 이전보다 적극적인 태도를 보였다. 중국이 한국전쟁 개입과 관련해 중소 간의 가능한 협력방안에 관해 협의하자고 요구하자 양측은 중소동맹의 정신을 따르기로 했다. 그리고 중국은 육군을 파병하고 소련군은 중국군에 방공우산을 제공하기 위해 공군을 파견한다는 데에 양측은 원론적으로 합의했다.[88] 이로써 이전부터 한반도에 군대를 파견하고 싶었던 마오쩌둥은 한발 더 나아갈 수 있는 확실한 발판을 마련한 것이다.

중국이 북한에 파병을 최종적으로 결정한 것은 10월 1일과 2일 사이에 이루어졌다. 여기에는 두 가지 사건이 결정적인 역할을 했다. 첫째, 9월 30일 한국 육군 제3사단이 38도선을 넘었다. 그 다음날 맥아더 장군은 김일성에게 무조건 항복을 요구하는 최후통첩을 보냈다. 중국은 이 상황을 매우 심각하게 받아들였다.[89] 둘째, 붕괴 위기에 직면한 김일성과 그의 정권이 마침내 중국에 손을 내밀었다. 10월 1일 김일성은 북한 주재 중국대사 니즈량倪志亮과 긴급 회담을 통해 중국 측에 제13병단의 파병을 요청했다. 이와 동시에 김일성은 북한의 부총리 박헌영朴憲永을 베이징에 보내 마오쩌둥과 여타 중국 공산당 지도자들을 직접 만나도록 했다. 김일성과 박헌영의 서명이

한국전쟁의 거짓말

들어간 서신에는 "우리를 지원하기 위해 중국 인민해방군의 즉각적인 파병을 긴급히 간청한다."는 내용이 담겨 있다.[90]

10월 2일 마오쩌둥은 중국공산당 정치국 상임위원회의 긴급회의를 소집해 북한의 위험한 상황을 강조하며 회의 서두에 다음 사항을 분명히 했다. "지금 문제는 우리가 조선에 군대를 보내느냐가 아니라, 얼마나 신속히 파병할 수 있는가 하는 것이다. 단 하루의 시간차가 나중에는 심대한 결과를 초래할 것이다. 오늘 우리는 두 가지 긴급한 의제를 처리해야만 한다. 즉 언제 우리 부대를 조선에 투입할 것인가, 그리고 지휘관으로 누구를 임명할 것인가 결정해야 한다." 이 회의를 통해 중국공산당은 10월 15일을 한국전쟁 참전일로 결정하고 아울러 펑더화이彭德懷를 사령관으로 임명했다.[91]

회의 직후 마오쩌둥이 스탈린에게 즉시 전문을 보낸 사실에 주목할 필요가 있다. 그는 스탈린에게 중국공산당은 "중국 지원병(인민지원군)이라는 이름으로 우리 병력의 일부를 조선에 파견하기로 결정했고, 우리는 미 제국주의자와 그 앞잡이 이승만 도당과 싸울 것이며 조선의 동지들을 도울 것."이라고 전했다. 특히 마오쩌둥은 전문을 통해 다음의 내용을 강조했다.

> 만일 한반도가 미 제국주의자들에 의해 점령되도록 허락한다면 한반도의 혁명세력은 완전히 궤멸될 것이다. 그러면 우리는 미 제국주의 침략자들이 횡행하는 모습을 지켜봐야만 할 것이며, 그것은 궁극적으로 동아시아 전체에 해가 될 것이다.

마오쩌둥은 또한 전문에서, 중국이 한국전생에 개입할 경우 미국이 중국에 선전포고를 하거나, 중국의 주요 도시와 주요 산업시설들을 폭격하거나, 미 해군이 중국 해안 지역을 공격하는 결과를 초래할 수도 있다고 했다. 그러나 마오쩌둥은 만일 중국군이 한반도에서 미국을 패퇴시킬 수만 있다면, 미국의 대 중국 선전포고는 그다지 문제될 것이 없다고 생각했다. 그는 중국의 전쟁 개입 목적을 강조하면서, "우리는 미 제국주의자와 투쟁하기 위해 조선에 중국군을 파견하기로 결정했으므로 … 우리는 이 문제를 풀 수 있을 것이다. 즉 우리는 미군과 미국을 지지하는 외국 연합군을 전멸시키고 한반도에서 몰아낼 것"이라고 밝혔다.[92] 즉 한국전쟁 개입으로 인해 중국이 직면하게 될 최악의 상황과 최선의 상황을 모두 강조함으로써 마오쩌둥은 소련이 중국과의 약속을 지키도록 유도하여 최상의 결과를 얻고자 한 것이다.

10월 3일부터 7일까지 중국공산당 정치국은 베이징에서 발표한 마오쩌둥의 결정사항을 논의하기 위해 일련의 확대회의를 개최했다. 마오쩌둥은 이 회의를 다소 강압적으로 이끌어갔다. 그는 한국전쟁 개입 결정의 책임자였으므로, 그는 개입 의사를 명확히 밝힘과 동시에 동지들의 반대의견을 적극적으로 반박했다. 마오쩌둥과 그의 지지자들은 북한에 군대를 파견하는 이유에 대해, 한반도 문제가 단지 중국의 안위와 관련되어 있을 뿐만 아니라, 아시아에서 사회주의 진영과 제국주의 진영 간 대결의 운명을 결정짓는 사안이라는 점을 강조했다. 그들은 또한 중국이 인적자원, 도덕적 명분, 인민들의 광범위한 지지라는 측면에서 미국보다 우수하기 때문에 이점이 궁극적으로 무기나 장비의 열악함을 보완해줄 것이라고 믿었다. 이 회의는 마오쩌둥이 주장한 대로 중국군의 북한 파병 결정을 승인하고, 펑더화이를 중국인민지원군총사령관으로 임명했다.[93] 10월 8일 마오쩌둥은 마침내 집단군기동통제총부의 지도자로서 공식적으로 한국전쟁에 개입할 것을 명령했다.[94]

중국군은 즉시 행동에 들어갔다. 10월 8일 펑더화이는 선양沈陽으로 날아가 그곳에 중국인민지원군 사령부를 설치했다. 그날 저녁 펑더화이는 중국군의 파병 문제를 논의하기 위해 선양에서 북한 대표인 박일우朴一禹를 만났다. 아울러 북한 주재 중국대사 니즈량은 평양 지하벙커에 설치된 김일성의 사령부를 찾아가 중국공산당이 북한 파병을 결정했다고 알렸다.[95] 이어서 10월 9일 펑더화이는 제13병단의 모든 고위 간부가 참석한 회의를 소집해 수일 안에 모든 전투 준비를 완료하도록 지시했다.[96] 이 단계에서 중국군은 마치 활시위에 걸려 있는 화살처럼 만반의 전투 준비태세를 갖추었다.

왼쪽 2번째부터 박일우, 김일성, 펑더화이.

그러나 바로 그 순간 상황이 급변했다. 마오쩌둥이 중국군의 북한 파병을 명령하자 저우언라이는 통역인 쉬저를 대동하고 한국전쟁과 관련해 중국과 소련의 군사협력에 대한 세부 사항을 조율하기 위해 소련을 방문했다.[97] 그는 중국공산당 정치국원이사 시명의 치료를 위해 당시 소련에 체류 중이던 린뱌오林彪와 소련 주재 중국대

사인 왕자샹과 합류해, 10월 9일 저녁 흑해의 별장에서 스탈린을 만났다.[98]

회의는 상당히 길어졌다. 10월 9일 저녁 7시에 시작된 회의는 다음날 새벽 5시까지 진행되었다. 이 회의에서는, 중국군이 한국전쟁에 개입하는 동안 소련이 얼마나 많은 전투기와 폭격기를 지원할 수 있는지, 그리고 누가 소련 공군을 지휘할 것인지에 관해 집중적인 논의가 이루어졌다. 그런데 중국 측으로서는 당혹스럽게도, 스탈린이 소련 공군의 북한 파견을 꺼려했다. 그는 20개 사단 규모의 군비를 제공하겠다고 약속했지만, 준비 시간이 더 필요하다는 이유를 들며 소련 공군의 북한 파견을 거부했다. 소련의 갑작스런 변심을 알아챈 저우언라이는 스탈린의 마음을 되돌려보고자 했으나 실패하고 말았다. 그는 10월 10일 급히 베이징에 있는 마오쩌둥과 중국공산당 지도부에 전문을 보내 지금 소련이 망설이고 있으니 중국의 한국전쟁 개입 결정을 재고해야 한다고 권고했다.[99]

소련의 갑작스러운 태도 변화는 중국 지도부의 결정에 심각한 파장을 일으켰다. 베이징의 마오쩌둥과 다른 중국공산당 지도부는 소련 공군의 엄호 없이 전쟁에 뛰어들어야 할지 결정해야만 했다. 마오쩌둥은 10월 12일 저녁 동북지역에 있는 펑더화이를 비롯한 주요 인사들에게 전문을 보내 제13병단의 이동을 완전히 멈추도록 명령했다. 그리고 펑더화이와 가오강에게는 정치국 회의 참석을 위해 곧바로 베이징으로 돌아오도록 명령하였다.[100]

중국공산당 정치국은 소련 공군의 지원 없이 전쟁에 개입할 것인지 여부를 논의하기 위해 10월 13일 긴급회의를 개최했다. 밤샘 회의 끝에 그들은 이전에 결정한 대로 개전을 추진하기로 결정하고, 펑더화이는 중국인민지원군 참모장 셰팡謝方에게 중국군의 참전준비를 계속 진행하도록 지시했다.[101] 회의를 마친 뒤 마오쩌둥은 저우언라이에게 전문을 보냈다.

> … 나는 정치국 동지들과 이야기를 나누었다. 결론은 중국
> 군의 조선 파병이 여전히 우리에게 유리하다는 것이다. 전쟁
> 초기 단계에서 우리는 미국의 꼭두각시 군대인 남조선군에
> 어느 정도 대응할 수 있고 그들과의 전투에만 집중할 수 있
> 다. 우리는 원산과 평양 경계선 이북의 방대한 산악 지역에
> 진지를 구축 할 수 있다. 이것은 조선 인민군에게 큰 도움이
> 될 것이다. 만일 이 단계에서 우리가 몇몇 남조선군의 사단
> 을 제압한다면 조선 인민들도 우리에게 호의를 보일 것이다.
> 이러한 긍정적인 정책은 중국, 한반도, 아시아, 나아가 전 세
> 계에도 매우 유익할 것이다. 반면에 만약 우리가 군대를 파
> 견하지 않아서 적들이 압록강까지 이르게 된다면 적들은 더
> 욱 오만하게 나올 것이다. 이것은 우리에게 여러 모로 불이
> 익을 초래할 것이다, 특히 동북 지역은 심대한 타격을 입을
> 것이다. 모든 동북변방군은 그 지역에 발이 묶일 것이며 남
> 만주 지역의 전력電力도 적들의 손에 넘어갈 것이다. 요컨대
> 우리는 전쟁에 개입해야 한다. 우리는 반드시 참전해야만 한
> 다. 우리의 참전은 분명 나중에 충분한 보답으로 돌아올 것
> 이고, 개전을 거부한다면 엄청난 해악을 입게 될 것이다.[102]

일견 중국공산당 지도부가 소련의 공군 지원을 보장받지 못한
상황에서 한국전쟁 개입 결정을 재확인한 것은 놀라운 일이다. 몇몇
중국 자료들에 따르면 스탈린도 이러한 결정에 매우 놀랐으며, 그 후
마오쩌둥과 중국공산당 지도부의 새로운 결정에 마음이 움직였고
많은 것을 느꼈다고 한다.[103] 그런데 중국의 혁명과 안보에 깊이 헌신

해온 마오쩌둥의 행동을 고려해보면 이것은 자연스런 결정, 혹은 불가피한 선택이었다. 마오쩌둥이 저우언라이에게 보낸 전문에서 분명하게 밝혔듯이 그는 북한의 운명이 중국의 안보뿐만 아니라 아시아 및 세계 혁명과 직결된 문제이며, 중국의 공산혁명과도 깊숙이 연관되어 있다고 믿었다. 바로 이것이 극적인 상황변화(스탈린의 공군 지원 약속 철회 등)에도 불구하고 마오쩌둥이 자신의 결심을 끝까지 바꾸지 않았던 궁극적인 이유였다.

그러나 갑작스러운 소련의 태도 변화는 필연적으로 중국의 한국전쟁의 개입 방식에 영향을 미쳤다. 마오쩌둥과 중국공산당 지도부는 한국전쟁에서 중국군이 적군의 전투기 공격으로부터 보호받을 수 없다는 잔인한 사실에 직면하자 전쟁 초기 단계에 세웠던 목표의 범위를 극단적으로 제한해야만 했다. 10월 14일 마오쩌둥은 저우언라이에게 전문을 보내 중국인민지원군의 초기 전략을 다음과 같이 요약했다. '즉 인민지원군은 전쟁 개입 후 방어적인 자세를 취한다. 그리고 미래에 공격으로 전환하면서 반격의 출발점이 될 기지를 유지하기 위해 평양과 원산 북쪽에 두세 개의 방어구역을 설정한다. 6개월 후 유엔군이 그 주변을 공격할 경우 적들이 접근하기 전에 궤멸시키고, 유엔군이 선공을 취하지 않을 경우에는 중국도 공격을 하지 않는다. 모든 준비가 완료된 후에야 비로소 평양과 원산을 향해 반격을 개시할 것이다.'[104]

이렇게 중요한 국면에서 드러난 소련의 '배신'에 마오쩌둥과 중국공산당 지도부는 중소동맹의 한계를 절감했다. 그 순간 중국은 어떠한 형태의 지원이라도 소련의 도움이 필요했지만, 마오쩌둥은 소련의 배신이라는 쓰디쓴 '열매'를 기꺼이 삼키는 것 외에는 다른 선택의 여지가 없었다. 그러나 마오쩌둥은 소련의 배신을 용서하지 않으리라 다짐했을 것이다. 이처럼 장차 나타나게 될 중소 간의 분열의 불씨는 바로 중국의 한국전쟁 개입 과정에서 배태되었던 것이다.

중국공산당 지도부가 원래의 계획대로 전쟁 개입 결정을 재확인하자 펑더화이는 즉시 선양으로 돌아왔다. 10월 15일 아침 마오쩌둥은 가오강과 펑더화이에게 전문을 보내 늦어도 10월 17일까지는 중국인민지원군 부대가 압록강을 건너도록 지시했다.[105] 10월 16일 펑더화이는 인민지원군 각 사단 간부들이 참석한 회의를 주재하고, 정치국의 최종 결정사항을 전달함과 동시에 가능한 한 빨리 군대를 북한으로 이동하라고 명령했다. 당시 그는 모든 부대에 향후 전개될 극심한 고난과 지구전에 대비할 것을 특히 강조했다.[106] 압록강 건너 중국 측 지역에 있던 인민지원군 부대는 10월 17일 밤 압록강을 건너라는 명령을 받았다. 제42연대도 10월 17일 이른 아침 북한 국경을 넘었다.[107]

그 순간 마오쩌둥의 마음은 소련의 변심에 다시 흔들렸다. 10월 17일 펑더화이와 가오강에게 보낸 전문에서 그는 인민지원군이 10월 19일 북한에 들어갈 수 있도록 준비를 하되 10월 18일까지 '공식명령'을 기다리라고 지시했다. 그리고 자세한 논의를 위해 펑더화이와 가오강에게 다시 베이징으로 돌아올 것을 요청했다.[108] 저우언라이가 10월 17일 베이징으로 돌아올 예정이니까 그에게서 스탈린의 입장에 관해 직접 보고 받을 때까지 마오쩌둥은 최종 명령을 미룬 것이다. 마침내 18일 중국공산당 최고 지도부는 다시 모였다. 그 자리에서 저우언라이는 스탈린이 한국전쟁에 필요한 군비와 탄약을 중국에 제공하기로 했다고 전했다. 아울러 그는 소련이 한국전쟁에 직접 개입하지는 않지만, 소련 공군이 중국 영공을 방어한다는 약속을 받아왔다고 말했다.[109] 마오쩌둥은 결국 인민지원군이 압록강을 건너는 D-day를 10월 19일 저녁으로 잡았다. 그는 지령을 전달하기 위해 개인적으로 덩화鄧華를 비롯한 다른 인민지원군 지휘관들에게 전문을 보냈다.(당시 펑더화이와 가오강은 베이징에 있었다.)[110] 마오쩌둥은 10일 만에 두 다리 쭉 뻗고 잘들 수 있었다.[111] 중국군은 마침내 1950년 10월 19일 압록강을 건넜다.

나오며

다소 긴 글이었지만 마지막으로 필자가 강조하고 싶은 점과 향후 과제를 간단히 정리하면서 글을 맺고자 한다.

중소동맹은 중화인민공화국의 초창기 외교정책의 중요한 기반이었다. 중소 간의 전략적 협력, 마오쩌둥과 스탈린 간의 의사소통에 전혀 문제가 없었던 것은 아니지만, 그것은 전반적으로 실질적이고 효과적이었으며 상호 이해의 폭을 넓혔다고 할 수 있다. 류사오치가 1949년 소련을 방문한 이래 중국공산당과 소련은 실질적으로 책임의 영역을 분담했고, 그 결과 동아시아 지역의 혁명 촉진은 주로 중국이 담당하게 되었다. 김일성의 한반도 무력통일 준비과정에 중국이 어느 선까지 개입했는지 여부는 아직 불명확하다.(이에 대한 해답은 앞으로 발굴될 새로운 자료에 달려 있다.) 그러나 중국과 소련이 모두 김일성을 도운 것은 확실하다. 아니, 적어도 김일성의 계획에 반대하지는 않았다. 한국전쟁 발발 전 중국공산당과 소련은 동아시아에 대한 미국의 군사개입 의지와 능력을 저평가했다. 중국의 한국전쟁 개입 결정은 비록 중국이 결정(조금 더 정확히 말하자면 마오쩌둥의 결정)한 것이었지만 크게 보면 중소동맹의 지원 아래 이루어졌다. 그러나 방공우산을 약속했던 모스크바의 약속 철회는 마오쩌둥과 중국공산당 지도부에게 엄청난 시련을 안겨다 주었다. 그럼에도 불구하고 마오쩌둥과 중국공산당 지도부는 혁명지원에 관한 중국의 소임과 자

한국전쟁의 거짓말

국의 안보 차원에서 한국전쟁 개입 결정을 재확인했다. 하지만 결국 중대한 국면에서 소련이 보인 '배신'은 마오쩌둥으로 하여금 '자주적' 태도를 강화하게 만들었고, 나아가 향후 중소 간에 분열의 불씨가 되었다.

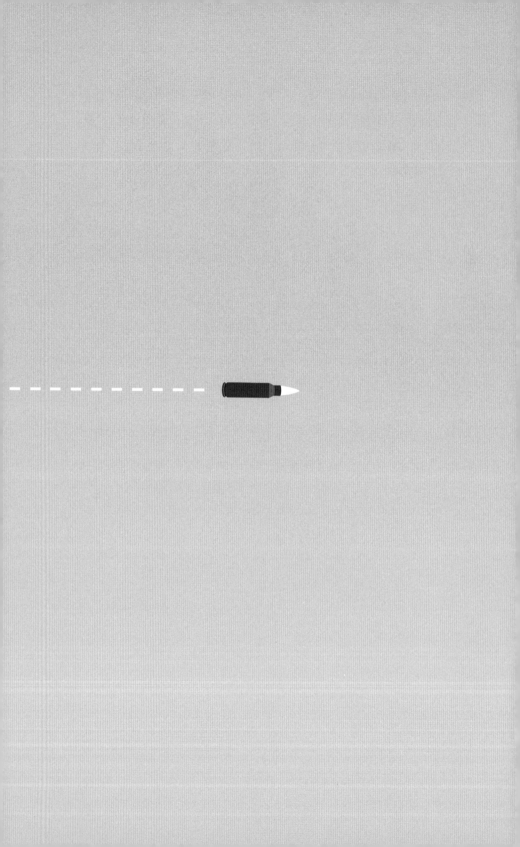

2장

"무엇이 두려운가?"
스탈린의 대미 전쟁 위험 감수

캐스린 웨더스비(Kathryn Weathersby)

이 글은, Kathryn Weathersby, "Should We Fear This?" Stalin and the Danger of War with America", *Cold War International History Project*(이하 *CWIHP*) *Working Paper No. 39*.(July, 2002)을 번역한 것이다.

들어가며

스탈린이 사망하기 불과 몇 년 전인 1950년, 소련은 한국을 무력으로 지배하려는 북한을 지원함으로써 제3차 세계대전의 조짐이 더욱 커졌다. 그해 봄 스탈린과 그의 외교정책팀은 김일성의 한국 무력 침공 계획을 최종적으로 승인할지 여부를 결정해야 했다. 그들은 미국이 보호하고 있는 한국에 대한 공격을 소련이 지원할 경우 미국이 즉각 개입하고 세계대전으로 확대될 가능성이 있는지 여부를 따져 보았다. 결국 미국이 유엔 깃발 아래 다른 15개 국가들과 함께 참전함으로써 스탈린의 염려는 현실이 되었다. 그러나 소련의 지도자도 놀랐지만, 트루먼 행정부가 전투를 한반도에 국한함으로써 전쟁이 확대될 염려는 곧 사라졌다.

1950년 10월 초 전세가 북한에 불리하게 바뀌고 유엔군이 인민군을 신속하게 궤멸시키기 위해 38도선을 넘어 진격하자, 이제 스탈린은 북한의 패배라는 부정적 결과를 막기 위해 또 다시 세계대전의 위험을 감수해야만 했다.

중공군이 개입하지 않았더라면 북한군은 곧 괴멸되고, 미국이 지원하는 남한 정부가 한반도 전체를 지배하게 되었을 것이다. 이런 사태 변화는 소련의 완충지대가 사라지는 것을 의미하는데, 스탈린은 장차 일본이 한국을 침략할 것이기 때문에 한반도에 완충지대가 반드시 필요하다고 믿었다. 뿐만 아니라 이러한 사태는 곧 소련과 중국이 미군과 국경선을 마주하게 되는 것을 의미하는데, 이는 두 공산국가의 안보를 위협하기 때문에 용납할 수 없는 일이다.

한편 중국의 개입은 미국이 중국인민지원군에 전쟁을 선포하도록 자극했고, 이는 곧 그해 2월 소련과 중국이 체결한 상호방위조약을 발동시키는 계기가 되었다. 결과적으로 트루먼 행정부는 중국의

한국전쟁의 거짓말

개입을 전쟁 명분으로 삼지 않았고, 기술면에서 월등한 미군에 맞선 중국 '인민지원군'의 성공적인 개입은 미군이 소련과 중국의 국경선을 따라 주둔할 뻔 했던 현실적인 위험을 제거해 버렸다.

사망하기 2년 전, 스탈린은 적들이 공격을 자제하는 동안 새로운 기회를 탐색하는 한편 통제할 수 있는 범위 내에서 제한전쟁이 계속되는 데 만족했다.

한국전쟁에 관한 스탈린의 정책결정과정에서 결정적인 두 번의 순간, 즉 1950년 초 한국전쟁 개전에 관한 결단과 1950년 10월 패전을 피하기 위해 중국과 연락한 국면은 소련 지도자가 위기의 순간에 대처하는 과정을 이해하는 데 특히 중요하다. 이때의 위기는 소련이 승리하기도 전에 냉전의 긴장이 또 다른 세계대전으로 이어질 수 있는 것이었다.

1995년 세계냉전사프로젝트CWIHP의 일환으로 콜롬비아대학교 코리아연구센터와 러시아 외교부 산하 외교아카데미의 현대국제문제연구소와 함께 모스크바대통령기록관에서 한국전쟁에 관한 방대한 자료를 수집했는데, 이로써 그동안 모호했던 정책결정과정을 밝히는 데 상당한 전기가 마련되었다.[1]

그럼에도 불구하고 중요한 의문점들이 풀리지 않은 채 여전히 남아 있다. 특히 스탈린이 1950년 5월 마오쩌둥에게 "국제정세가 바뀌었다"고 하는 바람에 소련이 전쟁을 지원하게 된 것인데, 수집된 자료들에서는 무엇을 근거로 국제정세가 바뀌었다고 판단한 것인지에 관한 설명이 없다.[2]

이후 예브게니 바자노프Evgenii P. Bajanov와 나탈리아 바자노바 Natalia Bajanova[3] 같은 러시아 연구자들이 대통령기록관에서 공개된 자료를 상세히 인용함으로써 가장 중요한 공백의 일부가 밝혀지고 있는데, 그것들은 스탈린이 전쟁을 승인한 이유와 소련의 전쟁 계획에 관한 아주 세부적인 지시를 담고 있다. 이 글의 목적은 이상의 문서들을 폭넓게 인용하여 새로운 자료들을 통해 미국과의 조기 전쟁 가능성에 대한 스탈린의 접근방식을 보다 완전하게 밝혀냄으로써 이전의 연구성과를 보완하는 데 있다.

배경

스탈린은 일본이 재무장하게 되면 아시아 대륙에서 한국을 교두보로 삼아 소련의 극동 지역에 또 다시 위협이 될 것으로 판단했기 때문에, 일본의 식민지였던 한반도의 정치적 운명을 소련의 안보에 중요한 문제로 간주했다. 1945년 이래 스탈린은 한반도 이남에 대한 미국의 정책이 일본을 다시 끌어들일 수 있다고 보고 면밀하게 관찰했다.

이러한 선입견은 유럽에서의 상황과 유사한데, 스탈린은 독일의 재무장에 대한 위험에 집착했고 미국이 소련을 위협했던 과거의 적들과 보조를 맞추어 행동할 수 있다고 간주했다. 그러나 한국의 상황이 다른 점은 스탈린이 실제 전쟁 가능성이 더 높다고 생각했다는 데 있다. 자유주의 국가인 한국은 이전의 적국이 비군사화를 추진하는 지역이 아니었지만, 지리적으로 양분된 두 개의 점령지역은 정치적으로 첨예하게 양분되었다.

한반도에서 점령국들이 통일된 정부를 구성하는 데 실패하는 바람에 각각 수립된 두 개의 정부는 1950년 무렵 상대방을 진압해서라도 분단을 종식시킬 수 있는 기회를 노렸다. 소련과 미국은 이전의 점령당사국으로서 안보에 대해 염려하면서도 이제는 각각의 피보호국을 보호하는 보호국가로서 한국의 내전으로 인해 직접 충돌할 위

한국전쟁의 거짓말

험마저 떠안게 되었다.

　1949년 3월 신생 조선민주주의인민공화국DPRK의 첫 번째 공식 사절단이 모스크바를 방문한 기간 동안, 김일성이 남침 승인을 요청했을 때 스탈린이 가장 중요하게 생각한 것은 바로 미국과의 충돌 위험성이었다. 최근의 새로운 자료들을 통해, 스탈린이 남침에 대해 38 도선 분단에 관해 합의한 사항을 소련이 위반한 것으로 간주하고 미국이 개입할 가능성이 있다는 이유를 들어 김일성의 요청을 거절했음이 밝혀졌다. 게다가 소련의 지도자는 남한에 미군이 계속 주둔하고 있고 북한의 전력이 남한에 비해 우세하지 않기 때문에 이 문제가 현실적이지 않다고 판단했다. 그는 원칙적으로 김일성의 제안에 반대하지 않았지만 그렇다고 놀라지도 않았다. 분명히 그러한 군사 행동이 필요하다는 김일성의 구상에 공감하면서도, 스탈린은 이 문제를 적절한 환경이 조성되기를 기다려야 하는 문제로 간주했던 것이다. 이들의 대화 내용은 다음과 같이 기록되어 있다.

　　김일성: 스탈린 동지, 우리는 지금 상황이 군사적 수단을 통해 한반도를 해방시켜야 하며 그럴 수 있다고 생각합니다. 남한의 반동세력은 평화적인 통일에 절대 동의하지 않을 것이며 북조선을 침략하기에 충분하다고 판단할 때까지 한반도 분단을 영구화할 겁니다. 지금이야말로 우리가 주도권을 쥘 수 있는 최고의 기회입니다. 우리의 군대가 더 강하며, 더욱이 우리는 남한에서 활동 중인 강력한 게릴라들의 지지를 받고 있습니다. 친미정권을 경멸하는 남한의 인민들도 우리 편에 설 것이 확실합니다.

　　스탈린: 남한을 침공해서는 안 되오. 우선 조선인민군은 남한

군대를 압도할 만큼 월등하지 않소. 내가 알기로 수적으로 북측은 남측보다 오히려 뒤져 있소. 둘째, 무력행위를 방해할 수 있는 미군이 아직도 남한에 주둔하고 있소. 셋째, 38도선에 관해 소련과 미국이 맺은 합의가 아직 유효하다는 사실을 잊어서는 안 되오. 만약에 이 합의를 우리가 먼저 깨버리게 되면, 미국이 개입할 확실한 명분을 주게 되는 것이오.

김일성: 그렇다면 가까운 미래에 한반도를 통일할 수 있는 기회가 전혀 없다는 뜻입니까? 우리 인민들은 반동정권과 그들의 주인인 미제의 굴레를 벗어나 다시 합쳐지기를 염원하고 있습니다.

스탈린: 적대세력들이 공세적으로 나선다면 곧바로 공격을 시작합시다. 공격을 받게 되면 그쪽은 반격에 나설 수 있는

1949년 3월 김일성의 모스크바 도착 성명 발표. 왼쪽부터 홍명희, 박헌영, 미코얀, 그로미코(김일성 오른쪽)

한국전쟁의 거짓말

좋은 기회를 잡게 될 것이오. 그렇게 되면 북측의 공격을 모
두가 이해할 것이고 그들의 지원을 받게 될 것이오.[4]

그러나 한국군의 북한 영토 공격에 관한 보고가 모스크바에 전
해지자 적절한 남침 시점은 곧 현실적인 문제가 되었다. 한국의 군사
행동에 미국의 의도가 반영된 것으로 잘못 해석한 스탈린은 곧 있을
미군의 철수가 한국이 마음대로 북한을 침공하도록 기획된 것이라는
잘못된 결론을 내렸다. 아마도 마찬가지 이유로 1948년 말 소련군이
북한에서 철수했던 것이 떠올랐을 것이다. 4월에 스탈린은 북한주재
소련대사 슈티코프Terentii F. Shtykov에게 미국이 곧 한국에 주둔 중
인 군대를 가까운 일본의 섬으로 옮긴다는 정보보고서가 확실한 것
인지 확인해 보라고 지시했다. 스탈린은 이렇게 설명했다. "미군의 철
수 목적은 한국군에게 군사행동의 자유를 주려는 것이다. 그때가 되
면 유엔한국위원회도 한국에서 철수할 것이다. 4~5월에 남한은 38
도선 근처에 부대를 집결시킬 것이다. 남한은 8월까지 북한군을 완전
히 괴멸시키기 위해 6월경 북한에 기습공격을 가할 것이다."[5]

사실 한국과 미국은 미군의 철수로 인해 이제 막 수립된 대한민
국정부가 북한에 의한 내부 전복이나 공격을 받아 붕괴되지 않을까
우려하고 있었다. 이러한 우려 때문에 미국은 미군의 철수를 1948년
8월에서 12월로, 그리고 1949년 3월과 5월, 마지막으로 6월로 계속
연기했던 것이다. 게다가 한국정부 인사들은 미국이 한국에 군대를
남겨둘 수밖에 없도록 하기 위해 북한을 자극했는데, 미국은 여기에
말려들지 않기로 결정했다. 8월에 접경지역에서 충돌 사태가 벌어지
자, 주한미군군사고문단Korean Military Advisory Group, KMAG의 로버
트W.L. Roberts 사령관은 "남한은 북한을 공격하고 싶어 한다. 이에
우리는 남한 정부에 대해 만약 남측이 북한을 공격하면 미국 고문단

은 철수하고 경제협력원조도 끊길 것이라고 했다."⁶고 솔직하게 털어
놓았다. 주한미국대사 무초John Muccio의 보고에 따르면, 한반도의
내전에 휘말리지 않겠다는 미국의 결정에 대해, "한국인들은 미군의
철수를 실제 위협으로 심각하게 받아들였고 어떤 이들은 안절부절
한 모습이 역력했다. 저들은 미군철수를 늦추기 위해 백방으로 노력
했다."고 할 만큼 분명하게 받아들여졌다.⁷

그러나 슈티코프는 서울에 있는 광범위한 정보망을 통해 미국과
한국의 의도 사이에 상당한 차이가 있음을 알고 있었지만, 스탈린의
오해를 바로잡기 위해 아무런 시도도 하지 않았다. 5월 2일자 보고
서에서 슈티코프는 한국군이 미국의 지원을 받아 확대되고 있으며
이승만 대통령이 전투태세를 강화하는 조치를 취하고 있다고 정확
하게 언급했지만, 전체적으로 미국과 한국의 목표 사이에 큰 이견이
있다는 점을 지적하는 데는 실패했다. 그 대신 그는 아마도 자기보호
충동 때문이었을 것으로 짐작되지만, 스탈린이 내린 결론의 세부사
항을 지지한다고 덧붙이면서 이를 그대로 되풀이할 뿐이었다.⁸

슈티코프는 1949년 봄부터 여름까지 모스크바에 보낸 다른 보
고서에서 북한의 침공 위협을 계속해서 과장되게 평가함으로써 가
뜩이나 의심 많은 스탈린을 더욱 긴장시켰다.⁹ 소련의 지도자는 아직
까지는 미국과 싸워서 이길 수 없기 때문에 미국과의 전쟁에 휩쓸리
지 않기로 결심했다. 그래서 이제는 남북한의 화해가 어려워 보이는
목표지만, 소련에 대한 잠재적 공격에 대비해 한반도를 완충지대로
계속 유지하기로 했다. 이는 적절한 시점이 올 때까지 한반도에서 내
전을 미연에 방지한다는 스탈린의 시간끌기식 해결책이었다. 스탈린
은 슈티코프와 김일성에게 남한의 공격을 자극하지 말라고 엄중하
게 지시했다. 그리고 스탈린은 "심리적으로 적들의 경계심을 누그러
뜨리고, 남한의 공격에 맞선 소련의 참전을 방지하려는 우리의 의도

를 전 세계에 선전"하기 위해, 청진에 있는 소련 해군기지와 평양과 강계에 있는 소련 공군파견대를 철수시키도록 명령했다.[10]

6월 한국에서 미군이 철수한 뒤에도 북한의 침공이 발생하지 않자, 스탈린은 한 단계 더 진전된 전략을 검토했다. 9월 초 남한이 해주시 북쪽에 위치한 시멘트공장을 공습하기 위해 38도선 북쪽의 옹진반도 일부를 점령하려고 했다는 보고를 받은 직후, 스탈린은 남한의 공격을 미연에 방지하기 위한 제한적 전투의 개시와 북한군의 방어진지를 개선하자는 김일성의 요구를 승인하기로 했다. 김일성의 계획은 대략 개성 선까지 남한 영토 일부와 맞닿은 옹진반도를 점령하는 군사작전을 통해 북한군의 방어선을 줄여보자는 것이었다.[11]

제한적 공격을 시작하기로 한 스탈린의 결정은 슈티코프가 제한적 군사조치를 권고한 지 일주일 만에 이루어졌다.[12] 그때 슈티코프는 "남한은 반격할 태세가 충분한데, 그렇게 된다면 전투가 지속될수도 있다."고 했다. 슈티코프는 제한전이 아닌 전면적 공세에 반대하는 네 가지 이유를 다음과 같이 열거했다.

1. 현 시점에서 한반도에는 두 개의 국가가 있고, 남한은 미국과 다른 나라들에 의해 인정을 받았다. 북한이 군사행동을 시작할 경우, 미국이 개입해 남한에 무기와 탄약을 제공할 뿐만 아니라 남한을 돕기 위해 일본군을 투입할수도 있다.

2. 남한에 대한 공격은 미국이 소련에 대한 전면적인 적대행위에 나서는 구실이 될 수 있다.

3. 정치적 의미에서 남한에 대한 공격은 남북한의 대다수 주민들의 시지를 받을 수 있을 것이나, 그러나 오로지 군사적 측면에서 보자면 아직 북한인민군의 전력은 남한 군대

를 압도할 만큼 월등하지 못하다.

4. 남한은 이미 북한보다 강력한 군대와 경찰을 창설해 두었다.[13]

비록 총공세는 아니지만 옹진지구에 대한 제한적 공세는 해 볼 만 하다는 슈티코프의 권고를 그대로 받아들인 스탈린은 9월 11일 결심에 필요한 정보를 모아보라고 대사관에 지시했다. 이에 관해 평양의 대사관으로부터 보고를 받아 본 스탈린은 다음과 같은 이유를 들어 군사작전에 반대했다. "이 군사작전은 곧 남북한 간의 전면전을 의미하는데, 북한은 군사적으로나 정치적으로 아직 준비가 되어 있지 않다." 북한군과 남한의 빨치산운동 모두 신속한 승리를 장담할 만큼 강력하지 않으며, 전쟁이 길어지면 "북한에 심각한 정치적, 경제적 곤란을 초래할 수 있으며 미국이 개입할 여지가 있다."[14]

스탈린의 결정을 실행하기 위한 소련정치국의 결정문 초안들을 보면 결정문이 채택되기 전까지 고려되었던 사항들의 윤곽을 알 수 있다. 최종안 직전의 초안에 따르면, 외무차관인 그로미코Andrei Gromyko와 국방장관인 불가닌Nikolai Bulganin은 침공 문제에 관해 세부적인 논쟁을 벌였다. 군사공격의 정치적 부담과 관련해서 이들은 "북한이 공격을 개시하면, 반동세력들은 북한정부가 침략의도를 가지고 내전으로 몰아간다는 여론을 이용해 비난전을 펼칠 것"이라며 우려했다. 나아가 이들은 "북한인민군이 남한으로 진격하게 되면, 미국이 이 문제를 유엔에 상정하여 북한정부를 침략자로 규정하고 남한에 미군을 주둔시키는 동의안을 총회에서 통과시킬 수 있는 구실을 주게 된다. 일단 남한 지역에 미군이 주둔하게 되면, 한반도 남부를 장기간 점령하게 될 것이고, 이는 결과적으로 한반도 통일을 지연시킬 것"이라고 분명하게 밝혔다.[15]

한국전쟁의 거짓말

초기 초안에서 그로미코와 불가닌은 "미국은 분명히 남한에 군대를 보낼 텐데, 그렇게 되면 당신(김일성)은 미국을 저지할 수 없고 남한 군대를 무너뜨릴 수 없다."고 장담했다. 3월에 스탈린이 김일성에게 지시했던 내용, 즉 북한군은 남한이 공격한 경우에만 38도선을 지나 남하할 수 있다는 취지와 마찬가지로, 그로미코와 불가닌은 "확실히 말해 두지만, 남한이 북한을 먼저 공격할 경우 당신은 언제든 남한 군대를 무너뜨리고 북한 정부의 주도 하에 한반도를 통일할 수 있는 준비 태세를 갖추어야 한다."고 했다. 스탈린은 말투를 약간 누그러뜨리고 다소 격려하듯이 이렇게 지시했다. "남쪽이 북쪽을 공격할 경우, 그대는 준비가 되어 있어야 하고 상황에 따라 행동해야 하오."[16]

가을 내내 스탈린은 한반도에서 전면전이 발발할 가능성이 있는지 계속 전망했다. 10월에는 북한에게 접경지역을 따라 한국군의 진지를 공격하도록 허용했다고 스탈린이 슈티코프를 꾸짖었다. 스탈린은 "그런 도발은 우리의 이익에 아주 위협적이며 적들이 대규모 전쟁을 일으키게 할 수도 있다"고 단언했다.[17]

전쟁 결심

대통령기록관에서 처음 수집된 문서들은 1950년 1월 스탈린이 한반도에서 공세를 가할 만한 적절한 환경이 조성되었다고 확신했다는 것을 보여주고 있다. 남침 공격의 허가를 재차 요청하는 김일성에 대한 답변으로서, 1월 30일 스탈린은 김일성에게 "이 문제에 관해 도울 준비가 되어 있다"면서 이 문제를 논의하기 위해 모스크바로 오라고 알렸다.[18] 하지만 스탈린은 이때까지만 해도 군사작전이 매우 위험하다고 생각했다. 새로운 사료들에 따르면, 이틀 뒤 스탈린이 슈티코프에게 보낸 추가 지시에는 군사작전의 위험성에 관한 그의 우려가 담겨져 있음을 알 수 있다. 스탈린은 슈티코프에게 다음과 같이 지시했다. "김일성 동지에게 현 시점에서 그가 나와 논의하고자 하는 사안은 완벽하게 보안이 유지되어야 한다는 점을 설명하라. 중국의 동지들은 물론이고 북한 지도부 내의 그 누구에게도 알리지 말아야 한다. 이 문제는 전적으로 적들이 모르게 하느냐에 달려 있다."[19]

3월 30일 김일성과 박헌영 朴憲永은 스탈린과 회담하기 위해 모스크바로 건너갔고, 4월 25일까지 머물렀다. 이 회담에 관해서는 아무런 기록이 없기 때문에, 현재까지 우리는 스탈린이 남침이 가능하다고 믿게 된 "국제상황의 변화"가 어떤 근거에서 기인했으며, 또한 북한에게 남침을 감행하기 전에 반드시 마오쩌둥의 승인을 받아내야만 한다고 주장한 이유가 무엇인지에 관해서는 그저 추정만 해왔다. 새로운 사료들은 이 두 가지 중대 문제를 밝혀주고 있다. 중앙위원회의 국제부가 기초한 보고서에는 1950년 4월 김일성과 박헌영이 스탈린과 나눈 대화가 요약되어 있다. 요약된 대화 내용이 다소 길지만 전문을 살펴보면 다음과 같다.

> 스탈린 동지는 김일성에게 한반도 통일 문제에 관해 보다 적극적인 대응을 용인할 만큼 국제정세가 충분히 바뀌었다는 점을 인정했다. (이하 스탈린의 발언 요약, 역자 주)
> 국제적으로는 중국 국민당에 대한 공산당의 승리가 한반도에서 행동을 취할 수 있는 환경을 개선시켰다. 이제 중국은 더 이상 내전에 분주하지 않아도 되고 관심과 역량을 북한을 지원하는 데 쏠을 수 있다. 필요하다면 중국은 자체 방어에 아무런 지장이 없는 범위 내에서 가용한 군대를 북한을

지원하는 데 돌릴 수 있다.

또한 중국의 승리는 정신적으로도 중요하다. 이는 아시아인의 혁명역량이 강하다는 사실을 입증한 것이며 아시아의 반동들과 저들의 스승인 서방, 즉 미국의 취약성을 반증해 보인 것이다. 미국은 중국을 포기했고 중국의 새로운 정치세력에 대해 감히 무력으로 도전하지 못했다.

이러한 중국이 이제 소련과 동맹조약을 맺었으니, 미국은 아시아의 공산주의에 도전하기를 더욱 주저할 것이다. 미국으로부터의 정보에 따르면 실제로도 그렇다. 지배적인 분위기는 '개입하지 않는다'이다. 이러한 분위기는 이제 소련이 원자폭탄을 보유하게 되었고 북한에 대한 소련의 지위가 공고하다는 사실에 의해 더욱 확실해졌다.

하지만 우리는 한반도를 해방시키는 문제의 이해득실을 다시 한 번 잘 따져 봐야 한다. 무엇보다 먼저 미국이 개입할 것인지 여부를 살펴봐야 한다. 두 번째는, 중국의 지도자가 동의할 때에만 해방전쟁을 시작할 수 있다는 점이다.

김일성은 미국이 개입하지 않을 것이라는 견해를 밝혔다.(이하 김일성의 발언 요약, 역자 주)

현재 저들은 소련과 중국이 북한의 뒤에 있으며 도울 수 있다는 점을 잘 알고 있기 때문에 큰 전쟁이 될 수 있는 위험을 무릅쓰지 않을 것이다. 마오쩌둥 동지에 관해서라면, 그는 전소 조선을 해방시키려는 우리의 열망을 항상 지지해 주었다. 마오쩌둥 동지는 중국혁명이 완수된 다음에는 우리를 도울 것이며 필요하다면 군대를 제공할 것이라고 여러 차례에 걸쳐서 말했다. 하지만 우리는 한반도 통일을 우리 힘으로 성취하고 싶다. 우리는 할 수 있다.

스탈린 동지는 철저한 전쟁준비가 선행되어야만 한다고 강조했다.(이하 스탈린, 역자 주)

우선 군대를 높은 수준의 전쟁준비 상태로 향상시켜야 한다. 부대를 추가로 창설하는 것 못지않게 최정예 공격사단을 만들어야 한다. 각 사단은 더 많은 무기와 기계화된 기동수단과 전투장비로 무장해야 한다. 이와 관련된 그대의 요구사항들은 완전히 이행될 것이다.

그 다음에는 세부 공격계획이 수립되어야 한다. 기본적으로 세 가지 단계이다.

1. 군대를 38도선에 가까운 지역에 집중 배치한다.

2. 북한의 최고권력자는 평화적 통일에 관한 참신한 제안을 제시한다. 남쪽은 이를 분명히 거부할 것이다.

3. 저들이 거부한 다음에 반격을 가한다.

나는 옹진반도에서 남쪽과 교전을 개시하자는 당신의 제안에 동의한다. 왜냐하면 이 전술은 누가 먼저 전투행위를 시작했는지 위장하는 데 도움이 되기 때문이다. 그쪽이 공격하고 남쪽이 반격한 다음에는 그쪽이 전선을 확대할 수 있는 기회가 열릴 것이다. 전쟁은 빠르고 신속해야 한다. 남한과 미국이 정신을 차릴 시간을 주어서는 안 된다. 적들에게 완강히 저항하고 국제적 지지를 이끌어 낼 시간을 주지 말아야 한다.

스탈린 동지는 전시에 북한이 소련의 직접적인 개입에만 의존하지 말아야 한다고 덧붙였다. 왜냐하면 소련은 전투 외에

한국전쟁의 거짓말

다른 곳, 특히 서방국가들의 심각한 도전에 대응해야만 하기 때문이다. 스탈린 동지는 동양의 문제에 관해서는 중국의 지도자가 아주 잘 이해하고 있으니 마오쩌둥과 상의할 것을 김일성에게 다시 한 번 요구했다. 스탈린 동지는 소련이 한국전쟁에 직접적으로 개입할 준비가 되어 있지 않으며, 특히 미국이 한국에 군대를 보내는 모험을 감행할 경우에는 특히 더 그렇다고 다시 한 번 강조했다.

김일성은 미국이 개입하지 않는 이유에 대한 상세한 분석을 피력했다. 공격은 신속하게 이루어질 것이며 전쟁은 3일 만에 승리로 끝날 것이다. 남한 내 게릴라활동이 강력해져서 대규모 봉기가 일어날 것으로 예상된다. 미국은 준비할 틈도 없을 것이고 정신을 차릴 때쯤에는 이미 모든 조선의 인민들이 열광적으로 새로운 정부를 지지하고 있을 것이다.

박헌영은 남한 내 게릴라활동 계획에 관해 열심히 부연설명했다. 그는 20만 명의 남로당원들이 대규모 봉기의 주동자들로 활동할 것이라고 예언했다.

양측은, 1950년 여름까지 북한 인민군의 총동원이 이루어지고, 이때쯤 북한의 총참모장이 소련 측 군사고문의 도움을 받아 총공격의 최종 계획을 입안하는 데 합의했다.[20]

전쟁에 관한 스탈린의 생각을 이보다 더 분명하게 보여주는 자료는 없다. 남침공격으로 인해 미국이 즉각 개입하게 될지, 그렇게 되면 소련은 자신보다 훨씬 더 강한 미국과 직접 충돌하게 될지 여부를 결정하는 주요 요인들에 대한 설명이 계속 이어졌다. 중국공산당의 승리를 막기 위해 미국이 군사력을 동원하지 않았듯이, 이제는 소련이 핵무기를 획득했기 때문에 중국에서와 같은 결과를 방지하기 위해 미국이 한반도에 개입하지 않으리라 추정했다. 그러나 가장 중요한 대목은 "미국으로부터의 정보"에 따르면 "지배적인 분위기는 '개입하지 않는다'는 것"이다. 스탈린이 언급한 정보가 무엇인지 아직 특정할 수 없지만, 그것은 1949년 12월 말에 채택된 국가안전보장회의NSC-48, 즉 아시아 본토를 배제한 채 서일본과 필리핀을 잇는 미국의 방어선을 규정한 '극동지역 전략정책'으로 추정된다. 새로운 정책을 채택한 시점을 살펴보면, 스탈린이 워싱턴에서 암약한 영국인 스파이 도널드 맥린Donald McLean을 통해 NSC-48의 내용을 입수하던 때였고 그 내용을 파악한 스탈린은 이제 북한의 남침을 지원할 수 있다고 확신했을 것이다.

12월 중순 무렵 스탈린은 1945년 중국 국민당과 맺었던 중소조약을 중국공산당과의 조약으로 대체하자는 마오쩌둥의 요구를 거부했었는데, 그 이유는 중국공산당과의 새로운 중소조약이 얄타협정을 위반할 소지가 있으며 이로 인해 다른 우호적인 조항까지 개정하자고 미국이 들고 나올 수 있기 때문이라고 했다. 그러나 1950년 1월 6일, 스탈린은 마오쩌둥에게 새로운 조약을 체결할 준비가 되었다고 알렸다.[21] 그리고 스탈린은 일본공산당에 대해 보다 공세적인 전략으로 전환하라고 지시하고, 베트남의 호치민Hồ Chí Minh 정부를 승인했다. 따라서 한반도에 대한 전쟁 결심은 전체적으로 볼 때 동아시아에 대한 새로운 공세적 정책의 한 부분이며 아시아에서 미국이 철수함으로써 생기는 공백을 메우기 위한 전략인 것이다.

그러나 미국의 새로운 전략정책에도 불구하고 스탈린은 여전히 한반도에서의 군사행동이 미국의 개입을 촉발할까봐 우려했다. 그래서 스탈린은 김일성에게 북한을 지원하는 군대를 보낼 가능성이 전혀 없다는 점을 분명히 해 두었다. 만약 병력 증원이 필요하다면 중국에 부탁해야만 한다고도 했다. 이로써 스탈린이 김일성에게 개전

한국전쟁의 거짓말

전에 베이징에 가서 중국의 동의를 먼저 받아야 한다고 강조한 이유가 논리적으로 납득이 된다.

새로운 자료들은 마오쩌둥이 일본 또는 미국의 개입 가능성에 대한 우려에도 불구하고 위에서 언급된 지원을 제공하는 데 동의했다는 점을 보여주고 있다. 베이징주재 소련대사 로쉰Nikolai V. Roshchin이 5월 15일 김일성과 마오쩌둥의 회담 직후 중국과 북측으로부터 전해들은 내용을 바탕으로 작성한 보고서에 따르면, 마오쩌둥은 스탈린이 제시한 3단계 계획에 동의하고 북한에게 중국인민해방군의 성공전략을 권고했다. 마오쩌둥은 조선인민군에게 "신속하게 작전을 수행해야 하는데, 대도시를 점령하는 데 시간을 낭비하지 말고 우회할 것과 적의 무력을 분쇄하는 데 노력을 집중해야 한다"고 강조했다.

그러면서 마오쩌둥은 일본군이 개입할 가능성에 대해 우려했다. 이에 대해 김일성은 "그럴 가능성은 아주 낮다"고 하면서도 "미국이 일본군을 보내봤자 2~3만 명일 것"이라고 추정했다. 그러면서 김일성은 자랑스런 항일 게릴라전의 용사답게 이렇게 덧붙였다. "일본군이 온다 한들 전세에 심각한 영향을 미칠 가능성은 거의 없다. 왜냐하면 조선 인민들은 일본군에 맞서 더욱 용맹하게 싸울 것이기 때문이다."[22] 마오쩌둥은 열성적인 김일성에게, 일본군이 나타나면 전쟁을 오래 끌 수 있는데, 이는 "결국 일본이 아니라 미국이 직접 전쟁에 개입할 수 있다.(원문대로)"는 점을 경고했다.[23]

이러한 마오쩌둥의 암시적 비판에 대해 김일성은 미국이 극동 지역에 직접 군사적으로 개입할 의사가 없다는 스탈린의 판단을 되풀이 하며 비켜갔다. 미국은 중국에서 싸우지 않고 철수했다. 한반도에서도 그러리라고 예측한 것이다.[24]

북측이 로쉰 대사에게 전달한 중국과의 대화내용은 더욱 고무적이었다. "마오쩌둥은 이제 일본이 전쟁에 개입할 가능성이 거의 없다고 했다. 그리고 만약 미국이 전투에 개입하면, 중국군이 북조선을 도울 것이라고 했다. 마오쩌둥에 따르면, 소련은 38도선 획정에 관해 미국과 맺은 협약 때문에 전투에 개입하기를 꺼려하지만, 중국은 이와 비슷한 의무가 없기 때문에 쉽게 행동범위를 북조선으로 넓혀 지원할 수 있다고 했다."[25]

이상 대화 내용 중 어느 것이 더 진실에 가까운지 여부와 상관없이, 마오쩌둥은 김일성이 주장하는 기정사실에 대해 그다지 반대할 여지가 없었다는 점에 더욱 주목해야 한다. 중국의 경제발전과 국가 안보에 핵심인 소련과의 동맹을 이제 막 체결한 이상, 마오쩌둥은 스탈린이 기대하고 있는 북한에 대한 군사적 지원 제공을 거부할 입장이 아니었다. 마치 북한에 대한 중국의 역할을 기대했다는 점을 강조라도 하듯이, 스탈린은 로쉰의 보고를 받자마자 곧바로 마오쩌둥에게 전문을 보내 '조·중 우호, 협조 및 호상 원조에 관한 조약'의 제안을 승인했다고 전했다. "… 한반도에서 해방과 통일의 커다란 전기가 완수되는 대로 이 조약은 조인될 것이다. 조약은 조선에서 동지들의 승리를 공고히 하고 한반도 문제에 관한 외세의 개입을 방지할 것이다."[26]

한편, 1950년 봄 사이 한국에 대한 미국의 지원이 늘어나고 전 세계적인 차원에서 공산주의의 확장을 억제하는 미국의 정책이 가시화되는 여러 조짐들이 나타났다. NSC-68, 즉 한국에 1억 달러의 경제·군사적 원조를 제공하는 방안이 3월 의회에서 승인되었고, 미국 고위급 인사의 서울 방문이 이루어졌다.[27]

그러나 긴장은 고조되고 스탈린이 계속 신경을 곤두세우는 동안에도 김일성과 박헌영이 베이징에서 돌아온 직후 남침 준비는 신속하게 전개되었다. 5월 29일 슈티코프는 스탈린에게 다음과 같이 보고했다.

김일성이 공격준비 상황을 저에게 알려 왔습니다. 현재 지난 4월 모스크바 협상에서 합의된 군비와 장비의 대부분은 이미 북조선에 잘 도착했습니다. 김일성은 새롭게 창설된 사단들을 검열하고 6월 말경 공격 준비가 완료될 것이라는 결론을 내렸습니다.

김일성의 명령에 따라 조선인민군 총참모장은 선제타격작전 계획을 수립했는데, 이는 김일성과 바실리예프Vasiliev 장군에게 보고되었습니다. 김일성은 이 계획을 승인했습니다.

부대 편성 문제는 6월 1일까지 완료될 겁니다. 북한군의 완전한 전투 수행 준비는 6월 중 완료될 겁니다.

김일성은 6월말 공격을 개시할 준비가 되어 있다고 언급했습니다. 공격 개시를 더 이상 뒤로 미루는 것은 바람직하지 않습니다. 왜냐하면, 첫째, 북한군의 군사공격 준비에 관한 정보가 남측에 흘러들어갈 수 있습니다. 둘째, 7월부터 장마가 시작됩니다. 김일성은 6월 8~10일에 부대를 집중 공격 지역으로 이동시킬 계획입니다.[28]

작전을 감독하기 위해 평양에 온 바실리예프 장군과 포스트니코프Postnikov 소장은 개전일을 7월 초로 잡고 싶어 했다. "왜냐하면 핵심 그룹의 관점에서 볼 때 병력의 완전무장과 준비가 완료될 수 있는 시점은 그때라고 판단했기 때문이다." 하지만 이들은 날씨를 고려해 날짜를 좀 더 일찍 당기는 데 동의했다.[29]

6월 12일 인민군은 38도선 후방 10~15㎞ 지점으로 이동하기 시작했다. 그 다음 날 슈티코프는 스탈린에게 다음과 같이 보고했다. "각 사단장과 참모부, 사단과 최선방 부대의 포병부대징이 모인 특별 회의가 열렸습니다. 이 회의에서 각 부대별로 구체적인 임무가 부여

되었습니다. 사전준비에 철통같은 보안을 유지하라고 특별히 강조했습니다. 적군의 첩보기관이 지상 작전과 공중에서 어떠한 낌새도 눈치 채지 못하게 해야 한다고 말입니다."[30]

작전계획 준비는 6월 15일 완료되었다. 다음 날 슈티코프는 스탈린에게 6월 25일 이른 새벽 공격이 개시될 것이라고 보고했다.

> 1단계로 인민군 부대가 옹진반도에서 지엽적인 군사행동인 것처럼 공격을 개시한 다음 남조선의 서해안을 따라 주요 타격을 가할 것입니다. 2단계로 서울을 점령하고 한강을 통제권에 넣습니다. 동시에 동부전선에서 인민군이 춘천과 강릉을 해방시킬 것입니다. 결국 남조선의 주력 부대는 서울 주변에서 포위되어 분쇄될 것입니다. 마지막 3단계는 적의 잔여 부대를 파괴하고 남조선의 주요 인구밀집 지역과 요충지역을 점령하여 나머지 지역을 해방시키는 데 집중할 것입니다.[31]

공격 날짜가 다가오자 스탈린은 미국의 개입 가능성을 계속 걱정했다. 스탈린은, 6월 20일 슈티코프가 블라디보스토크 또는 뤼순항

미소공동위원회에 참석한 하지 사령관(좌)와 슈티코프 상장(우) / 환담을 나누는 김일성(좌)와 슈티코프 소련대사(우)

한국전쟁의 거짓말

에서 북한군을 소련 함정에 태워 수륙 양동작전을 펼치자는 요구를 승인하면서도, 그 함정에 소련군이 승선하지 못하게 했다. 왜냐하면, "미국이 개입할 수 있는 구실이 될 수 있기 때문"이었다.[32]

그러나 동시에 소련의 지도자는 그러한 개입의 가능성을 크게 높이는 결정을 내렸다. 6월 21일 스탈린은 슈티코프로부터 김일성이 보내는 중대한 메시지를 받게 된다. 북한군의 무선감청 정보보고에 따르면, "남조선이 곧 있을 인민군 공격의 세부사항을 파악했다. 이에 따라 남조선은 부대의 전투력을 강화하는 조치를 취하고 있다. 방어선이 강화되었고 옹진반도 지역에 부대를 추가로 집중시켰다." 는 내용이었다. 사태가 이렇게 전개되자, 결국 김일성은 당초의 공격 계획을 수정해야한다고 요구했다. "김일성은 총공세 전에 옹진반도에서 지엽적인 전투를 시작하는 대신에, 6월 25일 모든 전선에서 전면적인 공격을 펼칠 것을 제안했다."[33]

같은 날 스탈린은 "모든 전선에서 즉각적인 총공세를 펼치자는 김일성의 제안"에 동의한다고 회신했다.[34] 이러한 결정은 엄밀하게 군사적 측면에서 볼 때 민감한 문제일 수 있겠지만, 이는 한국을 제2차 세계대전 방식으로 침공하는 것에 대해 서방국들이 얼마나 재앙에 가깝게 오해했는지를 보여주는 대목이다. 다른 서방국들과 마찬가지로 스탈린 역시 독일의 갑작스럽고 전면적인 공격에 트라우마를 갖고 있었음에도 불구하고, 한국에 대한 공격이 의미하는 바를 세계의 수많은 정치 지도자들은 금방 깨달았을 법한 그러한 불길한 조짐을 정작 그가 예견하는 데 실패했다는 점이 무엇보다 충격적이다.

전쟁 억제, 패전 회피

스탈린이 계속 피하고자 했던 만일의 사태, 즉 미국의 개입이 실현되자 소련의 지도자는 극도로 예민해졌다. 스탈린은 소련이 남침에 책임이 없는 것처럼 보이기 위해 노력했을 뿐만 아니라 슈티코프와의 은밀한 연락에서는 마치 자신이 군사작전에 최소한으로 개입한 것처럼 보이기 위해 애를 썼다. 트루먼 대통령이 한국에 미군을 파견하겠다고 발표한 다음 날인 7월 1일, 스탈린은 슈티코프 대사에게 걱정스러운 듯 다음과 같이 전했다.

> 1. 귀관은 북한군 사령관이 어떤 전쟁계획을 갖고 있는지에 대해 어떠한 보고도 하지 마라. 계속 진군할 것인가? 아니면, 진격을 멈출 것인가[?] 우리 생각에는, 계속 공격해야 한다. 남한을 빨리 해방시킬수록 (미국이, 역자) 개입할 기회가 줄어들 것이다.
> 2. 미군 전투기의 북한 지역 공습에 대해 북한 지도부가 어떻게 판단하는지 회신하라. 북한이 이를 두려워하지 않는지, 아니면 계속 흔들림 없이 버텨낼 것 같은가[?]
> 4. [원문대로] 우리는 7월 10일까지 북한이 요구한 탄약과 군비를 전부 다 수송해 주기로 결정했다. 이를 김일성에게 알려 줄 것.[35]

며칠 뒤, 미국이 침공의 책임을 직접 소련에 돌리고 이를 참전의 명분으로 이용하기를 주저하자, 스탈린은 평정을 되찾았다. 스탈린은 소련의 군수 지원과 후원을 열정적으로 재개했다.[36] 게다가 그는 전쟁을 둘러싼 외교전에서 전보다 더 대담한 태도를 보였는데, 38도

한국전쟁의 거짓말

선 이북으로 철수하라는 영국의 제안에 대해 "터무니없는 제안이며 받아들일 수 없다."는 입장을 마오쩌둥과 저우언라이에게 밝히기도 했다. 저강도의 위험을 유지하면서 현재의 전쟁을 계속 진행하고, 이를 이용해 공산주의 3국동맹의 정치적 목표를 달성하겠다는 의지를 밝히면서, 스탈린은 중국에 다음과 같이 답변하겠다고 알려 왔다. "한반도 문제는 외국 군대가 개입하면서부터 너무 복잡해졌기 때문에, 이런 문제는 소련과 중국이 참가하는 유엔 안보리에서 북한의 대표를 소환하여 의견을 들어보아야만 해결될 수 있다."[37]

8월 말 미군이 부산 지역을 벗어나지 못하자, 스탈린은 북한의 지도자에게 중앙위원회의 입장이라며 다음과 같이 전했다. "조선 인민을 해방시키려는 위대한 투쟁에서 탁월한 성공을 거두고 있는 김일성 동지와 그의 동지들에게 경의를 표한다. 소련 볼셰비키 공산당 중앙위원회는 가까운 미래에 개입주의자들이 한반도에서 불명예스럽게 축출되리라는 것을 믿어 의심치 않는다." 또한 스탈린은 김일성에게 미국 등 개입주의자들 때문에 전쟁에 차질이 생긴 데 대해 "당혹해 하지 말라"고 안심시켰다.

> 이런 전쟁에서 계속 승리하는 일은 없다오. 러시아도 내전 당시 계속 승리하지 못했고, 독일과의 전투에서는 특히 더 그랬소. 조선 인민들이 거둔 가장 위대한 승리는 이제 세계에서 가장 주목받는 국가가 되었고 아시아에서 제국주의 해방운동의 기수가 되었다는 데 있소. 이제 노예상태에 있던 아시아 인민의 군대들은 조선인민군이 미국과 나머지 제국주의자들에게 결정적인 타격을 가한 기술을 배우게 될 것이오. 그리고 김일성 동지는 이제 조선은 혼자가 아니며 현재 조선을 돕고 있고 또 앞으로도 계속 지원하고자 하는 동맹

국들이 있음을 절대로 잊지 마시오. 1919년 러시아내전 당시 영국·프랑스·미국이 개입했을 때의 상황은 지금 조선의 동지들이 겪고 있는 상황보다 몇 배나 더 좋지 않았다오.[38]

이 무렵 스탈린은 행복감에 도취된 나머지 지난 4월에 자신이 직접 수립한 한반도에 대한 군사행동 방식, 즉 소련이 무기와 물자를 공급하고 군사지도를 하는 대신 만일 외국 군대가 필요한 경우 북한은 중국에 부탁하기만 하면 되는 방식을 바꾸려 하지 않았다. 유엔군의 인천상륙 이후 10월에 접어들면서 인민군의 패색이 짙어지자, 스탈린은 소련군의 직접적인 개입은 배제한 채 중국에 대해서만 약속된 군대를 보내라고 재촉했다. 여전히 스탈린은 중국의 개입으로 인해 소련이 미국과의 대규모 전쟁에 휘말려 들지 않을까 따져 보면서도, 그는 마오쩌둥에게 적어도 5~6개 사단 병력을 "지원군"으로 위장시켜 즉시 38도선으로 보내라고 채근했다. 스탈린은 제3차 세계대전이 벌어질 수 있다는 핑계를 대며 움직이려 하지 않는 중국의 입장을 묵살하려 했지만, 막상 마오쩌둥이 거부 하자 놀라고 당황한 것 같다.[39] 스탈린은 마오쩌둥에게 "중국의 핵심적인 동지들은" 만약 적들이 38도선을 넘어 오면 북조선을 돕기 위해 얼마간의 병력을 보낼 준비가 되어 있다고 여러 차례 밝혀 왔다는 점을 상기시켰다. 그리고 이러한 준비는 장차 미국 또는 일본이 한반도를 발판삼아 중국을 침략하지 않도록 방지해야 하는 중국의 이익 때문이라는 점을 스탈린은 분명하게 언급했다.[40]

북한에 군대를 보낼 수 없다는 마오쩌둥의 거절에 대해 스탈린은 답장에서 중국이 개입해야 하는 네 가지 이유를 설명했다. 첫째, 이번 전쟁에서 지금까지 미국이 보인 반응을 살펴볼 때, 미국은 "현재 큰 전쟁을 치를 준비가 되어있지 않다." 둘째, 일본은 "아직까지 군사적 잠재력을 회복하지 못했기" 때문에 미국을 지원할 수 없다. 셋째, 중국의 뒤에는 소련이 동맹국으로서 버티고 있기 때문에, 미국은 북한에 유리한, 즉 "한반도가 적들의 발판이 될 가능성이 없는" 평화조약에 동의할 수밖에 없을 것이다. 넷째, 같은 이유로 미국은 타이완을 포기해야 하고, "일본 반동들과" 개별적인 평화협정을 맺어야 한다는 제안을 거부할 것이며, 일본제국주의를 부활시켜 동아시아에서 발판으로 삼겠다는 계획을 포기해야만 할 것이다. 스탈린은 중국이 "가열찬 투쟁과 무력을 보여주지 않고서는" 적의 양보를 얻어낼 수 없으며 타이완도 돌려받지 못할 것이라고 경고했다.

그러나 스탈린은 여전히 미국도 체면 때문에 더 큰 전쟁에 휘말릴 수 있다고 인정하면서, 약간 과장되게 이렇게 물었다. 그렇게 되면 중국 역시 그 전쟁에 휘말리게 되는데 그때는 "중국과 상호원조조약을 체결한 소련도 참전할 수밖에 없을 텐데, 무엇이 두려운가?" Should we fear this?

> 내 생각엔, 미국과 영국보다 우리가 더 강하고, 유럽의 자본주의 국가들(독일은 현재 미국에 어떠한 지원도 할 수 없으니 제외)은 이렇다 할 군사력이 없기 때문에 우리가 두려워 할 필요는 없다. 전쟁을 피할 수 없더라도 계속 싸우게 내버려 두자. 이제 곧 몇 년 뒤에는 일본 제국주의가 미국의 동맹으로 복구될 것이며 미국과 일본은 한반도 전체를 이승만이 지배하도록 해서 대륙을 향한 손쉬운 교두보로 삼을 것이다.[41]

자주 인용되는 이 문장은 만약 전후 맥락을 고려하지 않는다면 오해하기 쉽다. 그 다음 스탈린이 취한 행동은 그가 먼저 언급했듯이 더 큰 전쟁의 발발 가능성에 계속 신경 쓰고 있고 이를 포기하지 않

중국에 제공된 소련의 탱크들

앉음을 보여주고 있다. 그런데 사실, 처음에 중국의 지도자가 스탈린에게 그의 호언장담에 따라 군대를 보낼 수 없다며 거부하자, 스탈린은 거의 포기 상태로 북한군에게 완전히 철수하라고 명령을 내렸다.

10월 13일 스탈린은 김일성에게 다음과 같이 통지했다. "계속 저항하는 것은 희망이 없소. 중국의 동지들이 군사개입을 거부했소. 이런 상황이기 때문에 귀하는 중국과 소련, 또는 둘 중 한 곳으로 완전히 철수할 준비를 해야 하오. 군대와 장비를 전부 철수시키는 것이 가장 중요하오. 이에 관한 세부적인 실행계획을 수립하고 면밀하게 이행하시오. 향후 적들과 투쟁할 수 있는 잠재력을 보존해야만 하오."[42]

한편, 그 다음 날 중국은 결국 군대를 보내기로 결정했다. 중국은 미국과 직접 충돌할 위험을 최소화하기 위해 소련이 중국에 군사적 지원을 제공해야 한다는 분명한 조건을 전제로 스탈린에게 철수명령을 취소하라고 재촉했다. 스탈린은 중국에 겨우 최소한의 전투기 4개 사단, 지상공격기 2개 사단,[43] 훈련기 16대, 10개의 탱크 연대, 그리고 보급지원단과 탄약을 보냈다. 결국 소련 군용기와 탱크는 중국군을 훈련시키는 데 이용되는데, 이는 스탈린이 최전선에 투입하는 것을 명확하게 금지시켰기 때문이다. 이 군용기와 탱크들을 조종하는 소련 군인들은 가능한 최단 기간 중국에 머물렀고, 교육훈련이 끝나자마자 소련으로 귀환해 버렸다. 중국에 있는 동안 소련 군인들은 중국 군복을 입고 군용기와 탱크들은 중국군 장비처럼 위장을 해야 했다.[44] 11월 1일 스탈린은 명령을 수정하여 소련 전투기들에게 국경 근처의 중국 공군기지와 압록강의 다리들을 보호하라고 지시했다. 하지만 소련군 조종사가 추락하여 포로로 잡히면 소련군이 개입했다는 것이 탄로 날까 두려워서 적군이 점령하고 있는 지역까지 미 공군기를 추격하지 말라고 했다.

나오며

한국전쟁 발발 직후 한 달 동안 스탈린이 보여준 전쟁관리의 모습을 재구성해보면 신중한 독재자의 기회주의적 면모를 엿볼 수 있다. 그는 한반도 상황에 관해 검토할 때 어떤 경우에도 미국과 직접 군사적 충돌로 이어질 수 있는 갈등을 용납하지 않았다. 오히려 스탈린은 모든 국면마다 그런 상황으로 발전할 수 있는 여지를 예방하는 조치를 취했다. 마오쩌둥에게 미국과의 전쟁을 두려워하지 않아도 된다고 한 스탈린의 격려는 동맹으로서 중국이 개입하더라도 세계대전으로 번질 위험이 없다고 판단한 스탈린이 마오쩌둥을 꼬드기기 위한 허세였다고 볼 수 있다.

그러나 스탈린은 신중한 나머지 적대국들의 다양한 가정과 동기들을 이해하는 데 실패했다. 미국과 한국의 관계를 파악하는 데 실패한 스탈린은 미국이 지원하는 한국이 북한을 침공할 가능성에 대해 지나치게 큰 두려움을 가졌다. 또한 스탈린은 제2차 세계대전 방식으로 한국을 침공하면 하나의 단순한 침공이 세계적 대재앙으로 이어졌던 최근의 세계대전과 마찬가지로 소련이 이와 비슷한 침공에 착수했다는 공포가 전 세계적으로 확산된다는 점을 예견하지 못했다. 이러한 실패는 스탈린이 그토록 피하고자 했던 여러 국가의 개입으로 이어졌고, 오히려 그가 약화시키고자 했던 미국과 그 동맹국들의 유대를 더욱 강화시켰다.

아마도 중요한 점은 미국이 한국에 개입하거나 일단 개입할 경우 전쟁이 한반도를 넘어 확대될 수 있는 위험성에 대한 스탈린의 평가일 것이다. 스탈린은 중국과 한국에서 미국이 억지력을 행사하는 것을 언젠가 보상받게 될 안전보장으로 이해하기보다는 군사력이 소진되는 취약성으로 이해했다는 점이다. 스스로 포기하지 않는 한, 그어떤 것도 병적으로 의심 많은 독재자를 안심시킬 수 없었을 것이다.

한국전쟁의 거짓말

[문서 No. 1]

슈티코프가 스탈린에게 보낸 전문(1949년 4월)[45]

암호전문

극비

발신 : 평양

귀하의 전문에서 지적하신 바와 같이 본관이 취합한 정보, 즉 미군의 철수 준비와 한국군의 북한 침공 준비에 관한 조사 결과에 대해 보고합니다. 이 정보들은 한국의 정보를 전담하는 북한 내무성 정치보위부에서 받은 것입니다. 그러나 4월 초순 북한인 정보원으로부터 제공받은 이 정보는 방첩대장이나 내무상에게 보고되지 않았으며 따라서 북한정부에는 보고되지 않은 내용입니다.

그 내용들은 정치보위부장이 우리 군 정보국에 보내는 것이었으니 분명히 귀하께서도 받으셨을 겁니다.

이 정보는 내무상이나 김일성 수상, 그리고 내무성 내의 우리 측 고문관들에게조차 보고되지 않았기 때문에 본관 역시 알지 못했습니다. 저는 이러한 일을 용납할 수 없기에 이러한 사태가 재발하지 않도록 필요한 조치를 취하고 있습니다.

우리 요원들이 보내 온 정보와 서울의 라디오 방송에 따르면, 현재 미국과 한국 당국은 주한미군의 철수 문제에 관해 협상을 진행하고 있습니다. 유엔한국위원회도 이 협상에 참여하고 있는데, 이는 4월 16일 이승만의 발언에서도 분명히 드러납니다. "… 대한민국정부와 미국정부의 대표들이 현재 주한미군의 철수에 관해 협상을 진행하고 있습니다. 유엔한국위원회도 이 사실을 알고 있으며 이들의 참여는 협상에 큰 도움이 될 것입니다."

4월 19일 무초 주한미국대사의 발언에 따르면, 협상은 "3~4개월 후면 마무리될 것"이라고 합니다. 4월 19일 이승만의 발언에 따르면, 주한미군 철수의 정확한 일정은 "한국군을 준비시키는 데 필요한 시간에 달려 있다."고 합니다.

한국 국방장관은 기자들에게 이렇게 말했습니다. "한국군은 미군 철수 후에도 질서를 유지하기에 충분한 병력을 보유하고 있으며, 만약 북한이 남침을 한다면 국군은 이에 대응할 수 있을 뿐만 아니라 상당한 타격을 가할 수 있다."

북한에 대한 군사적 공격계획과 관련해서, 한국의 군사당국은 '국군'의 규모를 늘리고 있습니다. 우리 정보요원의 보고에 따르면, 한국 육군은 1949년 1월 53,600명에서 그해 1/4분기 말까지 70,000명으로 증가했습니다. 기계화부대와 공병부대, 그리고 특수부대에 각별한 관심을 기울여 이들 부대는 2~4배까지 성장했습니다. 군대 내에서 '신뢰할 수 없는' 병사와 장교들에 대한 숙군 작업이 이루어지고 있습니다. 군대는 반공 청년들로 채워져 강화되고 있습니다. 미국은 상당량의 다양한 무기와 탄약을 한국에 넘겨주고 있습니다. 한국정부는 대규모 군사원조를 받기 위한 조치들을 취하고 있습니다. 조병옥이 미국 워싱턴을 방문한 주된 목적은 여기에 있습니다.

한국 군사당국은 대규모 군대를 38도선 접경에 집중 배치시켰습니다. 취합된 정보들에 따르면, 이 지역에 집결된 병력 수는 41,000명입니다. 한국군은 평양으로 직행하는 지역에 각별한 관심을 기울이고 있습니다.

북한의 정보기관에 협조하는 한 국군 대대장의 보고에 따르면, 평양 방면으로 진격할 병력이 30,000명으로 증가할 것이라고 합니다. 북침 작전계획은 이미 시작되었으며 제1여단 내에서는 작전계획이 각 대대장에게 하달되었습니다. 아마 작전개시는 6월인 것 같습니다. 작전계획과 관련해서 한국정부는 데모를 탄압하고 민주화운동을 근절하기 위한 결정적인 조치를 취할 것입니다.

한국의 요원들이 북한의 모든 지역에 테러리스트와 전복 세력을 조직시켰는데, 이들은 신규 조직원을 모집하고 첩보활동을 전개하며 소요 사태를 일으킬 준비를 하라는 지시를 받았습니다. 군사작전이 개시되면 이들은 기만 작전과 테러, 소요를 일으킬 것입니다. 이들은 한국으로부터 수류탄과 총기를 받았으며, 체포된 포로의 자백에 따르면 5월에 무기를 추가로 공급받을 예정이라고 합니다. 이들 조직은 평양(2개)과 해주(1개), 신의주(1개)에서 적발 되었습니다.

본관은 이 문제들과 관련해서 김일성과 박헌영을 만났으며 필요한 예비조치들에 착수한다는 데 합의했습니다.

경계태세와 북한의 군대와 경찰력을 강화하는 조치들이 이행되었습니다.

2/V-49 슈티코프

소비에트연방 내각위원회 결의문[46]

소비에트연방 내각위원회 결의 NO._____

발신 : 1950년 10월   모스크바, 크레믈린

소비에트연방 국방장관 관련 사항

소비에트연방 내각위원회는 다음과 같이 결의한다. :

1. 소비에트연방의 국방장관(바실리예프 사령관)에게 중화인민공화
   국 영토로 이하 군비를 파견할 것을 명령한다.
   a) 보급과 정비 부대를 포함한 4개의 전투비행사단 : 각 전투
      비행사단은 2개의 전투 여단으로 구성하고 각 여단에는 미
      그-9 전투기 30대로 편성함으로써 총 62대의 전투기를 보
      유한다. 이상의 사단을 편성할 때는 모스크바 지역 방공수
      비대의 제328 전투비행사단과 민스크 지역 방공수비대의
      제144 전투비행사단의 협조를 받을 것
   b) 야크-17 훈련기 16대, 한 연대 당 2대씩
   c) 보급과 정비 부대를 포함한 1개 지상공격 비행사단은 각각
      IL-10기 30대를 보유한 2개의 비행연대로 편성한다. 이로써
      각 사단은 62대의 전투기로 구성된다.
   d) 1개 지상공격 비행연대는 1개 비행기술대대의 지원을 받는
      IL-10기 30대로 구성된다. 지상공격 비행사단과 비행여단의
      구성은 트란스바이칼 군구의 제45 육군항공단 내 제186 지
      상공격 비행사단의 지원을 받아 편성한다.

e) 모든 항공기에는 10세트의 전투탄약과 10회분의 전투연료 와 오일이 지급된다.

f) 85미리 기관총을 장착한 T-34 탱크 30대로 편성된 10개의 탱크 여단, 각 여단은 IS-2 탱크 6대와 ISU-122 자주포 4대 씩 보유. 총 10개의 탱크 여단은 T-34 탱크 300대, IS-2 탱 크 60대, ISU-122 자주포 40대이다.

이상 언급된 탱크 여단은 트란스바이칼 군구의 제6 기계화 군단 내 제5 탱크사단, 제11 탱크사단, 제14 기계화사단을 기반으로 편성한다.

g) 모든 탱크와 차량에는 5세트의 전투탄약과 5회분의 전투연 료가 지급된다.

2. 금년 12월 15일까지 중국 영토 내에 전투비행사단의 배치를 완료하고, 지상공격 비행사단, 지상공격 비행여단, 탱크 여단 의 배치는 금년 11월 20일까지 완료한다.

3. 향후 중국에 보내지거나 이미 중국에 배치된 우리 공군의 임 무는 소비에트연방 국방장관의 확인 아래 중국군사령관이 체 결한 협정에 따라 중국군 조종사의 재교육과 중국 내 대도시 를 엄호하는 데 있다.

우리 공군을 최전방에서 이용하는 것 〔그리고 조중 국경 근처 의 군대와 목표물을 엄호하는 것 - 이 문장에 밑줄이 그어져 있다.〕은 절대 금지한다.

우리 탱크여단의 임무는 중국군 탱크 요원을 훈련시키는 것이다. 소련군 표시가 있는 탱크를 최전방에서 이용하는 것은 절대 금 지한다.

4. 모든 훈련이 종료된 다음에는, 4개의 전투비행사단, 지상공격 비행사단과 여단, 탱크 여단과 보급 및 정비 부대가 보유했던

전투기, 탱크, 무기와 전투기술을 중화인민공화국 정부에 모두 이관하고 모든 요원들은 소련으로 귀환하라.

5. 11월 10일까지 중국에 배치된 제151 전투비행사단을 보급과 정비 부대를 포함한 2개의 미그-15 전투기사단으로 편성하도록 국방장관(바실리예프 사령관)에게 명령한다. 새롭게 편성된 사단은 두 개의 전투항공여단으로 구성하고 각 여단은 미그-15 전투기 30대씩, 총 62대의 전투기로 구성한다.

위의 사단을 편성하는 동안 기존의 명령에 따라 중국군 조종사에 대한 훈련을 계속한다. 그리고 위 사단 중 하나는 곧바로 중국군 조종사와 기술 요원에게 적합하도록 모든 조치를 취하라.

6. 소비에트연방 내각결의 제22.3.50 No. 1146-420ss에 의거, 중국군 조종사와 탱크 요원들의 준비를 지원하기 위해 소비에트연방 국방장관에게 부대와 비밀 훈련자금을 제공할 수 있도록 허가한다.

7. 소비에트연방 국방장관에게 소련군 군복을 착용한 군사요원을 중국에 파견하되 중국에 도착 즉시 중국군 군복으로 환복하도록 허가한다.

항공기와 탱크를 중국에 보내기 전에 소련군 표식을 삭제하고 중국에 도착 즉시 중국군 표식으로 대체하라.

8. 중국의 주요 도시를 엄호하고 중국군 조종사와 탱크 요원들을 훈련시키는 데 우리 항공기를 사용하는 문제, 그리고 중화인민공화국 영토에서 우리 군사 요원들을 배치하는 문제와 관련해서 자하로프ZAKHAROV 대장을 통해 중화인민공화국 정부와 합의할 것을 소비에트연방 국방장관에게 위임한다.

9. 1949년 8월 9일자 소비에트연방 내각결의 No. 3424-1425와 1949년 10월 3일자 No. 4200-1743을 중국에 파견된 모든 요

한국전쟁의 거짓말

원들에게 전파하라.

10. 이상의 결의와 관련된 조치들을 이행하는 데 필요한 비용을 추산하는 문제와 관련해서 중화인민공화국 정부와 협의할 것을 소비에트연방 해외무역상(멘쉬코프 사령관)에게 명령한다.

소비에트연방 각료회의 의장 요시프 스탈린
소비에트연방 각료회의 조직국장 뽀마즈네프POMAZNEV

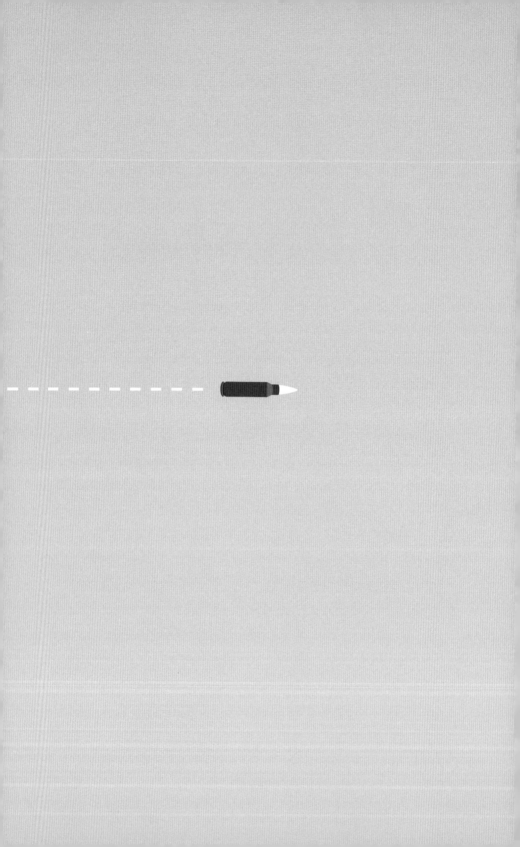

한국전쟁기 중국과
북한의 갈등과 해소

션즈화(沈志華)

이 글은, Cold War International History Project *CWIHP Bulletin*, *Issue 14/15*(2003 winter - 2004 spring)에 수록된 Shen Zhihua, "Sino-North Korean Conflict and its Resolution during the Korean War"와, 이 글의 원문격인 중국어 논문 梁鎮三, "朝鮮戰爭其間中朝高層的矛盾·分岐及其解決-冷戰中社會主義陣營內國家關係研究案例之一", 『中央研究院近代史硏究所集刊』第40期, (民國92年6月)을 함께 참고하여 우리말에 맞게 번역한 것이다. 션즈화 교수는 자신의 중국어 논문을 본 연구소에 직접 제공해 주었고 두 논문의 적절한 국문번역을 허락해 주었다. 중국어 논문이 발표되었던 2002~2003년 무렵 저자의 이름은 梁鎮三이었는데 이는 션즈화 교수가 타이완 학회지에 게재하기 위해 사용한 필명이다. 당시 이 글은, 량전싼(梁鎮三), "전쟁기 중국지도부와 북한지도부 사이의 모순과 갈등", 국방부 군사편찬연구소 편, 『한국전쟁사의 새로운 연구 2』(서울: 성문사문화수식회사), 2002를 통해 국내에 소개되기도 했다. 중국어 원문과 영역 및 국역본 각각에서 보이는 오탈자와 오기 및 오역은 상호 참조해서 바로잡았다.

한국어 번역에 부쳐서

"항미원조, 보가위국抗美援朝, 保家爲國"은 중국이 한국전쟁에 참여할 때 사회적 동원을 진행하기 위해 내 건 일종의 구호이지 목적은 아닙니다. 바로 본문에서 말하고 있는 것처럼, 이 전쟁을 통해 북한과 중국의 민간 및 사회 기층 간에 우의友谊가 발현되기도 했지만, 고위층과 지도자 간에는 여러 모순과 이견分歧이 존재했습니다. 전쟁 이후 북중관계가 매우 냉담했던 것은 이런 이유 때문입니다. 1958년 중국인민지원군이 북한에서 모두 철수한 다음에야 비로소 양국관계는 신속하게 강화되었습니다. 이 시기의 역사적 진상에 관해서는 한국의 독자들은 물론이고 그동안 중국인들도 잘 알지 못했습니다. 한 사람의 역사연구자로서 우리의 책임은 바로 역사적 진실을 복원하는 데 있습니다. 이와 관련해서 한국의 독자들이 여전히 어떤 의문점을 품고 있다면 본인은 실제에 근거해서 답을 드리고 싶습니다.

2018년 4월 24일

션즈화沈志華

들어가며

아시아의 냉전에 관한 기존연구는 소련이나 중국 같은 강대국들 간의 관계에 주로 초점을 맞춰 왔다.[1] 이에 비해 공산주의 진영 내 대국과 소국 간의 관계 발전에 관한 연구는 그다지 많지 않다.[2] 이번 연구의 주제인 한국전쟁 기간 중 중국과 북한 간의 관계 역시 그동안 '순망치한脣亡齒寒'이라는 우정의 관계로만 이해되어 왔다. 중국과 한반도의 관계를 상징하는 이 고사성어로 전쟁기간 중 양국 간 동맹 관계의 몇 가지 측면은 설명될 수 있겠지만, 양국의 정상들 간에 존재했던 심각한 갈등은 파악할 수 없다.

당대 사료와 사건과 관련이 있는 인물들의 회고록 등에 기초한 이 글은 한국전쟁 중 중국과 북한의 정상들 간에 존재했던 긴장관계, 그리고 이러한 긴장을 완화하기 위해 사용된, 즉 아시아의 냉전 관계에서 광범위하게 형성된 긴장완화 방법들에 대해 살펴보고자 한다.

공간적인 제약 때문에 이러한 긴장들과 그로 인한 영향들의 배경이자 냉전의 잔재인 중국과 북한의 관계를 형성하고 있는 문화적, 역사적 변수들에 대한 포괄적인 분석은 하지 못했다. 필자는 이 글이 향후 이 문제에 대한 폭넓은 연구의 기반에 보탬이 될 수 있기를 기대한다.

북한 파병을 위한 중국의 부대 배치

지난 몇 년 사이 활용할 수 있게 된 당대의 기록문서들에 대한 연구를 바탕으로, 연구자들은 중화인민공화국의 지도부, 최소한 마오쩌둥毛澤東 주석만큼은 한국전쟁이 발발하기 전에 이미 북한을 지원하기로 작정했다는 데 거의 의견이 일치하고 있다.[3] 하지만 유엔군이 38도선을 넘어 북진함에 따라 어쩔 수 없을 때까지 북한의 지도자가 중국의 원조 제의를 줄곧 거절했다는 사실은 잘 알려지지 않았다.

러시아의 문서기록에서 밝혀졌듯이, 1950년 1월 스탈린은 김일성의 요청대로 남한에 대한 군사공격 개시를 지지하며 이 문제를 협의하기 위해 김일성이 모스크바를 방문하는 데 동의한다고 통지했다.[4]

소련과 북한의 두 지도자는 1950년 4월 10~25일 동안 세 차례 회담을 가졌다. 스탈린은 남침을 최종적으로 승인하기에 앞서 두 가지 선결 조건을 강조했다. 첫째, 스탈린은 미국이 개입하지 않는다는 확신이 필요했다. 둘째, 중국이 북한을 지원한다고 동의해야만 했다. 김일성은 북한이 소련과 중국의 원조를 받기 때문에 미국이 세계대전을 피하기 위해서라도 개입을 자제할 것이라고 확언했다. 두 번째 조건에 대해 김일성은 마오쩌둥이 한반도를 해방시켜야 한다는 구상에 항상 지지의사를 밝혀왔다고 언급했다. 김일성은 마오쩌둥이 일단 중국의 혁명이 완수되면 북한을 도울 것이며 필요하다면 군사원조도 제공할 것이라고 여러 차례 밝혔다고 설명했다. 하지만 김일성은 북한군만으로 충분하다고 주장했다. 그럼에도 불구하고 스탈린은 소련이 한국전쟁에 직접 개입하거나 특히 미국이 군사적으로 개입할 위험성에 대해 아직 준비가 되어 있지 않으니, 김일성에게 마오쩌둥과 이 문제를 상의하고 그의 지지를 확보해야 한다고 강조했다.[5]

이에 5월 13일 김일성은 비밀리에 베이징을 방문하여 마오쩌둥에게 남침계획을 알려 주었다. 그는 이 계획에 놀랐지만, 다음날 스탈린의 전문을 받고 군사작전에 동의했다는 사실을 알게 되자, 마오쩌둥 역시 지지의사를 표시했다. 5월 15일 김일성과의 만남에서 마오쩌둥은 북한 인민군에게 속전속결을 제안했다. 전쟁을 오래 끌지 않기 위해서는 주요 대도시에 대한 공격 대신에 적군의 중심부를 파괴하는 데 집중해야 한다고 했다. 마오쩌둥은 타이완을 해방시킨 후에 북한의 남침을 도울 생각이었는데, 이제 북한이 공격을 결심했고 이는 양국의 공동 목표가 되었으니 중국은 원조를 제공할 준비가 되어 있다고 설명했다. 마오쩌둥은 만약 미국이 전쟁에 개입하면 중국도 군대를 보내겠다고 북한에 약속했다. 나아가 마오쩌둥은 북한 국경 지역에 중국군을 배치할 필요가 있는지, 무기와 탄약을 제공해야 하는지 물었다. 김일성은 이 제안에 감사를 표시했지만 그럴 필요는 없다고 거절했다.[6] 김일성의 관점에서 보자면, 소련이 이미 필요한 모든 원조를 제공하기로 약속했기 때문에 그가 중국을 방문한 것은 그저 전쟁 발발에 대한 마오쩌둥의 동의를 확보하라는 스탈린의 지시를 충족하기 위함이었다. 따라서 마오쩌둥과의 회담이 끝나자마자, 김일성은 마오쩌둥이 보는 자리에서 주중소련대사인 로쉰N. V. Roshchin에게 마오쩌둥이 남침계획에 완전히 동의했다고 선언했다.[7] 의기양양해 하는 김일성 앞에서 마오쩌둥의 입장이 얼마나 난처했을지 상상하기 어렵지 않다.

중국의 지도자는 6월 25일 남침 개시에 관해 아무런 사전 통보도 받지 못했고, 외신 보도를 통해 남침 사실을 알게 되었다.[8] 몇몇 중국 지도자는 이에 대해 분개했지만, 결국 미국이 직접 개입하면 북한을 지원할 것이라고 밝혔다. 7월 초 중국정부는 중국 동북군구에 소속된 200명의 조선족 군인들을 북한 인민군에 파견하는 데 동의했다. 동시에 저우언라이周恩來 외교부장은 북한에 군비를 수송하기 위한 소련 측의 창춘長春철도 사용과 중국 영공 통과 요구에 중국이 동의한다고 로쉰 대사에게 통보했다.[9]

'이승만 괴뢰군이 북한을 전면 공격하고 북한 경비대가 방어전을 시작했다는 기사' 〈인민일보〉, 1950년 6월 26일

　　또한 중국의 지도부는 다른 기회에 소련 대표들과 대화할 때도 북한에 대한 원조 제공 의사를 밝혔다. 7월 2일 로쉰 대사와의 회담에서 저우언라이 외교부장은 미국이 한반도의 남부 항구에 상륙해 철도를 이용해 북상하는 방법으로 병력을 증가시킬 수 있다는 중국 정부의 전망을 전달했다. 그는 이들 항구를 점령하려면 북한 인민군이 남진을 서둘러야 한다고 제안했다. 게다가 그는 마치 예견이라도 하듯이 서울을 방어하고 미군이 상륙하지 못하도록 북한군이 인천항의 서해안 방면에 대한 방어를 강화해야 한다고 제안했다. 저우언라이 외교부장은 북한의 지도부가 미군의 개입이 임박했다는 마오쩌둥의 거듭된 경고를 무시했다고 로쉰 대사에게 불만을 표시했다. 그는 만약 미군이 38도선을 넘을 경우 중국은 북한군 군복을 입은 원정군을 조직해 미군에 맞설 것이라고 강조했다. 그는 3개 군단 12만 병력이 동북 지역에 이미 집결해 있다고 설명한 후, 이들에 대한 공중 엄호를 소련에 부탁했다.[10] 7월 4일 쩌우다펑郞大鵬 중국 정보

부장은 북한군을 지원하기 위해 중국의 전쟁전문가를 남한 내 전투 지역으로 침투시키는 방법뿐만 아니라 산둥반도의 항구를 통해 북한군을 남한으로 수송하는 계획까지 로쉰 대사에게 설명했다.[11]

스탈린은 곧바로 중국의 제안을 지지한다고 밝혔다. "우리는 귀측의 제안이 옳다고 판단한다." 스탈린은 7월 5일 마오쩌둥에게 "중공군 9개 사단을 조중 국경에 즉각 배치하고, 적군이 38도선을 넘을 경우 자원해서 전투에 참전하도록 해야 한다. 우리는 이 부대를 공중에서 엄호할 것이다."[12] 니즈량倪志亮 북한주재 중국대사가 병석에서 회복하지 못하고 계속 중국에 머물러 있자, 스탈린은 중국 지도부에 북한에 빨리 대사를 보내서 북측과 접촉을 늘리고 중국의 개입 문제를 해결하라고 재촉했다.[13] 사실 저우언라이는 북한과의 관계를 강화하기 위해 6월 30일에 이미 니즈량 대사를 차이쥔우柴軍武(뒤에 차이청원柴成文으로 개명)로 교체했다. 차이 대사가 떠나기 전에 저우언라이는 그에게 다음과 같이 지시했다.

> 현재 조선 인민은 투쟁의 선봉에 서 있고, 우리는 조선의 동지들에게 지지의사를 표시해야만 하오. 그들이 우리에게 원하는 것이 있다면 우리는 최선을 다해 도와야 하오. 현재 대사로서 가장 중요한 임무는 중국공산당과 조선노동당, 양국 군대의 긴밀한 연락을 유지하고, 시시각각 변하는 전투 상황을 신속하게 파악하는 것이오.[14]

그러나 차이청원 대사는 이러한 임무가 불가능하다는 것을 곧 깨달았다. 왜냐하면 북한의 지도부가 중국대사관에 모든 정보를 주지 않았기 때문이다. 차이 대사의 회고에 따르면, 김일성은 7월 10일 차이 대사가 평양에 부임하자마자 최고의 의전으로 영접하면서 "무슨 일이든 필요하면 아무 때나 나를 찾아 오시오."라고 했다. 그리고 김일성은 인민군 총정치국 부국장 서휘徐輝에게 매일 중국 무관에게 전황을 브리핑하라고 지시했다. 하지만 중국대사관은 서휘 부국장의 브리핑이 그날 저녁 북한의 외신보도를 편집한 것에 지나지 않는다는 사실을 곧 알게 되었다. 게다가 차이 대사는 북한의 최고 지도자와 정기적으로 만날 수도 없었다. 또한 북한의 지도부는 인민군을 살펴보기 위해 무관보를 파견할 수 있도록 승인해 달라는 중국대사관의 요청에 대해서도 답변을 거부했다. 차이 대사는 다른 북한 측 인사들과 접촉을 하면서 이들이 중국 측에 군사정보를 제공하는 것이 금지되어 있다는 판단을 하게 되었다.

중국에서 활동한 적이 있는 박일우朴一禹 내무상이 가끔 중국대사관을 방문해 식사를 하기는 했지만, 북한정부의 엄중한 지시 때문에 그 역시 군사적 상황에 관해서는 절대 얘기하지 않았다.[15] 동시에 현재의 전투 상황을 파악하기 위해 북한에 군사고문단을 파견하겠다는 중국군의 요청도 거절당했다.[16]

인민군의 상황이 악화됨에 따라 중국 지도부는 북한에 대한 군사 원조를 준비해야 한다고 판단했다. 8월 11일 마오쩌둥의 명령에 따라 동북지역에 집결해 있던 제13병단은 모든 파견군단과 사단별로 간부회의를 실시했다. 중국공산당 동북국東北局 서기 가오강高崗은 국외파병 준비의 목적과 의의에 대해 다음과 같이 잘 설명했다. "중국은 주도권을 쥐고 조선을 독립적, 민주적, 통일국가로 만들기 위해 조선 인민해방전쟁을 지원해야 한다." "조선에 파견될 때는 지원군(이제부터 중국인민지원군)이라 하며, 인민군 군복을 입고, 인민군 부대번호를 사용하며, 인민군 깃발을 휘날리며, 주요 간부들은 조선 이름을 사용하게 될 것이다."[17]

8월 19일과 28일, 『마오쩌둥 선집毛澤東選集』의 개정과 출판을

한국전쟁의 거짓말

돕기 위해 중국에 와 있던 소련 측 고문인 파벨 유딘Pavel Yudin과의 회담에서 마오쩌둥은 만약 미군이 계속 병력을 늘리면 북한군은 이를 감당할 수 없기 때문에 중국이 직접 도울 필요가 있다고 했다.[18] 이것은 미군을 패퇴시키고 제3차 세계대전의 발발을 지연시킬 수 있는 유일한 방법이었다. 당시 미국이 한반도에 대규모 병력을 신속하게 증파하기로 결정했다는 것은 최신 자료들에 의해 밝혀졌다. 중국 지도부는 북한 지도부에게 전쟁에서 최악의 상황에 대비해야 한다고 알렸다. 비록 중국군의 진입 문제를 직접 언급하지는 않았지만 이 말이 무엇을 의미하는지는 분명했다.

8월과 9월초 마오쩌둥은 이상조李相朝 북한 대사를 두 차례 만나서 전쟁의 진행상황에 대해 논의했다. 이때 마오쩌둥은 북한이 적을 분쇄하기보다는 넓게 펼쳐진 전선과 점령 지역에 북한군을 넓게 배치하면서 예비 병력을 충분히 확보하지 않은 실수를 지적했다. 특히 마오쩌둥은 적이 인천에서 서울, 남포에서 평양에 이르는 주요 지역에 기습공격을 가할 수 있으니, 북한은 이 지역을 방어하기 위해 병력과 군대를 철수시키고 재배치 시켜야 한다고 지적했다. 중국공산당 정치국원인 류사오치劉少奇 역시 북한에게 장기전에 대비해야 할 필요가 있다고 지적했다.[19]

그러나 북한의 고위급은 소련 측 고문관들의 경고는 물론이고 중국 측의 제안들에 전혀 귀를 기울이지 않았다.[20] 그 이유 중 하나는 북한 측이 전쟁을 지나치게 낙관했다는 데 있다. 9월 4일 차이 대사가 김일성에게 전쟁이 교착상태에 빠졌다고 하자, 그는 부산에 대한 총공세가 이미 시작되었고 고도로 훈련된 돌격대가 돌진하기만 하면 교착상태를 타파할 수 있다고 호언장담했다. 차이 대사가 후방 지역에 미군 부대가 상륙할 가능성에 관해 질문하자, 김일성은 "우리는 현재 미국의 반격이 불가능하다고 평가합니다. 미국은 현재 충분한

병력 지원을 받고 있지 못하기 때문에 우리 후방의 항구에 상륙할 수 없소."라고 답변했다.[21]

북한은 금방 승리할 거라 믿고 모험주의적 경향을 보였다. 당초 북한의 지도부는 미군의 개입을 상정하지도 않았고 한 달 이내에 전쟁에서 승리하리라 예상했다고 차이 대사는 보고했다. 심지어 미국이 전쟁에 뛰어들었음에도 불구하고 북한은 '8월 15일 이전에 통일을 완수하고, 8월을 승리의 달로 만들자'는 슬로건을 계속 되풀이했다. 북한은 '계란을 한 바구니에 담기'로 작정한 것처럼 군복무에 필요한 기술자와 학생들을 행사에 대거 동원하고 인력과 재원을 낭비했다. 차이 대사는 9월 10일 중국에 돌아와 보고를 한 후 평양으로 복귀해서 김일성에게 북한군이 전략적 후퇴를 검토하기 바란다는 저우언라이의 명령을 전달했다. 그러나 김일성은 전혀 미동도 없이 "나는 결코 후퇴를 고려해 본 적이 없소"라고 대답했다.[22]

이때만 해도 북한은 중국에 군대를 보내달라고 요청할 준비가 되어 있지 않았는데, 이는 전투상황과 전략적인 대응을 둘러싸고 중국과 북한 사이에 심각한 불화가 있었기 때문이다.

하지만 유엔군의 인천상륙작전이 성공하자, 상황은 완전히 급변했다. 중국의 지도부는 군대 파견이 불가피하다고 판단했다.[23] 9월 18일 저우언라이는 소련의 로쉰 주중대사와 군사대표단을 만난 자리에서 가장 먼저 한반도의 상황에 관해 질문을 던지고, 중국의 지도부는 신문과 평양라디오방송에서 전해 듣는 것 외에 전쟁 상황에 관해 어떠한 정보도 듣지 못했으며, 심지어 평양에 있는 중국대사조차 전쟁이 어떻게 전개되고 있는지 알 수 없는 실정이라며 불만을 토로했다. 또한 그는 중국대사가 전쟁 문제와 관련해서 북한 지도자와 거의 만나지 못했으며 중국의 지도부 역시 북한 인민군의 기본적인 전략에 관해 알 수 없다고 지적했다. 그는 일전에 중국이 전황을 관

한국전쟁의 거짓말

찰하기 위해 고위급 군사고문단을 파견하겠다고 했지만 현재까지 평양의 답변이 없다고도 했다. 저우언라이는 북한군이 충분한 예비 병력을 갖고 있지 않다면 주력 부대를 북쪽으로 철수해서 예비 유격대를 구축해야 한다고 제안했다. 이들은 서방이 두려워하는 중국과 소련의 참전, 즉 양국의 참전 "의사를 보여주기 위한 조치를 취한다"는 데 의견일치를 보았다. 로쉰 대사는 모스크바에 즉각 보고하겠다고 했고, 현재 중국과 북한 간의 불신과 오해를 풀 수 있도록 북한에 사절단을 보내는 방안을 제안했다. 9월 20일 모스크바는 베이징에 군사정보를 제공하지 않는 북한의 행태에 대해 '비정상'이지만 경험이 부족하기 때문일 것이라는 반응을 보였다.[24] 또한 모스크바는 북한 인민군의 주력을 북쪽으로 후퇴시켜야 한다는 베이징의 권고에 동의했다.

9월 21일 류사오치는 로쉰 대사에게 중국인민지원군의 사기는 매우 높으며, 필요하다면 미군과 싸워서 확실히 물리칠 수 있다고 거듭 강조했다. 중국의 지도부는 만약 미국이 북한의 존재 자체를 위협할 경우 중국이 북한의 동지들을 도와야 한다고 생각했다. 같은 날, 저우언라이는 로쉰 대사에게 조선 인민은 장기전에 대비가 되어 있다."는 김일성의 말 외에 중국은 평양으로부터 더 이상의 정보를 받지 못했다고 했다.[25]

스탈린의 특사인 자하로프Matvei V. Zakharov 대장이 평양에 가서 김일성에게 중국에 도움을 요청하라고 재촉했지만,[26] 조선노동당 정치국이 이 문제에 관해 중국에 비상회의를 요청한 것은 일주일이나 지난 9월 28일이었다. 열띤 논쟁 끝에 정치국은 일단 서울이 함락되면 유엔군이 38도선을 넘는 것을 막을 수 없을 것이고 만약 그렇게 되면 나머지 인민군만으로는 제대로 방어할 수 없다는 데에 의견이 일치했다. 패배가 눈앞에 다가오자 북한 지도부는 만장일치로 소련과 중국의 직접적인 군사 원조를 요청하는 공식서한을 스탈린과 마오쩌둥에게 발송하기로 했다. 지난 4월 스탈린은 미국이 개입하더라도 소련군을 한반도에 보낼 수 없다고 분명히 경고했음에도 불구하고, 북한 지도부는 여전히 제일 먼저 소련에 의지했다.

스탈린에게 서한을 발송하기 전, 김일성은 슈티코프Shtykov 대사에게 소련군 지원 얘기를 어떻게 꺼내면 좋겠냐고 물었다. 슈티코프가 직답을 피하자, "혼란스럽고 좌절감에 사로잡혀, 절망스러운" 상황에 직면한 김일성과 박헌영 외상은 자존심을 버리고 모스크바에 서한을 보낼 수밖에 없었다.[27] 스탈린은 중국과 처음 논의를 한 다음, 10월 1일 중국인민지원군을 보내는 것이 최선이라고 답변했다.[28] 달리 선택의 여지가 없자 김일성은 그날 밤 중국대사를 초치하여 북한군을 지원하기 위해 이미 압록강 주변에 주둔하고 있던 중국 제13병단의 투입을 요청했다.[29]

북한 지도부가 처음부터 중국의 직접적인 군사 지원을 거부한 이유는 두 가지였다. 첫째는 전쟁 상황에 대해 김일성이 지나치게 낙관했기 때문이다. 둘째는 한반도 문제에 중국이 간섭해 온 오랜 역사 때문인데, 북한 지도부는 이를 매우 경계했다. 이 두 가지 이유 때문에 김일성은 전쟁에 중국을 끌어들이기보다는 소련의 원조를 선호했다. 중국군이 참전한 이후에도 이 두 가지 요인은 중국과 북한의 관계에 지속적인 긴장을 조성했다.

중국과 북한의 명령체계 통일 갈등

중공군을 엄호하기 위해 소련의 공군 부대를 보내는 문제를 놓고 중국과 소련 지도부의 의견이 일치하지 않는 바람에 중공군의 파병

한국전쟁의 거짓말

이 계속 지연되었다. 하지만 대의명분을 향한 마오쩌둥의 개인적인 신념은 결코 흔들리지 않았다.[30] 저우언라이가 군비와 공군 엄호 문제를 협의하기 위해 소련을 방문했을 때, 중국과 북한은 이미 중공군의 배치에 관해 구체적인 사안까지 협의를 진행하고 있었다. 하지만 상황이 급박하다보니 양측은 지휘체계, 통신, 재보급 및 수송에 관해 협의할 시간이 부족했고 이에 관해서는 아무런 합의도 하지 못했다.

10월 8일 마오쩌둥은 김일성에게 중국이 군대를 파병하기로 결정했다고 알리면서, 박일우가 선양瀋陽에 와서 가오강과 펑더화이彭德懷 인민지원군 사령관을 만나 이와 관련된 여러 사안들을 협의하자고 주문했다. 이날 저녁 무렵 박일우가 선양에 도착해서 김일성의 명령대로, 함흥과 신안주新安州[31]를 잇는 전선을 방어하기 위해 중공군을 즉각 파병하고 미군의 출현이 계속 증가하고 있으니 중국이 개입해 줄 것을 재촉했다. 그리고 박일우는 중국인민지원군이 북한에 있을 때는 북한 화폐만 사용해야 하며 나중에 환율에 따라 상환할 것이라고 강조했다. 또한 중공군의 땔감은 북한의 지역 행정기구가 시장가격으로 구매해서 중공군에 조달할 것이라고 했다. 박일우는 김일성이 덕천德川에 있으며 중국인민지원군의 사령부도 그곳에 설치되어야 한다고 설명했다. 그러자 중공군과 북한군의 작전통수권 문제가 제기되었다. 차이 대사의 관찰에 따르면 당초 김일성의 구상은 아주 단순했다. 급박한 상황에 비추어 볼 때, 김일성은 중국에 인민군을 도와 줄 군대 파병을 요구했기 때문에 이에 대한 지휘권은 자연스럽게 북한에 있다고 생각한 것이다. 중국이 수십 만 명의 병력을 북한에 보낼 준비를 하고 있다는 얘기를 들은 직후에야 김일성은 사태의 심각성을 깨달았다. 김일성은 북한이 중공군에 대한 지휘권을 가질 수 없다는 사실을 깨달은 후, 그는 양측의 사령부를 통합하

자고 제안한 것이다.[32]

당연하게도 펑더화이는 상황을 다르게 보았다. 첫째, 스탈린은 그의 10월 1일자 전문에서 "중국인민지원군은 당연히 중국 사령관이 지휘한다."고 명시했다.[33] 둘째, 한반도에서 경험한 바에 따르면 중국은 북한군 사령관의 능력에 의구심을 가졌다. 중앙군사위원회에 보낸 보고서에서 펑더화이는 다음과 같이 말했다.

> 북한 측의 모병 상황은 매우 심각하다. 16세에서 45세의 모든 남성은 이미 징집되었다. 징집된 노무자들의 가족을 부양할 사람이 아무도 없고 대중들은 먹을 게 아무 것도 없다. 장기계획은 전혀 없고, 온통 임기응변이다. 군대 통솔은 아주 유치하다. 19일 평양을 사수하라는 명령이 내려졌는데, 결과적으로 3만 명의 방어병력 가운데 얼마 안 되는 병력만이 탈출에 성공했을 뿐이다. 북한은 인민군 내부에 당 조직을 수립하고 정치 작업을 수행하는 데는 동의했지만 정치위원회 설치에는 반대했다.

선양 회합 직후 펑더화이는 차이 대사에게 "나는 중국과 조선의 인민들, 그리고 수십 만 명의 병사들을 책임져야 하오."라고 선언했다.[34] 펑더화이는 북한에 중공군의 지휘권을 넘겨 줄 생각이 추호도 없었다. 심지어 펑더화이는 북한이 인민군에 대한 지휘권을 고집하는 것조차 이해할 수 없었다. 인민군의 주력부대는 이미 궤멸되었고, 새로운 병력은 중국에서 조직되거나 훈련 중이었다. 이런 상황에서 북한이 군사 작전에 직접 참여한다는 것은 불가능했다. 그러나 이런 것을 따질 때가 아니었기 때문에 10월 21일 김일성과 펑더화이가 처음 대면했을 때는 두 사람 모두 통합사령부 조직에 관해 언급하지 않았다. 두 사람은 양측 군대의 작전을 어떻게 조정할지 협의한 끝에 김일성은 박일우를 펑더화이의 연락관으로 보내는 데 합의했다.[35] 10월 25일 중국공산당 중앙위원회는 박일우를 공식적으로 중국인민지원군의 부사령관 겸 부副정치위원, 당위원회 부副서기에 임명했다.[36]

전쟁이 확대됨에 따라 양국 군대의 통수권 문제는 점차 주요 문제로 다시 부각되었다. 제1차 공세에서 펑더화이는 중국과 북한 간의 협조가 부족해서 언어소통에 혼선이 야기되고 중국군이 북한 지형에 익숙하지 않아 생기는 문제와 조선노동당과 정부, 인민군, 철수하는 민간인들이 길을 막는 바람에 '중국인민지원군'의 전투력이 저하되고 있다고 계속 보고했다.[37] 특히 중요한 것은 인민군이 중국인민지원군을 오인해서 공격한 경우가 많다는 점이다. 한 번은 11월 4일 제39군단이 박천博川[38] 남쪽에서 미군 제24사단을 포위했을 때이런 일이 벌어지기도 했다. 순천順川[39]으로 진격하라는 명령을 받은 인민군 탱크사단이 중국인민지원군을 오인해 공격하는 바람에 미군이 탈출할 수 있었다. 보급과 수송도 양측의 협조 부족으로 혼란스러운 상황이었다.[40]

이에 펑더화이는 평양의 중국대사에게 지휘체계 조정에 관해 김일성과 협의할 것을 요구하고, 북한 인민군의 사령부를 중국인민지원군 사령부 근처로 옮기기를 희망했다. 슈티코프도 펑더화이의 제안을 지지했기 때문에 11월 7일 김일성은 마지못해 적의 배후 지역에 새로운 전선을 형성하자는 중국의 제안에 동의했다.

이에 따라 김일성은 적의 후방에 방호산方虎山과 최인崔仁이 이끄는 부대를 침투시키기로 했다. 그러나 김일성은 고문관들을 보내 정보교환만 강조할 뿐, 사령부를 옮기거나 어떠한 형태로든 통합 사휘부를 만드는 데는 절대 합의하지 않았다. 북한군이 영국과 미국의 대사관 직원들을 가혹하게 학대하는 바람에 촉발된 전쟁포로 문제에 관해 펑더화이는 김일성에게 서신을 보내 중국의 전쟁포로 대우 방침을 완곡하게 설명했지만, 김일성은 이를 무시했다. 김일성은 중국인민지원군이 북한 인민군 탈영병의 복귀를 지원하는 데 동의했지만, 실제로는 이들을 반역죄로 처벌할 계획이었다.[41]

그리고 펑더화이는 중국인민지원군 제125사단에 통합된 북한 인민군 제6사단에 6,200명 이상의 병력이 남아 있으니 인민지원군에 남겨 두고 연합작전을 수행하자고 중앙군사위원회를 통해 김일성에게 제안했지만, 김일성은 이를 거절하고 병력을 철수시켜 버렸다. 그 후 5,000명 병력의 인민군 제7사단이 제125사단과 조우하자, 펑더화이는 이들을 이동시키지 말고 인민지원군과 함께 연합작전을 수행할 것을 계속 요구했지만 김일성은 아무런 대답도 하지 않았다. 몇십 km를 후퇴해서 매복공격을 준비하자는 펑더화이의 제안에 북한 지도부와 소련의 군사고문단은 맹렬히 반대했다. 오히려 이들은 중국인민지원군이 청천강을 따라 남쪽으로 적군을 계속 추격해야 한다고 주장했다.[42]

이러한 문제들의 핵심은 군대의 지휘권이 누구에게 있느냐에 달려 있었다. 문제를 해결하기 위해 마오쩌둥은 양국 군대의 최고사령관을 불러서 직접 마주 앉아 양측의 입장을 조정하고 소련의 지지를 이끌어내고자 했다. 11월 15일 김일성과 슈티코프가 중국인민지원군 사령부에 초대되었고, 선양에 있던 가오강도 합류했다. 회담이 시작되자마자 펑더화이가 양국군의 지휘체계를 통합해야 한다고 단도직입적으로 말했다. 가오강은 한반도의 폭이 너무 좁기 때문에 전술상 통일된 지휘체계가 필요하다고 설명했다. 슈티코프는 중국이 지휘권을 행사해야 한다고 명백하게 말했다. 그는 북한 인민군이 최고의 소련 군비를 갖고서도 전투에서 지고 있다고 비판하고, 뒤떨어지는 군비를 지녔음에도 불구하고 수많은 적군을 무력화시키고 있는 중국인민지원군을 추켜세웠다. 슈티코프 입장에서는 중국이 지휘를 해야 하는 것이 분명해 보였다.

그러나 김일성의 차례가 되자 그는 인민군의 현재 상황에 대해서만 발언하고 통합 지휘체계 문제에 관해서는 아무런 말도 하지 않았다. 긴장감이 고조되자 펑더화이가 선수를 쳐서 자신과 김일성, 그리고 슈티코프 세 사람이 모임을 만들어 문제가 있을 때마다 서로 상의하고 통일된 지휘체계를 통해 권력을 행사하자는 구상을 제안했다. 이 제안에 대해 김일성은 아무런 답변도 하지 않았고, 슈티코프는 모스크바로부터 지시를 받지 않은 상태에서 뭐라 답변할 수 없다고 했다. 이들은 제2차 공세가 끝나 갈 무렵 다시 만나서 의논할 때까지 이 문제를 당분간 보류하기로 했다.[43]

11월 13일 마오쩌둥은 스탈린에게 전문을 보내서 펑더화이의 제안 내용을 알렸다.

> 나는 김일성과 슈티코프 동지가 앞장서서 지휘하기를 바라며, 김일성과 슈티코프, 펑더화이가 3인 회의를 만들어서 군의 조직편성, 작전, 후방 침투 등 군사 작전의 수행과 관련한 제반 정책들의 결정을 맡기고 상호간의 의견 조율을 통해 일치단결하여 수월한 전쟁 수행을 도모할 수 있기를 바랍니다. 우리는 이에 동의하며 귀하의 지도를 바랍니다. 동의하신다면 귀측의 책임자들이 슈티코프와 김일성 동지를 적절하게 지도해 주시기 바랍니다. 바로 지금 가장 중요한 문제는 북한과 소련, 그리고 중국 3국 지도부의 군사 및 정부 정책을 통일하는 것입니다. 귀하의 제안(북한 인민군 유시)에 따라 북한 인민군과 중국인민지원군이 서로 협조할 수만 있다면, 전

쟁에서의 승리는 확실합니다.[44]

11월 17일 마오쩌둥은 펑더화이와 가오강에게 보내는 전문에서, 스탈린이 중국 측 사령관이 통합지휘부를 조직하는 데 전적으로 동의했으며 이 결과를 김일성과 슈티코프에게 전문으로 알렸다고 했다. 마오쩌둥은 펑더화이에게 이러한 사태 전개에 김일성이 어떻게 반응하는지 살펴보라고 지시했다.[45]

일단 소련의 입장이 명확해지자, 김일성은 베이징에 가서 마오쩌둥과 논의를 하고 싶다고 밝혔다. 이에 12월 3일 면담에서 김일성은 스탈린이 전문에서 연합사령부 구성에 동의했다고 전했다.[46] 게다가 김일성은 중국인민지원군이 전투 경험이 풍부하기 때문에 중국 동지들이 핵심이 되고, 북한 동지들은 이에 협조하는 것이 좋을 것이며 북한의 조선로동당 정치국 회의는 이에 대해 이미 찬성했다고 밝혔다. 회담 직후 저우언라이가 "조중 연합사령부 창설에 관한 조중 상호조약"의 초안을 작성했다.[47] 조약의 주요 내용은 마오쩌둥이 펑더화이를 사령관 겸 정치위원으로 추천하고, 김일성은 김웅金雄을 부사령관으로 박일우를 부副정치위원으로 추천한다는 것이다. 중국인민지원군 뿐만 아니라 북한 인민군과 모든 유격대도 연합사령관의 지휘를 받게 되었다. 모든 명령은 북한 인민군 사령부와 중국인민지원군의 사령부를 통해 전달되었다. 연합사령관은 전쟁 수행과 관련된 전신, 무선 통신, 식량 비축 및 인력과 자원의 동원뿐만 아니라 모든 수송 수단(도로, 철도, 항만, 공항)에 대한 통제권을 갖는다.

연합사령관은 전쟁의 실제 상황과 필요에 따라 북한 내 후방지역의 병력 동원과 보충 훈련, 행정조직 재설치에 관해 북한 정부에 보고하고 제안을 한다. 연합사령관은 전쟁과 관련된 모든 보도 사항을 통제하고 이를 북한의 언론기관에 배포할 책임이 있으며, 언론기관은 이를 북한 인민군사령부의 이름으로 보도를 할 것이다.

　김일성은 북한에 돌아온 직후인 12월 7일 매우 우호적인 분위기 속에 펑더화이를 만나서 몇 가지 사안에 대해 논의를 했다. 두 사람은 며칠 내로 연합지휘부를 구성하는 데 합의했고, 김일성은 군사적 명령에 개입하는 일은 더 이상 없을 거라고 장담했다. 그리고 기존에 편성된 인민군 제3군을 폐지하고 이를 중국인민지원군 제9집단군에 편입하도록 지시해 달라는 중국 측의 제안에 대해서도 김일성이 동의했다.[48] 이런 상황에 만족한 펑더화이는 "북한 인민군의 용감하고 엄격한 군기와 엄중한 지휘체계는 연구할 가치가 있다."고 거듭 강조했다. 펑더화이는 제9집단군의 지휘부에 인민군 제3군의 상황을 연구하되 "중국군의 정치공작과 지방에서의 공작경험을 생생하게 전수하도록" 지시했다. 하지만 기존의 인민군 지휘체계와 모순이 발생할 경우, 중국군의 경험을 너무 "엄격하게 고집을 부려 이식시키지 않도록 하라"고 강조했다.[49]

　1951년 1월 초 스탈린의 특사로 중국에 파견된 자하로프 장군

조중연합사령부 벙커 앞에서 김일성과 펑더화이 등 수뇌부.

은 소련 공군 2개 사단이 북한에 투입되어, 지안集安에서 강계, 안동安東[50]에서 안주에 이르는 전선에서 공중 엄호를 펼치고 있다고 전했다. 그리고 이에 더해 4월 초가 되자 중국은 5개 공군 사단을 파견할 준비를 했고 북한 공군 3개 사단이 전투에 참가할 예정이었다. 협의 끝에 중국과 북한은 협조적인 지휘체계 구성 원칙에 따라 조중 연합공군사령부[51]를 설립하기에 이르렀다.[52]

결국, 소련의 압력에 의해 중국과 북한은 연합사령부 문제를 해결할 수 있었다. 미군과 유엔군의 연합사령부가 순조롭게 구성되었던 것과 달리 조중 연합사령부는 아주 힘겹게 구성되었다. 북한은 주권 문제를 걱정했다. 오랫동안 조공관계를 맺어왔던 중국과 조선의 관계 때문에 북한은 지휘권을 이양하기를 꺼렸던 것이다. 중국으로서는 승리하는 것이 가장 중요했다. 군사력과 전투경험에서 중국은 확실히 우세했다. 따라서 현실적 관점에서 볼 때, 중국인민지원군이 연합사령부의 지휘권을 갖는 것은 필연적인 결과였다.

38도선 남하를 둘러싼 논쟁

전선을 38도선 쪽으로 밀어내는 데 성공한 중국인민지원군의 제2차 공세 직후, 펑더화이는 군대를 재편하도록 허가를 요청했다. 그는 최근에 거둔 승리 때문에 북한 군대와 인민은 물론이고 조선노동당과 정부 역시 고무되어 있고 조속한 승리를 기대하고 있다고 베이징에 보고했다. "소련대사는 미군이 철수했으니 우리 군대에게 빨리 진격하라고 말했다. 이러한 태도는 소련대사뿐만 아니라 조선노동당의 대다수 동지들의 요구이기도 하다." 하지만 펑더화이는 "조선에서의 전쟁은 여전히 어려운 상황이며 오래 걸릴 것이다. 적이 공세에서 방어 전략으로 전환했고 전선이 줄어들고 폭이 좁아져서 적의 군사력이 더욱 집약됨에 따라 유엔군에 유리해졌다"고 판단했다. 비록 적의 사기는 떨어졌지만 아직 26만 명의 병력이 남아 있어서 한반도에서 철수하지 않을 것이다. 따라서 펑더화이는 중국인민지원군이 "점진적인 전진계획을 채택해야 한다."고 주장했다.[53] 하지만 마오쩌둥은 정치적인 이유 때문에 펑더화이의 제안을 무시하고 인민지원군에게 즉시 제3차 공세를 전개하여 38도선을 넘어 남하하라고 지시했다.[54]

전술상 마오쩌둥은 점진적으로 진격하자는 펑더화이의 권고를 승인하고, 38도선을 넘은 다음에는 주력 부대(북한 인민군을 포함)를 수 십 km 후퇴시켜 휴식을 취하고 전열을 정비하자는 데 동의했다.[55] 펑더화이의 전망은 정확했다. 제3차 공세의 승리로 중국군과 북한군이 38도선을 넘어 서울을 점령했지만, 유엔군은 질서를 유지하며 퇴각했다. 비록 중국군과 북한군이 몇몇 지역을 점령했지만 적군에게 심각한 타격을 주지는 못했다. 1951년 1월 3일 펑더화이는 김일성에 보낸 전문에서, 적군이 방어선이 무너진 뒤에도 신속하게 퇴각했기 때문에 이번 승리가 대단한 것은 아니라고 했다. 포로로 붙잡힌 적군은 3,000명에 불과했다. 적군이 계속 남쪽으로 후퇴한다면 중국군과 북한군은 이들을 수원까지 추격한 다음 명령을 기다려야 한다고 펑더화이는 설명했다. 서울, 인천, 수원, 홍천을 점령하면 제3차 공세를 중단하고 전열을 정비하고 재보급을 하기로 했다. 만약 유엔군이 서울을 방어하기 위해 끈질기게 저항한다면, 여러 조건들이 만족스럽지 않기 때문에 중국군은 강력한 공세를 취할 수 없을 것이다.[56]

마오쩌둥은 펑더화이의 결정을 스탈린에게 선날했다.[57] 날아가는 화살이 마지막에 떨어지는 것처럼, 중국은 지쳐 있었다. "적은 낙동강까지 우리를 유인해서 자기들이 견고한 위치를 구축한 곳에서 우리를 공격할 속셈이다."[58] 1월 8일 펑더화이는 진격을 중단하라고 명령했다. 이 명령에 북한 사람들은 매우 불만을 갖고 격렬하게 반대했다. 지난 번 후퇴를 통해 얻은 교훈 때문에 김일성은 38도선을 돌파한 직후 두 달간의 재정비에 동의했지만, 여전히 마음 속으로는 조속한 승리를 외치고 있었다. 하지만 김일성은 외교적이었다. 그는 언제나 박헌영과 새로 부임한 소련대사 라주바예프V. N. Razuvaev를 전선으로 내보내 재촉했다. 남진을 중단한 다음 날, 김일성은 차이청원 대사에게 재정비에 너무 오랜 시간을 보내면 안 되고 한 달이면 충분할 거라고 했다. 그는 시간이 너무 지나가 버리면, 적군이 휴식을 취하고 보급을 받기 위해 전쟁을 늦추려고 할 것이고, 그 사이 강과 논이 녹기 시작하면 군대 이동에 지장이 생길 것이라고 했다.[59]

김일성은 펑더화이를 만나 이 문제를 논의할 준비가 되어 있었고, 펑더화이도 김일성의 제안을 마오쩌둥에게 즉시 전문으로 보내자는 데 동의했다. 하지만 여전히 펑더화이는 군대를 재정비하고 휴식을 취해야 한다는 입장을 고수했다.[60] 1월 9일 아침, 자하로프 특사는 중국군과 북한군이 진군을 멈추었다는 사실을 알고 나서는, 이 세상에 적군을 추격하지도 않고, 승기를 잡지도 않은 군대가 승리를 거두었다는 얘기를 들어 본 적이 없다면서 진군 중단에 반대했다.

인민해방군의 네룽전聶榮臻 총참모장이 참을성 있게 설명했지만, 자하로프 특사는 행군을 중단하면 적군이 한숨을 돌릴 것이며 기껏 확보한 기회를 허비하게 될 것이라는 의견을 고집했다.[61] 이때 스탈린이 중국에게 쏟아지는 국제적인 비난을 피하려면 중국인민지원군이 38도선 북쪽과 동해와 서해 지역을 확보한 상태에 머물러야 하고, 대신에 북한 인민군은 남쪽으로 계속 전진하도록 해야 한다는 내용의 전문을 보내옴으로써 이 문제는 해결되었다. 마오쩌둥은 이

소식을 즉시 펑더화이에게 전달했다.[62]

1월 10일 저녁 차이청원 대사는 김일성과 함께 펑더화이 사령관을 방문했다. 이 자리에서 펑더화이는 전투 상황을 분석하고 현재 부대를 재정비해야 되는 필요성을 강조했다. 그리고 모든 준비가 끝나면 다음 번 공세에 훨씬 더 많은 적을 분쇄할 수 있다고 역설했다. 김일성은 한 달간의 재정비에 동의했다. 펑더화이는 당장 적을 압박해봐야 약간의 영토만 더 확보할 뿐이라고 생각했다. 적을 부산 일대의 좁은 지역으로 너무 성급하게 몰아붙이면 유엔군을 분열시켜서 굴복시킬 수 없게 된다. 김일성은 설령 적군을 완전히 몰아내지는 못하더라도 중국인민지원군이 점령지역을 확대해 나가는 것이 여전히 중요하다고 주장했다. 하지만 펑더화이는 '적을 완전히 박멸하는 것이 점령지역을 확대하는 것보다 낫다. 왜냐하면 적군을 물리치면 영토는 자연스럽게 확보할 수 있기 때문'이라고 대답했다. 하지만 김일성은 자기 입장을 고집했는데, 그는 전쟁이 끝난 후 선거와 평화협상이 있을 경우 북한 인민군이 통제하는 지역이 넓고 인구가 많을수록 유리하다고 주장했다. 펑더화이는 그 문제까지 생각할 필요는 없으며, 현 시점에서 가장 중요한 것은 승리를 쟁취하고 적군을 무력화시키는 것이라고 대답했다. 두 사람의 의견이 일치하지 않자, 펑더화이는 전날인 9일 마오쩌둥으로부터 온 전문을 김일성에게 보여주었다. 그러나 여전히 김일성은 양보할 기미가 없었고, 이는 자신의 개인적인 의견을 표출하는 것이 아니며 조선노동당 정치국 전체의 의견이라고 했다. 이 점을 강조하기 위해 김일성은 박헌영을 불러 회담에 참여시켰다.[63]

1월 11일 펑더화이는 마오쩌둥으로부터 긴급 전문을 받았는데, 그 내용은 김일성의 제안에 따라 군대의 휴식과 재정비 기간을 단축하라는 것이었다. 스탈린의 전문에 따라 마오쩌둥은 북한 인민군 제

1, 2, 3, 5군을 한강 남쪽의 인민지원군의 제1선에 배치하고 대신에 인민지원군은 인천과 한강 북쪽으로 철수해 두세 달 정도 휴식과 재정비를 하라고 제시했다. 중국인민지원군은 인천과 서울의 수비를 책임지고, 북한 인민군은 중국 동북 지방에서 훈련 중인 군인들로 재충원될 것이라고 했다. 만일 김일성이 북한군의 재충원과 재정비가 필요하지 않다고 하면 계속 진군하라 하고 북한 정부가 이를 직접 지휘할 수 있다고 했다. 중국인민지원군은 인천과 서울, 그리고 38도선 북쪽 지역의 수비를 책임지라고 했다.

그날 저녁 펑더화이, 김일성, 박헌영은 열띤 논쟁을 벌였다. 김일성과 박헌영은 북한 인민군만 앞장 세워 진격시키자는 스탈린의 구상은 자신들이 유리하다는 신호이며 미군이 곧 한반도에서 철수할 것이라고 판단했다. 박헌영은 미군이 곧 한반도에서 철수할 수 있다는 소련 측의 최신 소식과 정보보고서를 언급했다. 하지만 박헌영은 적들이 조중 연합군에게 추격을 당한다는 명분이 없는 한 물러나지 않을 것이라고 했다. 펑더화이는 만약 중국과 북한이 적을 추격하지 않더라도 미군은 적당한 명분을 만들어서라도 철수할 것이라고 쏘아붙였다. 이에 박헌영은 미군을 계속 몰아대지 않으면 유엔군도 철수하지 않을 것이라고 거듭 주장했다. 중국과 북한은 미국 자본가 계급들 내부의 모순을 이용해야 한다고 박헌영은 주장했다. 이에 펑더화이는 중국과 북한이 미군 사단 몇 개를 더 무너뜨려야만 그런 모순들이 심화될 것이라고 대답했다. 중국인민지원군을 재정비해야만 전투를 계속할 수 있다는 얘기다.

이때 김일성이 끼어들어서 우선 보름 이내에 인민지원군 3개 군단을 남진시키고 나머지 군대는 한 달 정도 휴식 후에 내려 보내자고 거듭 제안했다. 마침내 펑더화이도 자제심을 잃어버리고 감정 섞인 목소리로 이들의 생각이 틀렸으며 잠꼬대 같은 소리라고 외쳤다.

과거에 동무는 미국이 절대로 군대를 보낼 리 없다고 장담했소. 만약 미국이 군대를 보내면 동무는 어떻게 할 것인지 전혀 생각하지 않았소. 이제 동무는 미군이 한반도에서 반드시 철수할 것이라고 하는데, 만약 미군이 철수하지 않으면 어떻게 할 것인지에 대해서는 전혀 생각하지 않고 있소. 동무는 구체적인 준비도 하지 않은 채 그저 빨리 승리하기만을 바라고 있을 뿐인데, 이렇게 하다가는 전쟁만 길어질 것이오. 동무는 요행으로 이 전쟁을 빨리 끝내고 싶을 뿐이오. 동무는 사람들의 목숨을 가지고 도박을 하고 있는데, 이러다가는 전쟁이 재앙이 될 것이오. 인민지원군은 재정비와 재보급을 하는 데 꼬박 두 달이 걸리고, 또는 세 달이 걸릴 수도 있소. 충분히 준비가 되지 않는 한 단 1개 사단도 남진할 수 없소. 나는 동무가 적을 오판하여 실수를 저지르고 있는

평더화이와 김일성

것에 절대 반대하오. 내가 태만하다고 생각하면 나를 경질하
거나 군법회의에 회부하시오. 그렇지 않다면 나를 죽이시오.

마오쩌둥이 전문에서 언급한 것을 근거로, 펑더화이는 김일성에
게 중국인민지원군이 전 해안지역의 경비와 후방 정비, 수송, 인천과
양양襄陽 이북의 방어에 책임을 진다고 말했다. "인민군 4개 군단의
약 12만 명은 이미 두 달 정도 쉬었소. 당신 맘대로 지휘를 해서 적
당하다고 생각하면 남진시키시오. 만약 정말로 미군이 당신 생각대
로 한반도에서 철수한다면 나는 기꺼이 즐거운 마음으로 '조선해방
만세'를 외치며 축하해 주겠소. 만약 미군이 철수하지 않는다면, 중
국인민지원군은 당초 계획한 대로 남쪽을 공격하겠소."
　김일성은 북한 인민군이 준비되지 않았고 회복되지 않아서 단독
으로 남진할 수 없기 때문에 주어진 상황을 인정할 수밖에 없었다.
그는 조속한 승리를 바라지만 두 달 간 중국인민지원군을 재정비한
다는 계획에 마지못해 동의했다. 결국 양측은 최고지도부 간의 공동
회의를 개최해 양국 군의 경험을 공유하고 사상적 단결을 도모하기
로 했다.[64]
　지휘권 문제를 둘러싼 갈등에 관해 알게 된 스탈린은 전문에서
"중국인민지원군 사령관이 옳다. 의심의 여지없이, 펑더화이 사령관
의 말이 맞다."고 했다. 스탈린은 뒤떨어지는 군비로 가장 강력한 미
제국주의 군대를 패퇴시킨 펑더화이의 능력을 높이 평가하며, 군사
적으로 천재라고 했다. 또한 스탈린은 군사 문제를 이해하지 못하는
소련대사를 질책하며 더 이상 펑더화이를 방해하지 말라고 지시했
다.[65] 이때 마오쩌둥은 한 차례 더 압박을 가했다. 1월 14일 마오쩌둥
은 김일성에게 전문을 보내 다음과 같이 지적했다.

　　　　　　　　　　　　　　한국전쟁의 거짓말

앞으로 두세 달 동안 중국인민지원군과 인민군은 아주 중요한 작업을 수행해야 하는데, 그것은 새로 훈련을 받은 신병들로 군대를 충원하고, 신병들이 고참병들의 경험을 답습할 수 있도록 하고, 군비를 강화하고, 철로를 보수하고, 군량과 탄약을 보충하고, 수송과 후방의 지원을 개선하는 일이오. 이 일을 완수하는 것이야말로 최후의 승리를 담보하는 것이오.

마오쩌둥은 이렇게 생각했다. "우리는 충분한 준비를 갖추어야 계속 투쟁할 수 있다. 그렇지 않으면 우리도 1950년 6~9월 사이 북한의 군대가 저질렀던 실수를 되풀이하는 꼴이 될 수 있다. 중국과 북한의 동지들은 인내심을 갖고 필요한 준비를 갖추어야 한다." 다음 날 마오쩌둥은 이 전문의 사본을 스탈린에게도 보냈다.[66]

1월 16~18일 이후 펑더화이와의 회담을 통해 김일성은 인민군 단독으로 남진하는 것이 위험하다는 점을 인정했다. 그러자 조선노동당 정치국은 이 문제를 토의하고, 장래에 보다 공격적인 공세를 가하기 위해서는 두 달 동안 군대를 재정비하는 것이 필요하다고 제안한 중국 측의 제안이 옳았다고 결론지었다.[67]

군사적 관점에서 볼 때, 펑더화이의 계획이 여러 측면에서 보다 현실적이었다. 북한 측 수뇌부의 순진한 열망은 정치적 요인 때문인 것이 명백하다. 하지만 중국과 북한의 의견불일치는 대체로 전략이 아닌 전술상의 차이였을 뿐이다. 중국의 입장은 한반도에서 유엔군을 몰아내고 한국문제를 완전하게 해결하기 위해서는 군사적 수단을 이용해야 한다는 데에 북한 및 소련과 일치했다. 이런 분위기 때문에 마오쩌둥과 김일성은 유엔의 휴전 제안을 무시함으로써 전쟁을 좀 더 일찍 끝낼 수 있는 좋은 기회를 놓치게 된 것이다.[68]

철도 운영을 둘러싼 갈등

1951년 봄, 유엔군의 성공적인 반격 때문에 군대를 재정비하려던 중국과 북한의 계획은 제대로 이루어지지 못했다. 1951년 7월 휴전회담이 개최된 직후 이제 전쟁은 '싸우면서 협상하는' 국면이 되어 버렸다. 새로운 상황 때문에 중국군과 북한군 보급선의 중요성이 대두되었고, 그 결과 철도 수송체계의 강화 문제를 둘러싸고 양국의 갈등이 깊어졌다. 미군의 폭격 때문에 북한의 사회기반 시설이 심각하게 무너진 데다 외국의 영토에서 철도를 운영하는 데서 오는 어려움 때문에 중국인민지원군은 보급품 부족에 시달렸다. 미군의 군비는 아주 뛰어나고 조작하기도 용이한 반면, 중국군은 현지에서 보급품을 조달할 수 없기 때문에 보급품을 제때에 조달하기가 매우 어려웠다. 대부분의 물자와 장비들은 중국에서 직접 수입해야 했고 험준한 산악루트를 따라 들여와야 했다. 도로 사정이 극도로 열악해서 중국인민지원군은 처음부터 물자 부족에 시달렸다. 게다가 미군 비행기가 밤낮으로 폭격을 하는 바람에 철로수송을 크게 손상시켰고

미 공군이 북한의 철도시설을 폭격하는 모습과 끊어진 교량의 모습(미 해군 홈페이지)

그럴수록 그 중요성이 더욱 커졌다.[69]

이미 1950년 늦가을 무렵 펑더화이는 중국공산당 동북국에 북한과의 통합운영체제를 포함한 철로수송 강화 조치를 취해 줄 것을 요청했다. 그리고 펑더화이는 북한의 철도 정비능력을 개선할 수 있도록 중앙 정부에 군의 철도 요원을 북한에 파견해 줄 것을 요청했다. 이에 일단의 철도 요원과 작업자들이 곧바로 북한에 파견되어서 북한의 철도건설 부대 및 작업자들과 함께 공동 작업을 시작했다.[70]

그리고 펑더화이는 11월 16일 가오강을 만나서 조중 간 철도의 연합통제기구 설치를 제안했다.[71] 이 문제를 협의하기 위해 중국 대표단이 북한에 파견되어 북한 측 관리들을 몇 차례 만났지만 뚜렷한 결과물은 없었다. 김일성이 중국 지도부를 만나기 위해 12월 3일 베이징을 방문했을 때야 비로소 양측은 원칙적인 합의에 도달했다.[72] 12월 말, 중국은 류쥐잉劉居英을 사령관으로 하는 동북군구 철도운수사령부(뒤에 동북군구 군사운수사령부로 개칭)를 발족시켰다. 동시에 중국과 북한은 평안북도 구장球場에 조선철도군사관리국을 임시로 설립하고 공동운영하기 시작했다.[73]

1951년 1월 선양에서 중국인민지원군 각 군의 수송부서 대표들과 북한의 동북 지역 수송담당자들[74] 간에 회합이 있은 다음, 철도수송이 재개되었다.[75] 하지만 수송 업무에서 기본적인 문제점들은 여전히 해결되지 않았다. 미군 폭격에 따른 철도시설 파괴 외에, 가장 심각한 문제는 철도수송을 운영하는 국내 환경이 워낙 혼란스러워서 여전히 통합 조정이 안 되고 있었다. 여러 부서와 작업 부대들은 서로 협조하지도 않고 계속해서 자기들이 먼저라고 우기면서 철도차량을 놓고 싸웠기 때문에 갈등과 반목이 끊이지 않았다. 필수 물자의 부족 보다 인력 부족이 더 심각했다. 게다가 적군이 최전선 근처로 향하는 산악의 터널을 점령함으로써 철도 수송을 지연시켰다. 희천熙川 북쪽 지역에 있는 터널은 아주 심각한 정체를 빚었다. 1951년 12월 말에는 과적 때문에 329대의 철도차량이 정체되는 일도 있었다.[76]

철도군사관리국을 설립해 운영했지만 중국과 북한 간에는 여전히 간극이 있었다. 아직도 양측은 군사적 관리방식을 도입할지 아니면 그냥 군사대표단 체제로 운영할지 여부를 결정하지 못했다. 또한 양측은 병참수송에 우선순위를 둘지 민수용과 경제건설용 수송에 우선할지를 놓고 논쟁을 벌였다. 게다가 철도군사관리국 조직구성이 여전히 완결되지 않았고, 철도 관계자들의 사상성이나 윤리의식이 낮았다. 따라서 철도수송 문제는 계속해서 아주 심각한 상황에 직면했다. 펑더화이는 마오쩌둥에게 "이 문제를 빨리 해결하지 않으면 전쟁이 길어질 게 틀림없다."고 호소했다.[77]

철도수송을 원활하고 안전하게 유지하는 문제가 상호협력과 합동작전에 가장 시급한 사안이 되었다. 12월 초 김일성이 베이징을 방문했을 때 양측은 조중 연합철도운수사령부 수립에 관한 기본적인 원칙에 합의했다. 베이징에서 돌아 온 김일성은 차이청원 대사에게 이에 관한 합의가 주권을 훼손할 수 있다는 북한 내부의 반대 입장을 넌지시 암시하면서 이렇게 말했다. "철도를 군사체제로 운영하는 문제에 대해 우리는 중국 동지들과 여러 차례 토론을 했소. 하지만 우리 중에는 항상 군사적 승리가 없는 한 그러한 원칙적 합의는 의미가 없다며 반대하는 사람이 있습니다." 김일성은 차이청원 대사에게 이 문제는 베이징에서 해결해야 한다면서, "가오강 동지에게 철도 전문가를 지명해 달라고 얘기해 주시오."라고 부탁했다.[78] 하지만 양측의 협의는 하면 할수록 더욱 꼬여만 갔다.

1951년 2월 19일 중국 측 협상대표인 예린葉林(동북교통부 부장)과 장밍위안張明遠(동북후근사령부 부사령관), 펑민彭敏(철도병 간부)은 협상을 진행하면서 북한 측이 현안에 관해 충분한 의견을 제시하지 않으며 그나마 얘기한 내용들도 자주 모순된다고 보고했다. 게다가 북한은 "군대 물자를 우선적으로 수송한다"는 중국 측의 원칙에 반대하는 반면 북한의 경제복구에 더 많은 관심을 보였다. 박헌영은 경제가 곧 정치라고 했다. 결국 이 문제는 김일성과 가오강 간에 해결하도록 미루어졌다.

그리고 북한은 자기네 교통성이 철도 운영에 참여해야 한다고 요구했다. 북한은 연합철도운수사령부를 설치하는 데 동의하며 중국이 사령관을 맡고 조중 연합사령부 산하에 두는 대신에, 새로운 연합철도운수사령부는 북한의 교통성과 함께 작업을 해야 한다고 주장했다. 박헌영은 중국 측도 조선철도군사관리국과 유사한 조직을 만들었다고 지적하면서, 철도를 군사체제로 운영하는 데에는 반대했다. 그 대신 박헌영은 예전의 철도관리국을 복원하고 임시 철도군사관리국 조직을 관리국에 통합할 것을 제안했다.[79]

3월 중순까지 양측은 여전히 철도운영의 기본 원칙 문제를 해결하지 못한 채 어려움을 겪었다. 전시에는 철도행정과 군사체제를 통합하는 것이 철도의 효율성을 극대화하는 방법이기 때문에 철도군사관리국은 중국과 북한이 공동으로 철도를 군사적으로 운영할 수 있는 조직이다. 따라서 북한도 이 점에 대해서는 직접적으로 반대할 수 없었다. 그 대신 북한은 기존의 철도군사관리국을 대체하고 철도를 통제하기 위해 자기들만의 군사교통국을 설치했다.(교통성 명령 제21호) 이러한 조직운영은 철도군사관리국을 약화시키고 제약함으로써 전권을 행사하지 못하게 했다.

이 문제를 가급적 빨리 해결하기 위해 저우언라이는 "기존의 연합철도운수사령부를 유지하고 공동으로 철도를 보수하는 문제와 별개로, 당분간 조선의 철도기관이 조선의 철도를 운영한다."는 데에 동의하며 절충을 시도했다. 김일성은 이 제안에 기본적으로 동의한다고 밝혔다. 그런데 중국 대표와 북한 대표 간의 회담이 진행되는 동안 북한 측은 추가 요구를 해 왔다. 철도행정은 북한 교통상이 책임을 지고, 철도군사관리국은 발전계획을 주도하지 않으며 그 역할은 철도수송의 검사와 감독으로 제한한다는 것이다. 그리고 북한은 철로 보수작업을 북한 교통성 산하의 별도 조직이 맡아야 한다고 요구했다.

사실상 이러한 요구들은 양국의 연합군사관리 조직을 취소하자는 것과 다름없다. 협상이 진행되는 동안 북한 측의 변덕과 양측의 기본 입장이 너무 달라서 중국 대표는 문제가 너무 복잡하다고 느꼈다. 합의된 내용을 문서로 작성해도 실제 행동에서는 어떠한 변화를 이끌어내기가 여전히 어려웠다. 그러자 그는 "이 문제를 좀 더 진전시키기 위해서는 권위 있고 영향력 있는 동지가 다시 와야 할 것 같다."고 했다. 펑더화이는 자기가 김일성에게 교통부의 의견을 생각해 보고, 양국 정부가 만나서 이 문제를 해결하도록 하자고 제의했다. 펑더화이는 북한에게 모든 군수물자 수송이 제 때에 완전하게 이루어지도록 보장하고 철도 관리와 수송에 관한 세부사항을 승인해 주기만 하면 된다고 요구했다.[80]

곧이어 가오강이 북한의 원칙에 맞게 다음의 다섯 가지 사항을 제안했다. 1) 조선의 철도를 군사철도체제로 운영하되, 중국 측이 사령관을 맡는 연합운수사령부 아래에 군사대표기구를 설치하고 모든 단계마다 군사대표를 두는 것도 가능하다. 군사대표는 모든 군수물자 수송 문제에 대해 최종 결정을 내린다. 2) 연합운수사령부는 선양에 본부를 설치하고, 북한 교통성에 대표를 파견하여 군수물자 수송 계획 이행을 감독하는 전권을 부여한다. 3) 북한 측은 연합운수사령부와 수석대표, 그리고 각 단계별 군사대표가 전화통화를 하는 데 방해받지 않도록 보장한다. 4) 연합운수사령부 산하에 선로보수사령부를 두고 북한 교통상이 그 책임을 맡는다. 5) 북한 내 중국인 철도원들은 북한 철도국의 지시를 받되, 이들의 정치활동은 중국 측 군사대표가 지도한다.

이상의 원칙에 따라 중국은 북한 교통상과 다시 협상을 진행했다. 북한이 선로보수사령부를 누가 책임지는지 확실치 않다고 한 것을 제외하고, 가오강의 다섯 가지 내용을 기본적으로 받아들였다. 하지만 북측은 자기네 교통성이 각 철도관리국을 관할하는 것에 대한 확답을 요구했다. 북한은 원칙적으로 모든 교통망을 개방하고 군수물자 수송과 민수용 경제물자 수송의 비율을 연합운수사령부가 심의하고 비준한다는 데 동의했다. 또한 북한은 교통성이 통제하는 철도관리국의 각 부서에 중국인 차석을 파견해 줄 것을 요구했다. 이에 저우언라이는 중국 대표단에게 연합선로보수사령관을 누구로 하느냐의 사안을 비망록에 포함시키고, 여기에 예린, 장밍위안, 펑더화이가 서명한 후 모든 문서를 베이징에 가져오라고 지시했다.[81] 바로 이때 모스크바의 의견이 도착했는데, 이로써 모든 상황이 바뀌었다.

장밍위안의 관찰에 따르면, 연합운수사령부를 누가 통제하느냐의 문제가 장애물이었다. 중국 대표는 북한의 철도와 차량은 파괴되었기 때문에 현재 북한의 철도를 달리는 대부분의 차량은 중국에서 온 것이라고 지적했다. 게다가 대부분의 선로보수와 수송부대 및 철도요원들 역시 중국인이며, 북한의 철도를 보수하고 북한 철도원들을 지원하는 장비들 역시 중국 측 책임이라고 했다. 상황이 이렇기 때문에 북한이 철도수송을 정상적으로 운영하기란 어려운 일이다. 따라서 전쟁 기간 동안에는 중국이 조중 간 철도수송을 통제하는 것이 맞다. 하지만 북한과 소련 고문들은 철도수송 운영은 주권 문제이며 따라서 이는 북한이 통제해야 한다고 고집을 부렸다. 이에 대해 저우언라이는 문제의 근원이 평양이 아닌 모스크바에 있다고 지적하며, 적절한 해결책을 찾기 위해 모스크바와 협상할 의지를 나타냈다.[82]

저우언라이가 중국 대표에게 협정에 서명할 준비를 하라고 지시하는 전문을 보낸 바로 그날, 스탈린이 소련의 명확한 입장을 밝히는 전문을 보내 왔는데, 그 전문 내용은 다음과 같다.

우리 선양총영사 레도프스키Ledovsky가 방금 보내 온 전문에 따르면, 군수물자를 최전방으로 수송하는 조직 문제를 바로잡기 위해 가오강 동지는 북한 철도를 중국 사령관이 운영하게 하자고 제안하고, 김일성은 이러한 구상을 지지하는 게 분명하지만 북한의 각료들은 이에 반대하는 것 같다고 했다. 이들은 이 구상이 북한의 주권을 침해한다고 생각한다. 만약 나와 소련공산당 중앙위원회의 의견이 필요하다면, 우리는 전적으로 가오강 동지의 의견을 지지한다고 얘기하고 싶소. 해방전쟁을 순조롭게 추진하려면 이 계획을 반드시 채택해야 하오. 일반적으로 북한 자체의 이익을 위해서라도 우리는 조중 간에 좀 더 우호적인 관계가 수립되어야 한다고 믿소.[83]

저우언라이는 이 전문을 즉각 가오강과 펑더화이에게 전달하고, "연합철로보수사령부를 연합사령부 또는 연합운수사령부 휘하에 설치하거나 또는 북한의 철도관리국을 군사관리체제 하에 두도록 계속 노력하라"고 했다. 중국 대표는 합의서에 서명하는 것을 보류하고 추가 협상을 하자며 북한 교통상을 선양으로 초청했다.[84]

이후 중국의 태도는 보다 강경해졌다. 4월 16일 저우언라이는 니즈량과 김일성에게 메시지를 보내 "전쟁 필수물자를 조달하기 위해서는 북한 철도를 조중 연합사령부 밑에 두어야 한다."고 제안했다.[85] 5월 4일 양측은 철도운영 체제와 조직 및 수송 자원의 배치에 관한 규정을 명시한 '조중 양국 간 조선의 전시 군사관리 협의'中朝兩國關於朝鮮戰時軍事管制的協議의 합의에 이르렀다. 이로써 7월에 한국전쟁 지역 내 철도수송의 운영, 조직, 집행을 총괄하는 조선철도군사관리총국이 설치되었다. 산하에 5개 지국이 설치되어 총 12,000명의 중국인 지원요원이 활동했다.

8월 1일 선양에 조중연합철도운수사령부가 설치되고, 11월에는 안주에 전방 철도운송사령부가 설치되어 군사운영총국, 철도보수관리단, 철도포병단을 지도, 조정했다. 철도부대는 4개 사단, 3개 연대, 지원공병여단, 총 52,000명으로 늘어났다. 이때부터 통일된 지도와 조직 속에 철도수송 부대, 철로보수 부대, 고사포 부대가 긴밀하게 협조하고 일사분란하게 움직임에 따라, 집중력과 신속한 동원이 가능해졌다. 이로써 수송능력이 크게 개선되었다.[86]

철도 관할권 문제는 조중 간에 벌어졌던 다양한 갈등 가운데 북한의 주권과 국내 사안이 연계된 특이한 경우라고 할 수 있다. 펑더화이는 1959년에 비판을 받을 때조차 이 점을 부인하지 않았다.[87] 하지만 펑더화이가 강조했다시피 전시 상황에서는 철도를 군사체제로 운영하지 않을 수 없다. 더구나 철도 관할권은 휴전협정이 체결되자마자 즉시 북한에게 인계되었다.[88] 하지만 소련의 지지를 등에 업고 중국이 북한에 강요한 방식은 김일성의 가슴에 상처를 남겼다.

정전의 기회

1952년 후반기 양 진영이 대체로 세력균형 상태에 도달하자 판문점에서 진행되던 정전협정 역시 마오쩌둥이 처음엔 해결하기 가장 쉬운 문제라고 생각했던 전쟁포로의 송환 문제를 둘러싸고 교착 상태에 빠졌다.[89] 한국전쟁을 세계적인 차원에서 진행되는 냉전의 한 전략으로 간주하는 스탈린은 마오쩌둥에게 싸움을 계속하되 평화협상이 진행되는 동안 절대로 굴복하지 말라고 격려했다. 하지만 북한은 미군의 폭격으로 인한 심각한 손실 때문에 가능한 한 빨리 정전협정이 체결되기를 바랐다. 1952년 2월 김일성은 마오쩌둥에게 단도직입적으로 "싸움을 계속할 생각이 없다"고 말했다.[90]

1952년 라주바예프 소련대사는 모스크바에 다음과 같이 보고했다. "김일성은 북한 협상대표인 남일과 함께 교착상태에 빠진 협상의 원인에 대해 토의하던 중에, 일단 정전협정을 체결한 다음에 해결되지 못한 나머지 문제는 이후의 정치협상에서 계속 논의하자고 주장했다." 김일성은 다음과 같이 말했다. "협상을 지연시키는 것은 이롭지 않다. 왜냐하면 미 공군이 계속해서 북한을 파괴하기 때문이다. 그(원문대로)는 계속되고 있는 전쟁포로 논쟁 뒤에 놓인 문제를 보지 못한다. 왜냐하면 이 논쟁은 엄청난 손실로 이어지고 있다." 게다가 김일성은 대부분의 중국인 전쟁포로는 장제스의 국민군 출신이기 때문에 정치적으로 믿을 수 없다고 생각했다. 따라서 그는 "이런 자들의 송환에 엄청난 노력을 기울이는 것은 쓸 데 없는 짓"이라고 판단했다. 김일성은 남일에게 "이에 대한 중국의 입장을 정확히 파악하라"고 지시하고, 전쟁포로 문제는 "중국 대표인 리커농李克農"에게 떠넘기라고 제안했다.[91]

중국의 관심은 전혀 다른 데 있었다. 라주바예프는 중국의 지도부가 우려하는 것은 전쟁이 끝나자마자 소련의 군사원조가 줄어들거나 갑자기 중단되는 것이라고 보고했다. 따라서 중국은 전쟁포로 문제를 너무 빨리 해결할 경우 "조선과 중국의 군사력 약화로 이어질 수 있다"고 생각했다. 리커농은 국제사회의 여론을 유리하게 이끌지 못하고, 전쟁이 길어질 것을 각오하지 않으면, 미국이 양보하지 않을 것이라고 생각했다. 마오쩌둥 역시 협상 전망에 관한 이러한 분석에 동의하면서 리커농에게 다음과 같이 지시했다. '단호한 입장을 취하는 것만이 우리가 주도권을 쥐고 적의 양보를 이끌어 내는 방법이다. 이러한 목표를 달성하기 위해서는 향후 협상이 진행되는 몇 개월 동안 우리는 적의 협상력을 시험할 수 있는 전투를 준비해야 한다.'[92]

5월 2일 판문점에 모인 협상대표들은 다섯 개의 의제 중 네 가지 항목에 합의했다. 하지만, 전쟁포로의 송환 문제와 관련해서 미국은 희망자에 한 해 송환할 것을 제안했고, 중국은 모든 전쟁포로의 송환을 주장했다. 그 결과 협상은 교착상태에 빠졌다. 북한의 수뇌부는 미국이 5월까지 정전협정에 서명하면, 1952년 하반기에 정치적, 경제적 재건 작업에 착수할 계획이었다. 이들은 전쟁포로 문제를 둘러싼 대립이 이렇게까지 협상을 오래 끌게 될 줄 몰랐다. 라주바예프의 보고에 따르면, "이 문제 때문에 북한의 수뇌부는 매우 실망했다."고 한다. 김일성은 중국 측에 전쟁포로 문제를 양보하고 정전협정을 체결해야 한다고 제의했다.[93] 7월 13일 중국과 북한 측의 거듭된 양보를 무시(전쟁포로 전원 송환 요구 취소 포함)한 다음, 미국은 83,000명(북한군 포로의 80%와 중공군 포로의 32%)의 송환을 제의했다.[94] 미국은 이것이 마지막이자 변경할 수 없는 제안이라고 선언했다. 중국과 북한은 결정할 수밖에 없었다.

중국 수뇌부의 입장은 매우 단호했다. 7월 15일 마오쩌둥은 김일성에게 보낸 전문에서 적의 가공할 폭격을 눈앞에 두고 도발적이고 그럴 듯 해 보이지만 실제로는 전혀 양보하지 않는 적의 제안을 받아들이면 조중 양국에 정치적으로나 군사적 측면에서 전혀 도움이 되지 않는다고 했다. 비록 전쟁이 길어져서 조선 인민과 중국의 파괴가 계속될지언정, 중국과 조선의 인민은 전쟁에서 점점 더 강해질 것이며 전 세계에 평화의 발판을 굳건히 하게 될 것이다. 전쟁은 미국을 동아시아에 묶어 둠으로써 힘을 소진시키는 한편, 소련의 부흥은 점점 더 박차를 가해 모든 나라의 인민혁명 발전을 촉구하고 제3차 세계대전의 발발을 지연시킬 것이다. 마오쩌둥은 북한의 어려움을 돕기 위해 중국은 가능한 모든 지원을 제공할 것이라고 장담했다. 요컨대 "현 상황에서 적의 제안을 받아들이게 되면 적은 틀림없이 더욱 고무되어 우리의 권리를 더욱 훼손할 것"이라고 했다. 마지막으로 마오쩌둥은 북한의 제안을 스탈린에게 전달하고 그의 권고를 요구할 것이라고 했다.[95] 바로 이날 마오쩌둥은 소련 수뇌부에 전문을 보내, 중국은 "도발적이며 회유적인 적의 계획을 단호히 거부할 것이며 전쟁을 계속할 준비가 되어 있다. 김일성은 이 제안에 동의하지 않는다."고 했다.[96]

이틀 뒤 김일성은 마오쩌둥의 정세분석에 동의하고 북한을 지원하겠다는 중국 측의 약속에 감사하면서 결국 굴복했다.[97] 하지만 이날 스탈린에게 보낸 전문에서 김일성은 중국 측의 빈약한 방어전략 때문에 북한의 도시와 시민들이 적의 공습에 엄청난 고통을 당하고 있다며 불평을 늘어놓았다. 김일성은 비록 마오쩌둥의 견해에 동의했지만, 휴전이 빨리 이루어지기를 바랐다. "협상에서 정전 문제와 전투를 중단하고 제네바협정에 따라 모든 포로를 교환하는 문제를 신속하고 단호하게 논의해야 합니다. 이러한 요구는 평화를 갈망하는 전체 인민의 의사이며, 이것만이 우리를 현재의 불리한 상황에서 구출하는 길입니다."[98]

중국인민지원군에 포로가 되어 연행되는 연합군

　　전쟁포로 문제 해결을 둘러싸고 양측이 의견을 달리한 이유 중 하나는 이에 대한 양측의 정책이 달랐기 때문이다. 중국은 최근까지 국공내전을 겪었고 국제전 경험이 부족하기 때문에 전쟁을 시작할 때부터 전쟁포로의 억류를 바라지 않았다. 1950년 11월 17일 펑더화이는 중앙군사위원회에 보낸 전문에서 전투를 시작하기 전에 100명의 전쟁포로를 석방할 준비 중이라고 밝혔다. 다음날인 18일 마오쩌둥은 "일부 전쟁포로의 석방은 아주 좋은 생각이오. 앞으로 전쟁포로를 정기적으로 석방할 때 나의 재가는 필요 없소."[99]라고 답장했다. 사실 중국이 확보한 전쟁포로의 숫자는 그다지 많지 않았다. 1951년 11월 중국과 북한은 한국군 전쟁포로 문제는 북한 인민군이 책임지고, 기타 국가들의 전쟁포로 문제는 중국인민지원군이 책임지기로 합의했다.[100]

　　따라서 중국인민지원군이 확보한 전쟁포로가 얼마 되지 않았기 때문에 정전협상이 진행되는 동안 이 문제에서 중국 측의 영향력은 크지 않았고 따라서 중국은 전원 송환을 주장했던 것이다.

이에 비해, 전후복구의 부족한 노동력 때문에 북한은 비밀리에 전쟁포로 대부분을 억류시켰다. 라주바예프 대사는 다음과 같이 보고했다. "북한 측은 남한출신의 전쟁포로들에 대해 그들의 귀환의사와 상관없이 최대한 많이 억류하는 게 유리하고 생각했다." 결국 북한은 13,094명의 남측 전쟁포로를 억류했다. 이 가운데 6,430명은 북한 인민군에 입대하여 내무성과 철도성의 다양한 작업에 투입되었다. 또한 전쟁 초기에 억류되었던 42,262명의 남측 전쟁포로들은 북한 인민군에 '동원' 되었다.[101] 이런 상황이었기 때문에 북한의 수뇌부는 '전원 송환'을 거의 주장하지 못했다.

이 문제는 결국 모스크바가 나서서 해결했다. 7월 15일 전문에서 마오쩌둥은 스탈린에게 다음과 같이 말했다. "미국 계획에 따르면, 양측의 비율이 현저하게 불평등하다. 적은 이 문제를 이용해서 조선과 중국 인민의 통일을 방해하려고 한다. 적의 압력에 굴복하면 우리에게 매우 불리할 것이다." 마오쩌둥은 다음과 같이 말하면서 협상이 결렬되더라도 절대 양보하지 않을 것이라고 선언했다. "왜냐하면 이것은 조선과 중국만의 문제가 아니라 정치적인 문제이다. 또한 이 문제는 전체 혁명진영에도 나쁜 영향을 미칠 것이다."[102] 이틀 뒤 스탈린은 마오쩌둥에게 보낸 전문에서 "평화협상에 관한 귀하의 입장은 전적으로 옳소."라고 답장했다.[103]

8월에서 9월 사이에 저우언라이가 모스크바에서 스탈린과 몇 차례 회담을 가졌고 나중에는 김일성, 박헌영, 펑더화이도 합류했다. 회담 주제는 중국의 경제개발 문제 외에 종전 정책에도 초점이 맞추어졌다. 저우언라이는 중국군과 북한군의 공격력이 전투를 계속할 만큼 충분하며 적의 공습에 견딜 만큼 진지를 잘 구축했다고 언급했다. 먼저 스탈린은 전쟁포로 문제와 관련해서, 미국은 자신들의 바람대로 문제가 해결되기를 원하지만, 국제법에 따르면 적들은 전쟁

한국전쟁의 거짓말

범죄자를 제외한 모든 전쟁포로를 송환시켜야 한다고 지적했다. 스탈린은 전쟁포로 문제에 대한 마오쩌둥의 생각을 물었다. "포기할 것 같소? 아니면 자기 생각을 고집할 것 같소?"[104]

저우언라이는 이 문제에 관해 북한과 중국의 생각이 서로 다르며, 마오쩌둥의 견해는 미국이 모든 전쟁포로를 송환시켜야 하는 것이라고 말했다. "북측은 지금 논의 중인 전쟁포로의 송환 문제보다 하루하루 발생하는 손실이 더 크기 때문에 전쟁을 지속하는 것이 유리하지 않다고 생각한다." 한편, 마오쩌둥은 "전쟁을 계속하는 편이 우리에게 유리하다고 생각한다. 왜냐하면, 미국이 또 다른 세계대전을 준비하지 못하게 만들기 때문이다." 그러자 스탈린은 곧바로 "마오쩌둥의 말이 맞다. 이번 전쟁에 미국은 초조해 하고 있다. 북한은 전쟁이 계속되는 동안 사상자 외에는 잃을 게 전혀 없다."고 맞장구를 쳤다. 또한 스탈린은 저우언라이에게 다음과 같은 말을 상기시킴으로써 중국 수뇌부의 신경을 건드렸다. "미국을 상대할 때 이 점은 확실하다. 미국이 이번 전쟁에서 패배하지 않는 한 중국 역시 타이완을 절대 탈환하지 못할 것이라는 사실을 중국의 동지들은 알아야 하오." 전쟁포로 문제 해결과 관련해서 스탈린과 저우언라이는 전원송환을 계속 요구하기로 하고, 미국이 처음으로 양보를 하도록 압박하자는 데 합의했다. 중국과 소련은 미국의 위협 앞에 주눅 들지 않았다.[105]

이 회담 이후 김일성은 더 이상 정전을 요구하지 않는 대신 어떻게 하면 소련으로부터 더 많은 물자 원조를 얻어 낼 수 있을지에 초점을 맞췄다. 그러나 전쟁이 끝나기 직전 정전협정에 즉시 서명할지 여부를 놓고 중국과 북한 간에 갈등이 재발했다. 이것이 전쟁기간 양측 간에 발생한 마지막 갈등이었다.

1953년 3월 스탈린이 죽은 다음, 소련 지도부는 방침을 바꿔서 한반도 정전협정을 서둘렀다.[106] 그러나 한국의 이승만 대통령은 정전협정에 반대하며 유엔군사령관의 승인도 없이 전쟁포로를 석방시킴으로써 정전협정을 파탄시키려고 했다. 그러자 중국은 정전협정 체결에 좀 더 유리한 조건을 확보하기 위해 새로운 공세적 입장으로 전환했다. 북한은 협정을 즉시 체결해서 정전하자고 요구했지만, 펑더화이는 마오쩌둥의 지지를 등에 업고 김일성을 배제하고 새로운 군사공격을 감행하기 시작했다. 펑더화이의 마지막 공세는 성공적이었다.[107] 하지만 김일성은 더 이상 전투에서 승리하는 것보다 가능한 빨리 전쟁을 끝내고 경제복구를 추진하는 것이 최선이라고 생각했다.

나오며

결론적으로 말하자면, 한국전쟁 기간 동안 중국과 북한의 갈등은 전체 진영(중국 측 표현)의 이익과 지역의 이익(북한 측 표현)이 충돌한 결과였다. 대체로 스탈린은 중국의 입장을 지지하는 경향을 보였는데, 이는 중국 측의 주장이 아시아의 사회주의 진영 전체의 이익을 바라보는 스탈린의 견해와 일치했기 때문이다. 그러나 공통의 이익은 사회주의 진영에서 주도적인 역할을 수행하는 국가들의 인식과 일치하는 경향이 있다. 그 결과 진영에 속한 한 국가가 자신의 이익을 공통의 목표와 일치시키려고 하지 않거나, 진영을 이끄는 지도자가 바뀌는 순간, 더 이상 세계적 이익에 지역 이익을 종속시킬 수 없으며 동맹은 붕괴될 위험에 처하게 된다. 중국과 북한의 관계가 그러하며, 결과적으로 중국과 소련의 관계 역시 그러했다.

한국전쟁의 거짓말

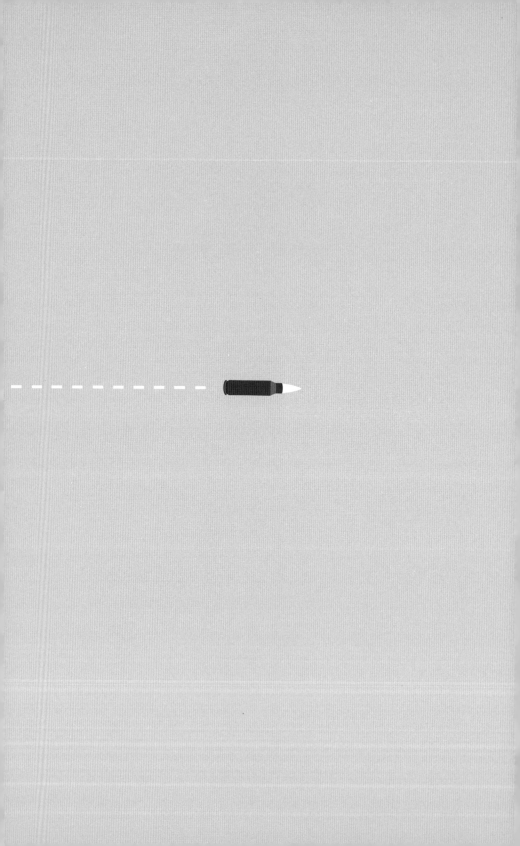

한국전쟁기 미국의 생물학무기 사용에 관한 중국 측의 거짓 의혹 제기

밀턴 라이텐버그(Milton Leitenberg)

이 글은, Milton Leitenberg, "China's False Allegations of the Use of Biological Weap-
ons by the United States during the Korean War", *Cold War International History
Project(이하 CWIHP) Working Paper No. 78*.(March 2016)를 번역한 것인데, 인용된 중국
어 자료에 대해서는 중국어 원문을 1차로 참고하였다. 부록 문서에 포함된 일부 자료는 원문에는
없었지만 필자의 권고에 따라 새로 추가하였다.

들어가며[1]

1950년 6월 25일 새벽 북한군은 소련이 제공한 탱크와 중포重
砲로 무장한 채 38도선을 따라 남한을 침공했다

북한의 지도자 김일성은 1949년 3월부터 스탈린에게 남한 침공
을 허락해 줄 것을 거듭 요구했지만 당시 그의 요구는 받아들여지지
않았다. 하지만 1949년 10월 중국공산당이 승리를 거둔 뒤 1950
년 4월 김일성은 마침내 남한 침공에 관한 승낙을 얻어냈다. 그 후
1950년 6월까지 소련의 무기와 탄약을 가득 실은 기차가 북한으로
향했다. 중국의 마오쩌둥毛澤東 군대에서 항일전쟁에 나섰던 조선
출신 부대가 북한으로 이동했다. 이와 동시에 소련의 베테랑급 장교
들은 북한의 침공계획을 수립하고 북한군을 조련시켰다.

1950년 6월 25일 이후 미군과 유엔군은 한국을 돕기 위해 참전
했고, 중국군과 소련 공군은 북한을 위해 싸웠다. 이 전쟁은 1953년
평화조약 체결이 아니라 휴전이라는 형태로 끝났다. 이 전쟁으로 남
과 북은 철저히 파괴되었으며 전쟁 동안 약 450만 명이 사망했다 그
후로 한반도는 지금까지도 불안정한 상황에 놓여있다. 특히, 2009
년 이래 북한의 핵무기와 중거리 탄도 미사일 개발로 인해 적어도 예
측 가능한 미래에 이르기까지 한반도는 불안 요인을 안게 되었다.

한국전쟁에서 중요한 이슈 가운데 하나는 군축문제와 더불어 대
량살상무기WMD, 즉 핵무기, 세균무기, 화학무기를 미군이 사용했
다는 주장이다. 종전 후 북한, 중국 그리고 소련은 입을 모아 전쟁 당
시 미국 측이 중국과 북한 지역에서 대규모의 생물학무기를 사용했
다고 주장했다. 18년 전인 1998년, 소련의 공산당 중앙위원회가 그
주장은 거짓이었다고 이미 공표했음에도 불구하고 중국과 북한은
그보다 훨씬 더 강도 높게 여전히 미국 측의 책임을 주장하고 있다.[2]

한국전쟁의 거짓말

이 보고서의 목적은 최근 이 주제와 관련해 전례 없이 중국 측이 저널을 통해 쏟아내고 있는 내용들을 종합적으로 고찰하는 데 있다. 한국전쟁 당시 중국인민지원군 위생부장을 지낸 우쯔리吳之理의 회고록에 따르면, 그러한 주장은 일종의 '거짓 경보false alarm'로서, 전쟁에서 미군이 세균무기를 사용한 적이 전혀 없다고 폭로한 바 있다. 비록 그가 회고록에서 그것이 완전한 날조이며 허위 정보라고 인정하지는 않았지만, 그의 진술 곳곳에서 그것이 거짓이었음을 암시하고 있다. 또 다른 두 개의 출간물, 즉 중국 인민해방군 군사과학연구원軍事科學硏究院 소속 상교上校(대령)인 취아이궈曲愛國는 처음으로 1998년 소비에트가 발표한 문건을 재평가했다 그는 "미국이 중국과 북한에 대해 세균전을 감행했다."는 입장에서 한 발 물러나 "우리는 미국 측이 세균무기를 사용했다는 사실을 부인할 수 없다."고 결론지었다. 비록 몇 마디만 바뀐 것이지만 일단 이 문제에 대한 중국 측의 중대한 태도 변화를 보여주고 있다. 그러나 여전히 그러한 태도는 정직하지 못한 것이다.

이 글은 세균전과 관련된 중국 측의 새로운 논저들에 관해 살펴볼 뿐만 아니라, 그러한 허위 주장을 부정한 1998년도 소비에트 문서가 진짜임을 증명하는 2개의 문서 외에 마오쩌둥, 스탈린, 저우언라이周恩來가 상당히 긴밀하게 의견을 나누었음을 보여주는 새로 공개된 여러 문서들을 제시하고 있다. 이 글의 목적은, 1998년에 발표된 소비에트 중앙위원회 문서에 담겨있는 증거들뿐만 아니라 1952년도 미국 세균전 프로그램에 관해 알려져 있는 사실에 기초하여 미국이 한국전쟁에서 세균무기를 사용했다는 주장과 대량살상무기를 사용했다는 비난은 완전히 허구이며 정치무대에서 연출된 희대의 연극임을 증명하는 데 있다.

세균전 허위주장의 연혁

　이러한 비난의 근거들은 한국전쟁이 벌어지기 2년 전부터 준비되기 시작했다. 1949년과 1950년 소비에트는 프로파간다를 통해 미국이 알래스카에 사는 이뉴잇족Inuit peoples을 실험 대상으로 전염병을 퍼뜨리려 한다고 비난한 바 있다. 1949년 제2차 세계대전 당시 일본군의 세균전 프로그램에 관여한 용의자들을 상대로 한 하바롭스크 재판에 대한 소비에트 보고에서 〈프라우다Правда〉지는, 미국이 '인도人道에 반하는 새로운 범죄를 준비하고 있다.'(즉 세균전)고 전한 바 있다. 그리고 중국 방송들은 미국이 제2차 세계대전 당시, 731부대 등을 조직해 일본군의 세균전 프로그램에 깊숙이 관여한 바 있는 이시이 시로石井四良 중장과 모사를 도모하며 중국을 상대로 세균무기를 계속 사용하려고 한다고 보도해 이러한 주장을 더욱 증폭시켰다. 1950년 한국전쟁이 발발하기 직전인 늦봄에서 초여름 사이에 동독, 체코슬로바키아, 그리고 폴란드는 미국이 감자 수확을 망치기 위해 들판에 '콜로라도 감자잎벌레'를 뿌리고 있다고 일제히 주장하기 시작했다. 그리고 마지막으로 1951년 1월 21일 소비에트 중앙위원회 멤버이자 소련공산당 중앙위원회 부속 맑스엥겔스레닌주의연구소 소장인 표트르 포스펠로프Pytr Pospelov가 공산당 중앙 정치국 전체회의 연설에서 '미 제국주의 혐오 캠페인'을 제창했다 그는 "미 제국주의자들이 지금 러시아인들의 핏물을 받아 두 손을 담그고 있다."고 주장했다.

　이렇게 자신들의 주장을 뒷받침할 명분을 다진 후, 이들이 한국전쟁에서 미국이 세균전을 감행했다고 실제로 주장하기 시작한 것은 1951년 5월 8일이었다. 북한의 외무상 박헌영朴憲永은 미국이 1950년 12월에서 1951년 1월 사이에 세균무기를 사용해 북한 전역에 천연두가 번지고 있다고 주장했다. 한편 중국의 세균전 비난 공세는 3월 14일, 5월 19일, 24일, 25일에 이어, 마지막으로 1951년 6월 22일에 이루어졌다. 또한 중국정부는 1951년 3월 5일과 5월 13일 사이에 10차례에 걸쳐 화학무기를 사용했다고 비난했다. 그러자 북한의 비난 성명도 7월까지 이어지다가 1951년 하반기에는 잦아들었다.[3]

　미국의 세균전 비난이 본격화한 것은 1952년 2월 22일이었다. 이때부터 위에 언급한 비난전과는 성격이 다른 공세가 시작되었다. 그날 북한의 외무상은 다시 유엔사무국을 상대로 공식 성명을 내고, 미국이 1월과 2월에 걸쳐 페스트, 콜레라 등의 질병을 유발시키는 세균에 감염된 벌레와 곤충들을 여러 차례 공중에 살포하고 지상에 뿌렸다고 비난했다. 같은 날 중국의 주요 일간지인 〈인민일보〉는 제1면에 북한 측의 비난 내용을 전하며 소위 미국 비행기가 살포했다는 벌레들과 박테리아의 현미경 사진을 함께 실었다. 그리고 이틀 후인 2월 24일 중국의 외교부장인 저우언라이는 공개적으로 북한의 비난 성명을 지지하였고, 3월 8일에는 더욱 더 강한 어조로 2월 29일과 3월 5일 사이에 미국이 448기의 전투기를 보내 적어도 68차례 이상 세균에 감염된 곤충을 중국 동북지방에 살포했다고 비난했다. 그 무렵부터 중국의 뉴스 통신사들은 수천대의 미국 전투기가 중국에 생물학 작용제biological agent를 살포하고 있다며 수개월 동안 비난 선전전을 이어갔다. 그들이 허위로 주장하는 병원균은 4개의 식물군뿐만 아니라 동물들까지 감염시킬 수 있었다. 중국은 미 비행대 175개 편대, 955기의 전투기가 중국 동북지역 상공에서 1952년 2월 29일과 3월 31일 사이에 세균을 살포했으며, 아울러 비공식 보도에 따르면 804차례나 북한의 70개 시·군에 세균을 살포했다고 주상했다. 그러면서도 중국과 북한은 세균무기를 실어 나르는 비행물체나 전투기를 격추했다고 주장한 적이 한 번도 없었다.

공산주의자들의 조사

유엔주재 소련대표부는 중국과 북한을 대신하여 세균무기 사용에 관한 비난전을 수행했다. 1952년 3월 중순과 4월 중순 사이에 개최된 국제포럼을 통해 이 문제를 제기하였을 뿐만 아니라 소련 미디어의 약 1/4이 미국의 세균전 비난에 열을 올렸다. 또한 서유럽의 주요 수도뿐만 아니라 소련 전역과 위성국가들에서도 연일 미국의 세균무기 사용을 규탄하는 대규모 항의집회가 개최되었다.[4]

그러나 중국과 북한은 이러한 미심쩍고 다분히 선동적인 구실들을 검증하기 위한 세계보건기구WHO와 국제적십자위원회ICRC의 현장실사 요구를 거듭 거부했다. 그 대신 현장조사권을 위임 받은 소비에트가 실시하는 '조사'는 수용했다. 첫 번째 조사는 소비에트 중앙위원회 분과 소속 세계평화평의회WPC의 하부조직인 국제민주변호사협회ADL가 보낸 실사단에 의해 이루어졌다. 이 조사단은 1952년 비난 공세가 시작되고 얼마 지나지 않은 1952년 3월 5일부터 19일까지 북한을 방문했고, 1952년 3월 31일과 4월 2일에 베이징에서 2개의 보고서를 배포했다 그런데 이것은 세균무기 사용을 '대량학살 행위이며 매우 끔찍한 인도에 반하는 범죄'라고 규정함으로써 북한과 중국의 주장을 그대로 반복한 것이었다.[5]

중국 정부도 세균무기 사용과 관련해 북한 인민군 의료조사단CMH을 꾸려 자체 조사단으로 삼았으며, 1952년 3월 초에 조사를 시작했다고 한다.[6] 그리고 소비에트 중앙위원회 분과 소속 세계평화평의회SWC는 조사단 규모를 더욱 확대해 '한반도와 중국에서 벌인 세균전에 관한 사실 조사를 위한 국제과학조사단International Scientific Commission'의 활동을 뒷받침할 만한 증거들을 수집했다. 이 조사단은 흔히 약자로 아이에스씨ISC 혹은 '니담조사단the Needham Commission'이라고 부른다. 왜냐하면 영국의 저명한 과학자이자, 사회주의자이며 친중 인사인 조셉 니담Joseph Needham 박사가 바로 이 조사단의 위원장을 맡았기 때문이다. 10명의 국제과학조사단 멤버 가운데 가장 중요한 사람은 소비에트의 미생물학자이자 KGB 소속이었던 주코프-베레즈니코프Nikolay Zhukov-Verezhnikov 박사였다. 그는 실제로 구성원 가운데 유일한 미생물학자였다. 하지만 그가 이 조사단에서 중요한 역할을 수행한 이유는 정작 그의 전공 때문이 아니었다. 그는 과거 일본군의 세균전 프로젝트에 관여한 일본인 과학자들을 상대로 하바롭스크에서 열린 소비에트 재판에서 의학 전문위원장을 지낸 바 있었다. 바로 이러한 경험을 바탕으로 그는 일본군이 중국에 세균을 뿌렸던 대기 중의 세균물질 살포장치와 물질에 관한 정보를 얻을 수 있었다. 이 국제과학조사단의 보고서는, 미국이 과거 일본군이 이용한 것과 똑같거나 비슷한 장치를 활용했다고 주장했다.

이 보고서는 1952년 6월 25일과 8월 31일 사이에 중국과 북한에 전달되었고, 무려 669쪽에 달하는 방대한 보고서가 1952년 베이징에서 출간되었다.[7] 이 국제과학조사단 보고서에 언급된 세균전과 관련된 사건과 유형의 수는 이전에 국제민주변호사협회ADL가 작성한 보고서보다 적었다. 그리고 국제민주변호사협회가 보고한 사건 수는 중국의 미디어들이 보도한 것보다 적었다. 그런데 이들 법률가들과 국제과학조사단에 의한 '조사'의 결정적 특징은, 이 가운데 그 어느 것도 제대로 현지조사를 수행하지 않았다는 점이다. 이 두 조사단은 중국과 북한 측이 제시하는 '증서'를 그대로 믿고 받아들였을 뿐이다. 이들은 그 어떤 사실도 입증하려고 시도하지 않았다.

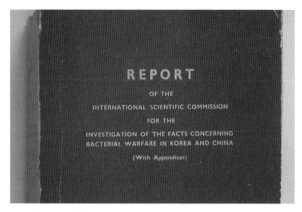
국제과학조사단의 한국전 세균전 보고서

그리고 국제과학조사단 위원장 니덤은 그러한 사실을 국제과학조사단 보고서가 배포된 뒤 열린 기자회견에서 깨끗이 인정했다.

세균전 주장을 일축하다

이러한 주장에 대해 미국 유엔대표부, 국무장관 딘 애치슨Dean Acheson, 그리고 한국에 주둔하고 있는 미군 고위급 간부들은 곧바로 반박 성명을 내고 세균전 관련 사실을 거듭 부인했다. 뿐만 아니라 상기 국제과학조사단 보고서가 발표되자 영국, 미국, 호주의 미생물학자, 곤충학자, 전염병학자, 바이러스학자들은 일제히 보고서의 내용을 강도 높게 비판했다. 왜냐하면 당시 보고서에서 제시한 병원체를 옮기는 곤충과 감염된 곤충의 조합pairing type은 실현 가능성이 거의 없었기 때문이다. 즉 보고서에서 언급한 곤충매개체insect vector가 세균전이 자행되었다고 주장하는 계절에는 활동하지 않거나 기

한국전쟁의 거짓말

온이 영하로 떨어지면 동사하기 때문이다. 그 밖에도 이 보고서는 여러 모로 과학적인 근거가 부족했다.[8]

그 후 이어진 또 다른 형태의 비판과 재비판 과정은 더 많은 것들을 말해주고 있다. 헝가리의 저널리스트인 티버 머레이Tibor Méray는 한국전쟁 기간 동안 북한에 체류하며, 북한 농민들이 헝가리 야전병원의 의사에게 중국 군인들이 눈밭에 곤충들이 들어 있는 종이 꾸러미를 파묻었다고 말한 사실을 보도한 바 있다. 당시 북한의 보건성 부상副相 역시 머레이에게 북한은 '중국인민지원군의 보고'를 통해 세균의 공격에 관해 사전에 공지를 받았다고 말한 바 있다.[9] 뿐만 아니라 머레이는 또 1956년 중국 관료와 폴란드·유고슬라비아 관료들의 연석회의에서 중국 측 참가자들이, "우리는 한국전쟁이 스탈린에 의해 무리하게 추진된 완전히 잘못된 과오mistake라고 생각한다. 그리고 우리는 미군의 세균전에 관한 비난이 아무런 근거가 없다고 믿는다."[10]고 말했다고 보도했다. 1990년대에는, 1953년 중국 측 휴전협상 대표 가운데 한 명이 세균전 주장과 관련해, "그것은 완전히 말도 안 되는 거짓말이었다"고 증언한 바 있다.[11]

미국의 세균전 정책

한국전쟁 발발 이래 미군의 세균전 범죄를 '인정하거나 부정하는' 저작들이 속속 발표되었다. 이 가운데 중국과 북한의 입장을 지지하는 글들은 예외 없이 이러저러한 좌익계의 정치적 설득 논리를 전개하고 있다. 그러자 중국이나 북한의 주장을 인정하지 않는 12명이상의 분석가들이 왜 중국, 북한, 소련이 거짓 수상을 했는지, 그리고 그러한 행위를 통해 어떤 이익을 얻고자 했는가를 논증하려고 했다. 그런데 흥미로운 사실은 그러한 분석을 시도한 필자들의 숫자만큼이나 이들은 자기 나름의 논리를 내세우며 서로 다른 가설을 제기하고 있다는 점이다.[12] 이와 관련해 미국 정부는 내부적으로 중국과 북한의 비난이 시작되자마자 분석에 들어갔다. 미국 정부기관인 특별국가정보판단국SNIES의 최초 분석 작업은 1952년 3월 25일에 이루어졌다.[13]

한국전쟁에 즈음하여 미국의 세균무기 사용 정책 및 능력과 관련된 세균전 정책은 전쟁이 벌어지기 몇 달 전인 1950년 2월 1일 국가안전보장회의를 통해 NSC-62로 공표되었다. 이에 따르면 '미국 정부는 화학·생물학·방사능, 즉 화생방 무기를 보복전쟁을 제외하고는 사용하지 않는다.'고 적혀 있다.[14] 이 정책은 한국전쟁 동안에도 여전히 유효했고 그대로 지켜졌다. 1953년 4월 2일 NSC-147에서 이 정책은 '1952~1953년 유엔 작전에서도 그대로 적용되었다.'[15]고 밝히고 있다. 그러나 미국의 이러한 정책은 널리 알려지지 않았다. 미국의 정책은 1956년 3월 15일까지 바뀌지 않았다. 이때부터 비로소 미국은 NSC-5602/1을 통해 화학무기와 생물학 무기의 사용을 대통령의 승인을 조건으로 허락했다

미국이 위에서 밝힌 NSC정책을 한국전쟁 동안 어기지 않았다는 증거는 상당히 많다. 하원의원 로버트 카스텐마이어Robert Kastenmeier가 보낸 질의에 대해 1969년 7월 25일 트루먼Harry Truman 대통령이 보낸 답장도 유효한 증거이다. 그는 답장에서 "생물학무기와 관련한 대통령의 명령을 강제로 수정한 적이 없으며 어떠한 경우에도 그것의 사용을 승인한 적이 없다."고 했다.[16] 합동참모본부의 힐야드H. Hillyard 준장이 1959년 4월 미국 법원에서 열린 재판에 증거로 제시한 진술서도 이러한 결론을 뒷받침하고 있다. 이 진술서에 따르면, "합동참모본부 기록들을 바탕으로 아무리 열심히 찾아봐도 대통령

한국전쟁의 거짓말

이나 국방장관보다 우위에 있는 기관이 대통령의 재량권에 영향력을 행사해 공개적으로나 혹은 암묵적으로 상기 전쟁 기간 동안 군부대에 의한 세균전 내지 독성을 이용한 화학전을 승인하거나, 동의하거나, 허락한 기록 또는 개입한 정황을 찾을 수 없었다."고 했다.[17] 제2차 세계대전 동안 미국은 세균전 프로그램 연구에 관여했을 뿐 어떤 세균도 비축하지 않았다. 그리고 1951년 말까지 어떤 세균무기도 생산하거나 입수한 적이 없다. 첫 번째 생물학 작용제는 밀의 수병銹病으로서 소련의 밀 수확에 대항하기 위한 대對식물작용제antiplat agent였다.[18] 하지만 그것은 인체에 해로운 질병을 유발하지 않으며 중국이나 북한이 주장하듯이 이 작용제를 살포한 적이 없다. 두 번째 생물학 작용제는 인간 병원균이었으나 이것은 한국전쟁이 끝나고 약 16개월이 지난 1954년 말까지 완성되지 않았다. 그것은 돼지유산균Brucellasuis으로서 브루셀라균으로 인한 증상을 무력화하는 유기물이었다.[19] 브루셀라균은 중국이나 북한이 미국의 소행이라고 비난한 질병이 아니었다.

결국 미국이 한국전쟁 기간에 보유한 생물학 작용제는 소련의 식량수확에 선택적으로 영향을 미칠 수 있는 것뿐이었고, 중국과 북한이 세균전에 사용했다고 주장한 것과는 다른 것이었다. 미국이 대인 살상무기로서 생물학 무기를 사용할 수 있게 된 것은 한국전쟁이 끝난 뒤이며, 중국이나 북한이 비난하듯이 그러한 무기를 사용한 적이 없다.

기밀 해제된 소련 시절의 문서들

1998년 1월 소련공산당 중앙위원회 기록관에서 소련 시절의 문서철 12개를 입수했다 지금 이 문서들은 아마도 러시아국립정치사회사기록보존소 RGASPI나 러시아국립현대사기록보존소 RGANI에 소장 중일 것이다. 이 문서들 가운데 1952년 2월 21일 기록에는(이 날은 북한 외무상이 1952년 2월 22일 세균전 비난성명을 내기 하루 전이다.) 마오쩌둥이 스탈린에게 미국이 "비행기와 대포를 사용해" 세균을 살포했다고 알리는 내용이 적혀 있다.[20] (이하 본문에 제시한 자료들은 1998년에 입수한 것으로서 특정 문서의 완성본이 아니라 그 일부이다. 전체 완성본은 2010년 러시아에서 간행되었다.) 1998년에 해제된 문서들 가운데 나머지 11개는 1953년 4월 13일과 6월 2일 사이의 것들로 이 시기는 스탈린이 사망한 바로 직후에 작성된 문서철이다. 내용을 보면, 소련 공산당 중앙위원회에서 마오쩌둥과 김일성에게 보낸 메시지, 베이징 혹은 평양 주재 소련대사나 군 간부들에게 보낸 메시지와 마오쩌둥과 김일성에게 보낸 답신 그리고 소련공산당 중앙위원회 내부 비망록 등이 담겨 있다. 비록 이 문서들에 대해 처음에는 출처를 두고 해석이 분분했으나 1990년에 전직 모스크바 군 관계자와 퇴직한 정부관료들이 진본임을 확인해주었다.

이 문서들은 1953년 스탈린이 사망한 다음, 비밀경찰 총수였던 베리야 Lavrenti Pavlovich Beria와 흐루시초프 Nikita Khrushchev가 승계를 둘러싼 권력투쟁을 벌이는 과정에서 소련 공산당 중앙위원회로부터 흘러나온 것이다. 당시 권력을 둘러싼 암투는 표면상 3개의 이슈를 중심으로 전개되었다. 원래 모스크바 '의사들의 음모 Doctors Plot'설은 스탈린의 측근들을 제거하기 위해 시작되었다. 동독에 대한 베리야의 구상과 둘로 나뉜 독일의 통독문제에 관한 유럽 유력 국가들의 동의 문제, 그리고 한국전쟁 시기에 제기된 세균전 주장이 뜨거운 쟁점이 되었다. 이 가운데 첫 번째와 세 번째 쟁점은 베리야나 흐루시초프의 비호를 받고 있던 관료들에 대한 공격으로 나타났다. 베리야가 흐루시초프에 대한 공격 수단으로 한국전쟁 시기의 세균전 무기사용에 관한 문서들을 문제 삼자, '의사들의 음모'설도 사라졌다.

이 자료군에서 가장 중요한 문서는 1953년 5월 2일자로 기록된 소련 각료회의(내각회의) 간부회의 결정 내용이다. 이것은 마오쩌둥에게 무덤덤하게 전달되었는데 대략 다음과 같은 내용이었다.

> 소비에트 정부와 소련 공산당 중앙위원회는 잘못된 방향으로 나아갔다. 한반도에서 미국이 생물학무기를 사용했다는 언론의 주장이 확산된 것은 잘못된 정보에 기반한 것이다. 미국에 대한 비난은 허구일 따름이다. …
>
> 세균무기 사용에 대한 이른바 '증거' 날조에 가담한 소비에트 일꾼들은 엄중한 처벌을 받게 될 것이다.[21]

또 다른 문서는 구체적으로 어떻게 소련군 관계자가 북한에서 '증거' 날조에 관여하게 되었는지를 기록하고 있다. 예를 들어 어떤 전문을 보면, 이것은 베이징에 있는 소련대사가 몰로토프Molotov 외무장관에게 보낸 것으로 1953년 5월 12일 마오쩌둥, 저우언라이와 대담한 내용을 보고하고 있다. 그런데 그날 마오쩌둥은 북한 전선에 있는 중국 사령관이 보내 온 보고의 주장을 토대로 (거짓으로) 비난했다.[22] 또 북한 주재 소련대사이자 군사고문단KPA 위원장인 라주바예프Razuvayev 장군이 북한 당중앙위원회 비서인 박창옥朴昌玉과 나눈 담화를 보고한 다른 전문에는 다음과 같은 내용이 담겨 있다.

> (박창옥은) 라주바예프의 작전과 태도에 큰 놀라움을 표시했습니다. … 그가 말하기를, '우리는 모스크바가 이 모든 내용

을 알고 있었다고 확신합니다. 우리는 이 선전전을 펼침으로써 미 제국주의와의 투쟁명분에 큰 도움이 될 거라고 생각했습니다.' 박창옥은 세균폭탄과 용기들이 중국 비행기에서 투하되었으며 병균에 오염되지 않았을 가능성을 배제하지 않는다고 말했습니다.[23]

이상 소련의 중앙위원회 문서들은 한국전쟁에서 미국이 세균무기를 사용했다는 주장이 미국을 공격하기 위해 만들어낸 억지 주장이며 날조된 것이라는 점을 여지없이 반증하는 결정적인 증거를 제공한다.

우쯔리, 중국의 거짓말 인정

1952년 단계에서 세균무기를 살포할 능력이 없다고 미국이 공개적으로 부인했고, 1998년에 해제된 소비에트 문서들을 통해 그 내용이 밝혀졌음에도 불구하고, 여전히 중국과 북한은 구태의연하게 책이나 성명, 그리고 외곽단체의 출간물을 통해 과거의 주장을 반복하고 있다.[24]

그러나 최근에 아주 중요한 책이 하나 발간되었는데, 그것은 한국전쟁 당시 중국인민지원군 위생부장으로서 이른바 '한국전쟁 세균전 주장'에 깊숙이 개입한 우쯔리吳之理가 사망한 뒤에 나온 책이다. 2008년 그가 사망한 후 그의 글들을 정리하는 과정에서 1997년 9월에 적은 짧은 회고록이 발견되었고, 이것이 2013년 11월 중국 언론사에 의해 출간되었다. 현재 이 글을 필자가 다시 정리하여 영어로 번역하였고, 2015년 4월에 비로소 활용가능한 형태로 공개되었다.[25] 이 책 안에는 우쯔리 자신의 증언은 물론이고 한국전쟁 동안 중국인민해방군 부 총참모장을 지냈고 후에 중앙군사위원회 비서장을 지낸 황커청黃克誠의 회고도 담겨있다. 우쯔리의 증언은 지금까지 출간된 중국의 주장을 완전히 뒤집는 것이었다. 이 책은 이렇게 시작된다.

> (1997년 현재) 한국전쟁이 휴전에 맞이한 것도 어언 44년이
> 되었다. 그런데 1952년에 세상을 모두 놀라게 한 이슈는 분
> 명 미 제국주의자들에 의한 세균전 논쟁일 것이다. 이 사건
> 은 잘못된 경종false alarm의 한 사례에 불과했다.

우쯔리의 회고록은 1952년 1월 29일부터 시작된다. 1951년 북한과 중국의 세균전 주장에 관해서는 어떠한 언급도 없다. 1952년 바로 그 날 북한에 주둔하고 있는 한 부대로부터 한 통의 전문이 도착했다. 약 80마리의 진드기와 벼룩이 중국 측 참호 근처에서 발견되었다는 내용이었다. 바로 같은 날 똑같은 내용의 전문이 펑더화이彭德懷의 지휘소와 당중앙위원회, 그리고 "경보를 발하고 유사한 상황을 보고해야만 하는 모든 부대"에 전달되었다. 그런데 놀라운 사실은 우쯔리의 실험실에서는 발견된 곤충과 진드기에서 어떠한 감염된 박테리아도 분리해 낼 수 없었다. 게다가 우쯔리와 그의 조수들은 "갑작스레 사망하거나 질환을 호소하는 환자를 전혀 발견할 수 없었다." 그는 이 혹한기에 세균전을 벌일 수는 없을 것이라고 생각했다. 미군 측 참호는 중국이나 북한 측 참호에서 불과 "10미터('ten meters') 도 떨어지지 않았다." 조선에서는 이미 "머리에 붙은 이가 전염병을 옮기고 있었다." 그리고 북한의 일반 가성십에는 벼룩이 살기 마련이다. 결국 그는 미국이 세균을 퍼뜨렸다는 것을 입증할 수 없다고 결

한국전쟁 중 펑더화이(왼쪽) 사령관이 우쯔리(오른쪽 두 번째) 등 위생방역, 의료
진들과 대화하는 모습

론 내렸다. 그러자 그의 동료도 "난 아무래도 그 전문이 '거짓 경계
경보false alarm'인 듯하다."며 우쯔리의 결론에 동의했다. 그런데 그
때 참으로 역설적인 상황이 벌어졌다. 중국공산당 중앙위원회로부
터 "적들은 세균전을 벌이고 있지 않다. 그러나 이러한 상황은 보건
을 강화하는 데 활용할 수 있다."는 전보를 보내온 것이다.

우쯔리는 중국군 부사령관 중 한 명에게 자신의 의견을 전달했
다. 그러자 그는 펑더화이에게 알리라고 조언했고, 펑더화이에게 전
문 내용을 보고하자 사령부로 들어오라는 지시가 내려왔다. 우쯔리
의 북한 측 파트너인 북한 인민군 방역국장은 세균전을 주장할 증거
를 만들어낼 수 없었다. 그는 우쯔리와 함께 펑더화이의 사령부로 향
했다. 그는 펑더화이에게 간략히 상황을 설명하고 직원들을 소개했
다. 그 때, 펑더화이의 반응은 정말 충격적이었다. 곧바로 사실상의
사형선고를 내린 것이다. "지금 우리 위생부장은 미 제국주의자들을
비호하고 있다. 마치 적들을 변호하고 있는 것 같다." 우쯔리의 북한

한국전쟁의 거짓말

측 동료는 나중에 그에게 파면될지 모른다고 말했다. 그러나 잠시 후 참모진과 이야기를 나누고 돌아온 펑더화이는 우쯔리에게 하던 일을 계속하라고 말했다. 다만 펑더화이의 참모진 가운데 한 명을 우쯔리의 상관으로 임명하겠다고 했다. 그러면서 말하기를, "하던 일을 잘 처리하기 바라오. 그리고 방역판공실을 설치하고 당신이 부실장을 맡으시오."라고 했다. 그날 밤 우쯔리는 펑더화이 사령부에 있는 소련 측 참모단장으로부터 "스탈린 동지께서 세균전이 실제로 벌어졌는지 궁금해 하신다."며 사실 여부를 묻는 전화가 걸려왔다. 그러자 우쯔리는 "펑더화이 사령관에게 직접 물어보라."고 대답했다. 2월 21일 마오쩌둥이 스탈린에게 전보를 보내기 이전인지 아니면 그 후인지는 확실하지 않지만, 스탈린의 전화는 아마도 그 전에 걸려왔던 것으로 추정된다.

우쯔리 회고록의 남은 부분은 북한에 파견된 중국인민지원군의 건강관리와 미국이 세균전을 감행한 것처럼 보이기 위한 프로젝트 수행 임무로 대별된다. 그의 임무 가운데 하나는 중국 측 조사위원회, 국제민주변호사협회 조사단, 그리고 니담이 이끄는 국제과학조사단을 맞이하는 것이었다. 이 가운데 그는 니담조사단에 관해 언급하기를, "그들은 미국이 세균전을 벌였다고 믿고 있었지만 우리는 그것을 뒷받침할 만한 증거를 만들어낼 수 없었다. 소비에트학술원의 주코프Zhukov는 스탈린에 의해 이 일을 맡게 되었다."고 회고했다. 이 말인 즉, 주코프는 우쯔리의 현장 조사로는 만들어 낼 수 없는 '증거'를 생산하게 되었다는 뜻이다. 국제과학조사단은 다시 베이징으로 돌아가 마오쩌둥에게 보고서를 제출했다. 우쯔리에 따르면, 마오쩌둥은 "미 제국주의자들이 실험삼아 세균전을 감행했다고 알고 있다."고 답했다.[26] 그리고 그는 완곡하게 중국 측 조사위원회에 관해서도 언급했는데, 중국 측 위원회도 거짓을 위해 "완벽히 협력했다"고 적었다. 중국 측 조사위원회는 1949년 중화인민공화국 초대 위생부장을 지냈고 1950년에 중국홍십자회 회장을 겸직한 리더취안李德全이 위원장을 맡았다.

아마도 스탈린이 직접 전화를 걸어 물어 본 것은 북한에 주둔하고 있는 소련 측 인사들이 허위 조작에 가담한 것 외에 실제로 미국인들이 세균전과 관련해 무슨 일을 벌이지 않았는지 확인하려는 의도였을 것이다.

이상 3개의 조사단체 및 위원회 보고서와 달리 우쯔리와 그의 동료들은 1952년에 세균무기로 인해 질병에 걸린 사람도 발견할 수 없었고, 박테리아도 찾아낼 수 없었다. 중국인민지원군의 한 장교는 자신이 어디서 벼룩을 찾아냈는지 국제과학조사단에게 거짓말을 할 수 없었다. 그는 "마오쩌둥 주석은 거짓말을 하지 말라고 가르치셨다."고 답했다. 우쯔리는 그가 이러지도 저러지도 못하고 어쩔 줄을 몰랐기에, 단지 적들에 맞서 투쟁해야 하는 현재의 필요성을 그에게 설득했다고 한다. 그리고 그는 "전염병은 쉬운 일이다. 마치 그런 일이 나타난 것처럼 연출할 수 있다."고 적었다. 그러나 중국 동북지역의 선양에서 배양한 세균 두 자루를 우쯔리의 조수들이 실어 나르려면 적어도 5일이 걸렸다. 또한 포로로 잡힌 미 공군 전투기 조종사가 자신들이 세균을 살포했다고 '고백'한 사실은 중국의 선전은 물론이고 국제과학조사단 보고에도 등장한다. 이것은 중국의 주장을 믿는 세력들에 의해 자주 언급된 바 있다. 이에 관해, 우쯔리는 비아냥대는 말투로 "포로수용소 측의 설득력에 혀를 내두를 수밖에 없었다."고 말했다.

우쯔리는 개인적으로 저우언라이에게 3번 보고를 올렸다. 그는 1953년 소비에트 중앙위원회의 전보가 5월에 도착하자, 저우언라이 수상이 즉각적으로 총참모장 황커청黃克誠과 부 총참모장 홍쉐

한국전쟁의 거짓말

즈洪學智를 불러 "속임수를 썼는가?"하고 묻자, 홍쉐즈는 "예, 그렇습니다. 만일 그렇게 하지 않았다면 아무것도 보고할 게 없었을 겁니다."라고 답했다. 저우언라이의 질문은 당혹스럽고 기만적이다. 왜냐하면 그는 분명 그 사실을 1952년 2월 시점부터 알고 있었기 때문이다. 우쯔리는 소비에트의 전문을 자신만의 표현을 빌어 "거짓 경보"라고 묘사했는데, 그것은 '거짓되고' 또한 '지어낸' 정보였다. 그는 당시 "저우언라이 수상이 즉시 거짓주장을 철회하라고 명령했다. 그리고 그 후로 중국은 그 문제를 거론하지 않았다."고 주장했다. 그러나 그의 말은 사실이 아니었다. 중국 군사역사가들이 저술한 공식적인 한국전쟁 관련서가 1988년 베이징 군사과학출판부에서 출간되었다. 그런데 이 책의 내용을 보면 한국전쟁에서 세균무기를 사용했다는 주장을 되풀이하고 있다.[27] 하얼빈박물관에 전시했을 뿐만 아니라 2008년과 2010년에 출간된 2개의 중요한 논문 역시 같은 주장을 되풀이하고 있다. 필자는 현재까지 중국이 이를 공식적으로 '철회' 했는지 아는 바가 없다.

우쯔리는 한국전쟁 당시 총참모장을 지낸 황커청의 실제 반응을 언급하고 있다. 당시 황커청은 개인적으로 우쯔리에게만 다음과 같이 말했다고 한다.

> 황커청이 와병중일 때 그는 나에게 사전을 편찬하고 있는 군사과학원 동료들에게 내 의견을 알려주라고 권했다. 즉 "미제국주의자들은 한국전쟁 당시 세균전에 관여하지 않았다. 지금 두 나라의 관계는 나쁘지 않다. 그리고 이 문제를 계속 언급하는 것은 부적절하다."고 말했다. 그들은 이 말을 듣고 세균전이 결국 있었는지 여부를 묻기 위해 나에게 사람을 보내왔다. 나는 그저 이렇게 말했다. 우리에게는 충분한 증거

가 없었다고. 이 일이 수십 년 동안 두고두고 후회가 된다.

황커청은 1986년 12월 28일 사망했다. 따라서 황커청이 우쯔리에게 부탁한 시점은 1986년 중반 혹은 그 이후일 것이다. 그런데 불행히도 중국 군사역사가들이 우쯔리를 찾았을 때 그는 용기를 내지 못했고 어정쩡한 답변을 하고 만 것이다. 비록 황커청의 (세균전 주장) 철회를 명백히 뒷받침하거나 보완한 것은 아닐지라도 최소한 중국이나 중공군에 대항하기 위해 한국전쟁 당시 미국이 세균무기를 사용하지는 않았다고 명백하고 간단하게 말했어야 했다. 앞서 언급한 중국의 군사사 책들은 군사역사가들이 그를 만나러 온 뒤에 출간되었다. 당시 군사역사가들이 고위 정치인과 군사당국으로부터 무언가 다른 것을 써도 좋다고 허락을 받았는지 여부는 알 수가 없다. 우쯔리가 황커청에게 사과했을 때 황커청은 "당신이 미안해 할 것은 없다. 이것은 그저 정치투쟁일 뿐이다. 게다가 당신은 처음부터 세균전에 관해 당신 의견을 충분히 피력하지 않았는가. 물론 쉬운 일은 아니지. 당신이 책임을 지기에는 너무 늦어버렸어."라고 했다. 그럼에도 불구하고 우쯔리는 평생 이 사실을 밝히지 못한 것에 대해 후회했다.

우쯔리는 황커청과 의견을 나눈 뒤 약 11년 동안 회고록을 써내려갔다. 언뜻 보면 그의 인생의 마지막 대목이었다. 그리고 그는 그것을 살아있는 동안에 출간할 생각이 없었다. 그는 뒤늦은 회한을 부기하며 회고록을 마무리했다.

나는 언젠가 이 문제에 대해 속 시원하게 말할 수 있는 역사적인 날이 오리라 믿는다. 나는 이미 83세의 노인이 되었고 그 사실을 알고 있으나 더 이상 현역이 아니다. 이제는 말해도 좋을 듯하다. 1952년의 세균전 주장은 거짓 경보false alarm였다.

비록 회고록에서 밝힌 것이지만 그것은 분명 용기 있는 행동이었고 마땅히 칭찬받을 만한 일이다. 그러나 여전히 그는 "모든 걸 털어놓기를" 주저하고 있다. 만일 '거짓 경보'가 있었다면 1월 29일부터 우쯔리가 펑더화이에게 보고한 대략 1주일 정도만 지속되었을 것이다. 그런데 그 시점부터 그것은 어느새 진실로 둔갑하여 잘못된 정보를 양산했다. 황커청은 우쯔리가 회고록을 썼듯이 명확한 기록을 남기지는 않았지만, 그의 이야기 속의 '핵심'은 더욱 명확했고 직설적이었다. 즉 한국전쟁 동안 미국의 세균무기 사용은 없었던 것이다.

새로운 해석인가, 아니면 진부한 해석인가?

2008년과 2010년 중국에서 2개의 중요한 논문이 잇따라 발표되었다. 이 글의 저자는 취아이궈로서 이 글을 썼을 때의 직함은 중국 인민해방군 군사과학연구원軍事科學硏究院 소속 상교上校(대령)였다. 이 두 글의 결론은 비록 우쯔리와 달랐지만 그의 회고록을 치밀하게 분석했고 새롭고 놀라운 사실을 제공하고 있다.[28]

그의 두 논문은 1998년에 출간된 The Cold War International History Project Bulletin에 필자와 웨더스비Weathersby가 게재한 글을 서두에 언급하며 시작된다. 그는 이 글들을 매우 간결하게 요약하고 있는데 아마도 폐쇄적인 중국 시절에는 접해보지 못했던 최초의 정보였을 것이다.[29]

이어서 그는 한국전쟁기 세균전 주장에 대해 "중국의 일부 학자들이 새로운 해석을 시도하고 있다"고 했다. 이 연구자들은 "중국공산당 중앙위원회의 결정이 인민지원군이 제공한 잘못된 판단을 근거로 이루어졌다"고 생각하며, 한 발 더 나아가 "세균전은 중국, 북한, 소련에 의해 시작된 일종의 '정치적 프로파간다'였다."고 믿는다. 그런데 그는 '중국의 일부 연구자들'이 누구인지, 그들이 우쯔리의 회고라든가 그밖에 아직까지 알려지지 않은 사람들을 언급하고 있는지에 관해서는 밝히지 않았다. 그러면서도 그는 이러한 '새로운 해석'에 동의하지 않는다고 했다.

또한 그는 '미국의 세균전' 논란과 관련해 중국을 돕기 위해 "소련이 9명의 고참senior 전문가들을 보냈다."고 했다. 이는 이전의 어떤 자료에서도 언급된 적이 없는 사실로서 아마도 니담이 이끄는 국제과학조사단 멤버로 구성된 '9명의 전문가'라는 뜻이 아닌가 추정된다. 여기서 9명의 소비에트 전문가들이란 주코프 등 국제과학조사단에 날조된 '증거'를 제시한 사람들로 볼 수도 있고, 만일 그것이 아니라면 중국 측 조사단, 혹은 우쯔리의 직원들, 혹은 양자의 조합 등을 생각해볼 수 있으나 우쯔리의 직원들은 그 작업을 하지 않았다. 아무튼 이 9명이 어떻게 나왔는지는 아직 확실히 밝혀지지 않았다. 그리고 그는 네룽전聶榮臻과 다른 사람들끼리 주고받은 연락기록들을 살펴보고 있는데, 이 가운데 일부는 1990년대에 들어 이용이 가능해졌고 1998년 세계냉전사프로젝트CWIHP 논문에도 수록되어 있다.

그 다음 취아이궈는 소비에트 중앙위원회 문서 3개를 쉽게 풀어 설명하고 있는데, 놀랍게도 그중 한 문서는 마오쩌둥이 소련을 잘못된 길로 인도하고 있다며 비난하는 내용이었다. 그는 소련대사에게 보낸 마오쩌둥의 답장을 포함시키지는 않았지만 대체로 논의해 볼 만 하다고 선택한 소련 측 문서의 내용을 바꾸지는 않았다. 이는 확실히 소련의 문서들을 인용해 중국에서 출간된 최초의 책이다. 취아이궈는 전문의 구체적인 내용에 관해 3개의 반론을 제시하고 있다.(엄밀히 말하자면 5개의 논쟁인데 그는 이것들을 몇 개로 묶었다.)

○ 이 문서들은 원본의 사본이 아니다.

옳은 지적이다. 1998년 세계냉전사프로젝트 출간물에서 그 복사본이 어떻게 만들어졌는지를 밝히고 있다.[30]

○ 이 문서들은 일본 언론인에 의해 복사되었다.

이는 사실과 다르다. 이 문서들은 해당 문서가 소장되어 있는 소비에트 대통령기록보존소에 접근할 수 있는 러시아 연구자에 의해 복사되었다.[31]

○ 러시아 정부는 이 문서를 확인해 주거나 출간한 적이 없다.

이는 그가 논문을 작성했을 때에는 맞는 이야기이다. 그러나 2010년 말 상황이 바뀌었다. 1952년 2월 21일 마오쩌둥이 스탈린에게 보낸 전문과 2월 23일 스탈린의 답신 그리고 저우언라이가 스탈린에게 보낸 3개의 추가 메시지가 러시아국립정치사회사기록보존소 RGASPI에서 2010년에 공간되었다. 이 해는 바로 취아이궈가 개정판을 냈던 때이다. 그 내용은 이하에서 다룬다. 이 문서들이 이전에 소련 정부나 러시아 정부에 의해 출간되지 않았다거나 입증되지 않았다는 사실은 그다지 놀라운 일이 아니다. 심지어는 차르 제정러시아 시기의 문서나 제1차 세계대전 당시의 문서도 여전히 러시아에서는 기밀 해제되지 않은 것들이 많다. 그러나 1998년 세계냉전사프로젝트 소식지 Bulletin에 게재된 이 자료들에 대해 필자가 당시 러시아에 기주住하던 세 명의 구소련 정부 관료들에게 개인적으로 따로 확인해 본 결과 당시 문서가 맞고 또 세 명 가운데 한 명은 해당 전문電文과 직접 관련이 있는 사람이었다.

○ 전문들은 정치투쟁의 일부이기 때문에 신빙성이 떨어진다.

이는 맞는 말이다. 그 전문들이야말로 베리야와 흐루시초프 사이의 권력투쟁의 산물이다. 그렇다고 해서 그 기록물의 의미를 무효화시킬 수는 없다. 만일 중국에서 누군가가 공개적으로나 은밀하게, 1959년 루산廬山에서의 중국공산당 회의에 관한 문서를 새롭게 퍼뜨린다고 해서 그것이 믿을 만하지 않은 것은 아닐 것이다. 왜냐하면 그 문건들은 마오쩌둥과 그의 동료들인 지도부 내에서 벌어진 투쟁에 관한 것이기 때문이다.

○ 중국 정부는 그 문서들을 확인해 준 바가 없고 중국의 문서기록관에서는 이용할 수 없다.

물론 중국 정부는 이 문서들을 확인해 주지 않는다. 그러나 이 문서들은 틀림없이 중국 중앙위원회 문서기록관에 존재한다. 네룽전과 주고받았던 문서들이 공개되었듯이, 러시아역사기록보존소가 한국전쟁 시 세균전 주장과 관련해서 언젠가 마오쩌둥과 저우언라이가 스탈린에게 보낸 전문 내용을 공개할 것이다. 중국 내 문서기록관 어딘가에 이 문서들이 존재할 것이다.

이어서 취아이궈는 2가지를 주장한다.

1. 이상의 이유 때문에 우리는 복사된 문서의 내용을 신뢰할 수도 없고 신뢰해서도 안 될 것이다.
2. 따라서 "우리는 미군이 세균전을 감행하였다는 사실을 부인할 수 없다." 이러한 표현은 중국에서 실로 엄청난 변

화이다. 이전까지 중국의 출간물은 하나의 예외도 없이 "미국이 중국과 북한을 상대로 세균전을 감행했다"고 단정하는 표현을 사용했다. 그러나 이제 "우리는 그들이 세균무기를 사용했다고 부인할 수 없다."로 바뀐 것이다.

그런데 흥미로운 사실은, 이 모든 정보들이 2010년 개정판에서는 모두 삭제되었다는 점이다. 2008년 초판이 나오고 불과 2년 만의 말이다. 그는 중국 인민해방군 군사과학연구원 소속 장교였고 지금도 그렇기 때문에 2008년 논문이 심사를 통과하기까지 군사과학연구원 원장을 포함해 기관의 상급자와 중앙당 관료들이 발표를 허락했을 것이다.

새로운 소비에트 문서

앞서 보았듯이 2010년 러시아국립정치사회사기록보존소RGASPI는 마오쩌둥, 스탈린, 저우언라이와 관련된 6개의 문서를 공개했다.[32] 이 문서를 보면 마오쩌둥이 스탈린에게 보내는 장문의 메시지마다 "필리포프 동지에게"라고 스탈린의 코드네임이 큼지막하게 인쇄되어 있다. 이는 애석하게도 1998년 당시 특정 메시지 가운데 극히 일부만을 확인할 수 있다는 뜻이다. 전문의 전체 내용을 읽어보면 마오쩌둥이 스탈린에게 제공한 정보는 완전히 조작된 것임이 확실히 드러난다. 이들 문서에는 미군이 '가스'(다시 말해, 화학무기)를 사용했다는 주장이 들어있다. 뿐만 아니라 미군이 세균무기를 퍼뜨리기 위해 대포를 사용했다는 주장까지 들어있다. (하지만 이것은 좀처럼 받아들이기 어려운 주장이다. 여러 이유가 있는데 우선 한국전쟁 당시 미국은 세균을 퍼뜨릴 수 있는 미사일을 보유하지 못했다.) 심지어 미군이 북한의 포로들을 세균 실험에 사용하고 있다는 주장도 들어있었다. 이 가운데 마지막 주장은 제2차 세계대전 당시 중국에서 자행한 일본의 만행을 모델로 삼은 것인데, 그 후 수개월동안 중국의 매우 중요한 프로파간다가 되었다.[33] 이에 대한 스탈린의 답신은 매우 간단했다.

> 1952년 2월 23일
> 친애하는 마오쩌둥 동지에게
> 귀하의 2월 21일자 전문은 잘 받았습니다.
> 한반도에서 세균전을 도발한 미 제국주의자들의 범죄행위
> 에 대응하여 우리 반제국주의 진영은 이에 상응하는 강력한
> 조치를 취할 필요가 있습니다.
> 우리는 북한과 중국 정부를 대표하여 귀하가 제안한 대응계
> 획과 세계평화평의회The World Council for Supporters of Peace
> 에 대한 제안에 동의합니다.
> 우리 소비에트 정부는 상기 조치들을 열정적으로 지원할 것
> 입니다.
> 안부를 전하며
> 필리포프(스탈린)[34]

이어서 3월 7일과 10일 저우언라이는 스탈린에게 현재 전장의 열악한 의료 상황에 대응할 수 있도록 의료품 등을 원조해 달라는 전문을 보냈다. 여기에는 600톤의 DDT, 다양한 종류의 백신(종류별로 수백만 명 분의 백신), 의료 및 전염병 전문가, 그리고 현장 실험기구 등을 명기하고 있다. 3월 14일 스탈린은 답신을 통해 중국에 지원을 약속했다.[35] 그러나 분량은 저우언라이가 요청한 것보다 적었다. (가

령 소련은 100톤의 DDT를 보냈을 뿐이다.) 러시아역사기록보존소가 공개한 문서의 마지막은 1952년 6월 24일 마오쩌둥이 스탈린에게 보낸 메시지였다.

> 1952년 6월 24일
> 필리포프 동지에게
> 세균전 관련 조사를 위해 세계평화회의가 파견한 국제조사위원회 대표가 베이징에 도착했습니다. 소비에트 대표 주코프는 우리가 준비한 전시와 자료를 파악한 후 소련 과학원 멤버인 페트리체프Petrichev, 기생충학자인 테플로프Teplov, 바이러스 질병 전문가인 레브코비치Levkobich 그리고 저명한 곤충학자를 특별히 비행기로 베이징에 불러들여 이들로 하여금 우리의 국제조사위원회의 보고 준비를 돕도록 하는 것이 좋겠다고 제안했습니다. …
> 본인은 이들 4명의 전문가가 가능한 한 빨리 베이징에 도착하기를 바랍니다.
> 마오쩌둥[36]

이 문서는 스탈린, 마오쩌둥, 그리고 저우언라이 사이에 연락이 오고갔음을 보여준다. 이것은 수십 년 동안 중국의 군사역사가들이 그러한 문서는 없다고 주장한 것과 정면으로 배치된다. 만일 중국 정부가 고의로 관련 문서를 폐기하지 않았다면 마오쩌둥과 저우언라이가 스탈린과 주고받은 기록이 중국 측 어딘가에 분명히 존재할 것이다.

RGASPI의 기록물 외에, 2016년 러시아국립현대사기록보존소 RGANI에서 발견한 2개의 문서는 세계냉전사프로젝트 소식지Bulletin 11호에 게재된 파일 중 3개가 진본임을 확인해 주었고, 이를 통해 중국의 선전이 사실상 조작된 것이었음을 보다 확실하게 입증하고 있다.[37] 이 가운데 하나는 소련공산당 상임간부회의의 안건 목록이 나열된 보통의 표지로 되어 있고, 그 뒷면에는 안건이 채택된 경위가 기록되어 있다. 특히 이 문서는 1953년 4월 23일 회의에서 2번째 의제를 다룬 것이다.[38] 이 문서의 목록에는 소련공산당 간부회의 석상에서 미국에 대한 흑색선전에 관한 토의가 있었음을 분명히 보여준다. 총 30개 의제 가운데 2번째 의제는 1953년 3월 13일부터 4월 24일 사이에 열린 제6차 회의에서 다루어진 것으로 보인다.[39] 목록에 따르면 세균전 주장에 관한 2개의 안건이 4월 24일 토의된 것으로 추정된다. 두 번째 안건의 경우, 소련공산당 상임간부회의 No.6 안건은 사회안전성과 북한 외무성의 고문이었던 글루호프Glukhov와 스미르노프Smirnov의 보고서를 검토한 결과인 내무부MVD의 평가 보고를 다루고 있음을 뒷받침하고 있다.

나오며

그렇다면 한국전쟁 중 제기된 세균전 주장의 역사를 살펴볼 때 확인된 것은 무엇일까? 1998년에 밝혀진 마오쩌둥, 스탈린, 김일성, 소련중앙위원회 그리고 중국 간에 있었던 연락내용에 따르면, 대부분의 연구자들은 세균전 주장을 선도하고 조작한 주범은 소련이 아니었다는 사실을 믿기 힘들었을 것이다. 하지만 이제 기존의 생각을 바꾸어야 할 때가 왔다. 여기서 핵심적인 문제는 중국과 소련군 관계자에게 여러 곤충 보따리를 눈밭에 뿌려두고 발견되도록 누가 언제 결정했느냐이다. 마오쩌둥, 중국의 장군들, 저우언라이, 스탈린 중 과연 누구일까? 우리가 분명히 알 수 있는 것은 우쯔리는 아니라는 사실이다. 중국 측 조사단의 일원이었던 의료진과 곤충 전문가는 아직 소집되지도 않았고 전장으로 보내지도 않은 상황이었다. 아울러 생각해 볼 문제는, 중앙위원회가 1952년 1월 29일 직후 우쯔리에게 보낸 "적들이 세균전을 수행하지 않았지만 우리는 여전히 이것을 위생을 강화하는 데에 활용할 수 있다."고 적힌 전문을 과연 누가 승인했는가 하는 점이다.

중국의 한 역사가는 1952년 2월 19일과 2월 22일 사이에 벌어진 중요한 몇 가지 사건과 관련해 다음의 일지를 제공했다

2월 19일,
중국의 작전참모가 마오쩌둥에게 곤충을 발견했다고 보고하였고, 마오쩌둥은 저우언라이에게 그 문제를 책임지고 처리하라고 명령했다. 표면상 상당히 심도 있고 효율적인 활동가들의 노력으로 저우언라이는 마오쩌둥에게 6개 핵심사항에 관한 계획을 그날 저녁 제시했다 그 가운데 하나는 "소련 측에 전보를 보내 그 사건을 알리고 즉각적인 원조를 요청하라"는 것이었다.

2월 21일,
마오쩌둥은 북한에 있는 중국군 사령관 펑더화이에게 전문을 보냈다. 그리고 같은 날 북한 정부에 같은 메시지를 보냈다. 전문내용은, '중국은 전세계 인민 앞에서 비난을 해야만 하고 국제적인 여론이 반대편으로 돌아서도록 해야만 한다'는 것이었다.

2월 22일,

북한의 외상이 성명을 발표했다.[40]

아쉽게도 이 일지는 1월 29일 이후 21일 동안만 다루고 있다. 이 정도의 시간이라면 미국에 대항하기 위해 음모를 짜고 결정하기에 차고도 넘치는 시간이다. 사실 음모는 1952년 1월 29일 이전에 계획되었을 것이다. 1951년 전반기에 중국과 북한의 주장이 고개를 들었으니 말이다. 이는 다시 말해 미국을 상대로 '더 효과적인' 선전을 수행할 방법을 누군가 구상할 수 있는 충분한 시간이 있었다는 것이다. 과연 누가 1951년 세균전 주장을 고안해 냈을까? 중국이 주도권을 다시 잡기 위해 시작한 것일까? 아니면 소비에트의 허위정보 공작원들이 그런 생각을 했을까? 어쨌든 1951년 초 미국의 세균전에 대한 흑색선전을 둘러싸고 3국의 공산당 사이에 상당한 수준의 교감이 있었다. 마지막으로 품게 되는 의문은 마오쩌둥이 2월 21일 전보에서 말한 '비난'과 '반대로 돌아서게 한다.'는 부분에서 상대를 지칭하지 않고 있다는 점이다. 2월 21일 마오쩌둥은 이미 스탈린에게 장문의 전문을 보낸 사실을 우리는 확인한 바 있다.

중국과 소련 사이에 또 다른 연락이 있었을까? 그리고, 또는 이 중요한 기간 동안 중국공산당과 인민해방군 장성들 사이에 아직 공개되지 않고 있는 또 다른 연락이 있었을까? 가령 소련과 중국의 정보기관들이 세균전 비난 선전전 계획을 준비하기 위해 몇 주 전부터 실무진들 사이에 연락과 협의가 이루어졌을 가능성은 없을까?

이상의 핵심적인 의문들에 대한 해답은 아직 밝혀지지 않고 있다. 그럼에도 불구하고 오래된 자료와 새로운 자료를 통해 보건대 이것만은 확실하게 말할 수 있다. 즉 미국이 대량살상무기로서 세균무기를 사용했다는 주장은 거짓이며 그것은 정치 무대의 한 이벤트였다.

[문서 No. 1]
적들의 세균전을 응징하는 건에 관하여(1952년)[41]

    동원하라, 위생에 힘을 써라, 질병을 줄여라, 보건을 증진하라. 그리고 적들의 세균전을 응징하라.

마오쩌둥

[문서 No. 2]
한국전선에서 세균에 감염된 곤충을 살포한 사실을
발견했다는 보고에 관한 지시(1952년 2월 19일)[42]

저우언라이 수상으로 하여금 이 문제에 주의를 기울여 처리하도록 하라.[43]

마오쩌둥

한국전쟁의 거짓말

마오쩌둥이 스탈린에게 보낸 전문

1952년 2월 21일[44]

친애하는 동지 필리포프!(스탈린, 역주)

1952년 1월 28일부터 2월 17일까지 약 20일이 넘도록 적들은 8차례에 걸쳐 비행기와 공중포를 사용해 3가지 종류의 곤충을 살포했습니다. 그것은 검은 파리, 벼룩, 그리고 이였습니다. 조선의 전선에 배치된 우리 사단은 Isen-Heiko-Sakunei 삼각지대와 동부전선에 위치하고 있습니다.

현재 이 3가지 형태의 곤충이 들판, 고속도로, 삼림과 초원, 심지어 상기 지역의 강둑에서 발견되었습니다. 지역에 따라 1평방미터에 10~15 마리씩이나 대량 살포되었습니다.

전선에서 보내온 초기 분석에 따르면 이것들은 콜레라와 전염병을 유발하는 바실루스 간균이라고 합니다.

최근 전선에서 들어온 보고에 따르면 콜레라, 티푸스, 티포이드 발열, 뇌염에 걸린 환자가 발생했다고 하며, 이 가운데 2명이 질병으로 사망했다고 합니다.

최근 역학조사를 실시해 이들이 사망한 원인을 밝히고 있는데, 앞서 말한 바실루스 간균에 감염되었지 여부는 아직 최종적으로 확정되지 않았습니다.

최근 전선의 비상사태에 대비하기 위해 우리는 감염된 곤충을 없앨 살충제 4,000파운드 외에 전염병과 콜레라 예방 백신 340만 명분을 전선으로 공수했고 질병과 싸우기 위해 위생부대를 파견했습니다.

우리가 입수한 기밀과 언론보도는 미 제국주의자들이 조선에서 조직적이고 의도적으로 바실루스 간균을 살포했다는 사실을 확인했습니다.

5명의 유명한 일본인 전범 가운데 3명은 1950년 2월 1일 소비에
트 정부의 발표에서 보듯이 과거 세균전에 연루된 자들입니다. 이들
3명은 이시이 시로石井四郎, 와카마쓰 유지로若松有次郎, 기타노 마사
지北野正次인데 이들이 현재 한반도에 있습니다. 적들은 이들과 더불
어 세균전을 수행하는 데 필요한 모든 장비를 반입했습니다. 심지어
바실루스 간균을 살포하는 다양한 장비를 비롯해 사람의 피를 말리
는 독가스 뿐만 아니라 콜레라와 전염병을 옮기는 바실루스 생체 원
균을 들여왔습니다.

미 제국주의자들의 전폭적인 원조 아래 이 일본인 전범들은 세균
전에 대한 지식을 바탕으로 중국과 북한의 포로를 세균전 무기 생체
실험에 사용하고 있습니다. 이 전범들은 혹한기 군사작전에서 세균무
기를 어떻게 사용하는지에 관한 지침서도 펴냈습니다.

1951년 3월 1일 유엔 산하 의료복지국장을 맡고 있는 크로포드
샘즈〔Crawford〕 Sams 준장은 상륙정 1091편으로 박테리아 공격이 있
었다는 원산항에 상륙한 뒤 교세토Kyoseyto Island를 방문했습니다. 그
곳은 중국인과 북한 포로들이 감시 속에서 세균전 실험을 당한 곳입
니다. 이것은 1951년 5월 18일 교세토를 방문한 연합통신 소속 미국
인 특파원이 보도한 내용입니다. 이것을 보면 중일전쟁기 세균전 만
행에 책임이 있는 이시이 시로 등 세균전 지식을 지닌 전범들이 저지
른 것과 매우 유사한 방식으로 바실루스 간균을 살포한 것으로 보입
니다.

북한과 중국의 외무상을 대신하여 전 세계에 세균전을 촉발할지
도 모를 미 제국주의자의 범죄행위에 항거할 것을 호소합니다. 전소
중국파르티잔위원회는 세계파르티잔평화위원회World Council of Partisans
for Peace가 조선에서 세균전을 저지른 미 제국주의에 저항하는 즉각적

인 투쟁에 나설 것을 호소하는 바입니다.

이상을 귀하에게 보고하며, 우리는 소비에트 정부가 실질적인 도움을 주기를 바라고 있습니다. 아울러 이 문제에 관한 귀하의 고견을 듣고 싶습니다.

안부를 전하며

마오쩌둥

[문서 No. 4]

스탈린이 마오쩌둥에게 보낸 전문

1952년 2월 23일[45]

친애하는 마오쩌둥 동지에게

귀하의 2월 21일자 전문은 잘 받았습니다.

한반도에서 세균전을 도발한 미 제국주의자들의 범죄행위에 대응하여 우리 반제국주의 진영은 이에 상응하는 강력한 조치를 취할 필요가 있습니다.

우리는 북한과 중국 정부를 대표하여 귀하가 제안한 대응계획과 세계평화평의회The World Council for Supporters of Peace에 대한 제안에 동의합니다.

우리 소비에트 정부는 상기 조치들을 열정적으로 지원할 것입니다.

안부를 전하며

필리포프(스탈린)

[문서 No. 5]

　푸순撫順 외곽지역에서 곤충을 발견했다는 보고에 관한 지시[46]

　저우언라이 수상에게

　랴오둥遼東과 랴오시遼西 지역의 모든 군인과 민간인에게 백신을 주사하도록 준비하시오. 그리고 베이징과 톈진天津 외에도 동부와 중부 허베이河北 일대 지역에 대해서도 준비를 해야만 하오. 이에 충분한 백신이 있는지 보고하기 바라오.

마오쩌둥
1952년 3월 4일

[문서 No. 6]

저우언라이가 스탈린에게 보낸 전문

1952년 3월 7일[47]

친애하는 필리포프(스탈린) 동지에게

적들이 조선의 전선과 만주 일대에 바실루스 간균에 감염된 곤충을 살포한 데 대하여 우리가 효과적으로 대응하고, 아울러 다른 질병을 유발시킬 수 있는 사태에 대비하기 위해 우리는 전염병 예방대책을 긴급히 강구해야 합니다.

우리는 최대한 빨리 전염병에 대처할 수 있도록 소비에트 정부가 9명의 전문가를 파견해 주기 바랍니다. 전염병 예방단장 1명, 충분한 자격을 갖춘 의사와 의료 및 미생물학 연구자 1명, 곤충 및 기생충학자 1명, 백신과 혈청을 만들 수 있는 박테리아 전문가 2명, 백신과 혈청을 표준화하여 생산할 수 있는 전문가 2명, 세균을 소독하고 박멸할 수 있는 전문가 1명, 그리고 전염병 전문가 1명.

아울러 상기한 전문가, 특히 박테리아 전문가는 당장 미생물학, 박테리아 관련 등의 연구를 실시할 수 있는 관련 장비와 약품을 가지고 오기 바랍니다.

귀하의 고견과 결정을 기대합니다.

안부를 전하며

저우언라이

한국전쟁의 거짓말

저우언라이가 스탈린에게 보낸 전문

1952년 3월 10일[48]

적들이 계속 만주에 상당량의 바실루스 간균을 살포하고 있다는 사실에 비춰볼 때, 우리가 다시 계산해 보니 지난 3월 7일 요청한 3가지 형태의 전염병 방지 물품으로는 충분하지 않을 것으로 예상됩니다.

우리는 3월 7일의 예상 수요량에 더하여 소비에트 정부가 전염병 예방물품을 추가로 지원해 주기 바랍니다. DDT 600톤, 전염병 예방 백신 2,000만 명분, 파상풍 백신(티푸스열병, 기생형 티푸스 B, 콜레라 등) 2,000만 명분.

또한 우리는 소비에트 정부가 긴급히 베이징에 상기 물품을 지원해주기 바라며, 3월 7일 요청한 물품은 가능한 한 공수해 주기 바랍니다.

제가 요청한 물품은 물물교환 계정에 포함됩니다.

상기 지원이 가능한지 여부를 알려주기 바랍니다.

안부를 전하며

저우언라이

[문서 No. 8]

적들의 박테리아 살포를 방지하기 위한 소련 공군 파견 요청에 관한 건[49]

친애하는 필리포프(스탈린) 동지에게[50]

미 제국주의자들이 북한에서 박테리아를 퍼뜨리고 있을 뿐만 아니라 최근에는 적의 공군기가 중국 동북지역 영토를 침범하면서까지 박테리아를 뿌려대고 있습니다. 특히 적들은 기상이 좋지 않은 날이나 야음을 틈타 전투기를 보내고 있습니다. 중국 공군은 악천후나 야음을 틈타 도발하는 적기에 대응할 수단을 확보할 만한 시간이 충분치 않습니다. 게다가 현재 벨로프Belov 장군 휘하의 소비에트 공군 2개 사단은 북한 지역에서 수송체계를 보호하고 중국 공군을 지원하고 있기 때문에 적기의 출몰에 적절히 대응하기 어려운 상황입니다.

만일 적군에게 적절한 타격을 가하지 못하면, 중국 동북 영공을 침범하며 박테리아를 뿌려대는 적들의 행태는 걷잡을 수 없게 됩니다. 그래서 악천후와 밤에도 출동할 수 있는 소련 전투기 2개 연대를 중국 동북지역에 배치해 주기를 바랍니다. 주둔할 곳은 랴오양遼陽과 둥펑東豐이며, 적기 차단 임무를 수행해 주기 바랍니다. 이것이 가능한지 여부를 나에게 알려주기 바랍니다.[51] 건승을 빕니다.

마오쩌둥

1952년 3월 11일

한국전쟁의 거짓말

[문서 No. 9]
스탈린이 저우언라이에게 보낸 전문
1952년 3월 14일[52]

친애하는 저우언라이 동지에게
귀하가 보낸 3월 7일, 8일, 10일자 전문을 잘 받았습니다.

1. 귀하의 요청에 따라 우리는 중국에 3개월 동안 자격을 갖
   춘 9명의 전문가를 장비 및 약품과 함께 파견하겠습니다.
   이들 전문가는 3월 25일 중국에 도착할 것입니다.
2. 늦어도 4월 10일까지는 요청한 백신들을 중국에 보내겠
   습니다. 전염병 예방 백신 500만 명분, 콜레라 백신 380
   만 명분, 티포이드 열병과 기생형 장티푸스 A형과 B형 백
   신 850만 명분입니다. 이 가운데 제1차로 콜레라 백신
   100만 명분이 3월 25일 베이징으로 공수될 것입니다. 그
   리고 이어서 6월 1일까지 추가 백신을 공급할 예정인데,
   전염병 예방 백신 500만 명분, 콜레라 백신 320만 명분,
   그리고 티포이드 열병과 기생형 장티푸스 A와 B형 백신
   400만 명분을 보낼 것입니다.

귀하가 전문에서 언급한 파상풍 백신은 현재 소비에트에서 생산
되지 않습니다. 그 대신 소비에트에서 생산한 백신원료를 보내겠습
니다.
또한 4월 10일까지 100톤의 DDT를 제공하고, 5월 1일까지 100
톤의 DDT를 추가로 보내겠습니다.

[문서 No. 10]

중국인민지원군의 방역기구 조직 방법을 따를 것[53]

저우언라이 수상은 이 문서를 일독한 후에 녜룽전과 쑤위粟裕[54]에게 전달할 것

동북군구, 화북군구, 화동군구, 화남군구는 중국인민지원군의 방역기구 조직과 위생관리 작업을 따라야 한다.

마오쩌둥

1952년 3월 16일

[문서 No. 11]
세균전 방역상황 보고에 관한 지시[55]

보고서의 내용이 아주 좋다.[56] 전역을 순시하도록 하라.

마오쩌둥

1952년 5월 14일

[문서 No. 12]

마오쩌둥이 스탈린에게 보낸 전문

1952년 7월 24일[57]

친애하는 필리포프(스탈린) 동지에게

세균전 관련 조사를 위해 세계평화평의회가 파견한 국제조사위원회 대표가 베이징에 도착했습니다. 소비에트 대표 주코프는 우리가 준비한 전시와 자료를 파악한 후 소련 과학원 멤버인 페트리체프Petrichev, 기생충학자인 테플로프Teplov, 바이러스 질병 전문가인 레브코비치Levkobich, 그리고 저명한 곤충학자를 특별히 비행기로 베이징에 불러들여 이들로 하여금 우리의 국제위원회 보고 준비를 돕도록 하는 것이 좋겠다고 제안했습니다.

본인은 이들 4명의 전문가가 가능한 한 빨리 베이징에 도착하기를 바랍니다. 이들은 일을 끝내는 대로 소련으로 돌아갈 것입니다.

이들이 중국에 올 수 있는지 알려주기 바랍니다.

마오쩌둥

[문서 No. 13]

중국인민지원군의 위생근무 사업에 관한 언급[58]

펑더화이 동지에게

이 보고서는 아주 좋소.[59] 보고서 말미에 제시한 7가지 해결방안
이 실행 가능한지 여부를 유관기관과 검토하기 바라오.[60]

마오쩌둥

1952년 7월 30일

[문서 No. 14] •

소련 내무성 산하 우랄 군구 방첩대 부대장이자 북한 사회안전성과

내무성 고문으로 파견되었던 글루호프Glukhov[61]가

L.P. 베리야 내각위원회 부위원장에게 보내는 설명문

1953년 4월 24일

1952년 2월 조선민주주의인민공화국(이하 북한, 역자) 정부는 베이징으로부터 미국인들이 한반도와 중국에서 세균무기를 사용하고 있으며 중국이 이에 관해 성명을 발표할 것이라는 내용의 정보를 입수했습니다. 북한 정부의 지시에 따라 외무성이 먼저 성명을 발표하기로 했습니다. 중국 정부가 먼저 제안한 북한 외무성 발표의 러시아어 번역문은 북한주재 소련대사관의 페투호프Petukhov 고문이 작성했습니다.

북한은 추정컨대 미국이 페스트와 콜레라균을 자국의 서너 지역에 지속적으로 퍼뜨렸을 거라고 주장했습니다. 이러한 사실을 증명하기 위해 북한은 우리 고문들의 지원 속에 오염 지역 몇 군데를 허위로 만들어냈습니다.

1952년 6월에서 7월 사이 세계평화위원회에서 파견된 세균학 분야의 전문가 대표단이 북한에 체류했습니다. 허위의 오염 지역 두 군데가 마련되었습니다. 이 때문에 북한은 시신에서 채취한 콜레라균을 손에 넣어야 한다고 주장했고, 이는 중국에서 구할 수 있었습니다. 연구자이자 국가안전부MGB 요원이었던 주코프N. Zhukov가 포함

• 이 문서는 원래의 부록 문서에 포함되어 있지 않지만, *CWIHP Bulletin, Issue 11*(Winter 1998)에 게재되었던 소련공산당의 내부 문건으로서 미국의 세균전 비난전이 날조되었음을 보여주는 중요한 문서들 중 하나이다. 필자인 라이텐버그의 강력한 요청에 따라, 번역서에 추가로 삽입하게 되었다. 영역본은 *CWIHP Bulletin, Issue 11*(Winter 1998), pp. 180~181.를 참조할 것.(역자 주)

한국전쟁의 거짓말

된 대표단이 조사활동을 벌이는 동안, 우리는 고문들과 함께 이들에게 공포심을 조장하고 조속히 떠나가도록 하는 방해 공작을 펼쳤습니다. 이와 관련해서, 북한 인민군 공병대 고문인 페트로프Petrov 중위의 지휘 아래 대표단이 체류하는 곳 근처에 폭탄을 터트리고 이들이 평양에 있을 때는 허위로 공습경보를 발령하기도 했습니다.

글루호프Glukhov

[문서 No. 15]*

키로프S.M. Kirov군사의료아카데미 학생 겸 의무대 중위로서
북한 인민군 군사의무대 고문으로 파견되었던 셀리바노프Selivanov가
L.P. 베리야에게 보내는 설명문

1953년 4월 14일

　1952년 2월 신문에서 북한 외무성은 미국이 한반도와 중국에서
세균무기를 사용한다고 발표했습니다. 북한 정부의 견해에 따르면,
전쟁에서 미국과 협상하기 위해서는 이러한 조치가 필요했다고 합니
다. 하지만 겉으로 보기에 이들은 중국이 제시한 이러한 정보를 실제
로 믿는 것 같습니다. 김일성조차 세균무기가 정기적으로 사용될 것
을 두려워했습니다.

　1952년 3월 저는 소련군 참모본부 슈테멘코 참모총장의 질의에
다음과 같이 답변했습니다. 현재까지 북한에 페스트나 콜레라가 발
생한 사례가 없다. 그리고 세균무기가 사용된 사례도 없으며, 만약
그런 사례가 발견된다면 증거를 즉시 모스크바로 보내겠다.

　1951년 초 이미 저는 북한 의료진들을 도와 미국이 북한 주민들
에게 천연두를 퍼뜨리고 있다는 성명을 작성한 적이 있습니다. 국제
민주변호사협회 조사단이 북한에 도착하기 전에 북한 측 대표들은
오염 장소를 조작하는 데 실패할까봐 몹시 걱정했고, 만약 실패할 경
우에는 어떻게 하면 좋겠냐고 스미르노프Smirnov와 말로프Malov 고
문, 그리고 제가 소속된 인민군 군사의무위원회를 비롯해 외무성과

---

* 　이 문서는 원래의 부록 문서에 포함되어 있지 않았지만, *CWIHP Bulletin, Issue
11*(Winter 1998)에 게재되었던 소련공산당의 내부 문건으로서 미국의 세균전 비난전이 날조
되었음을 보여주는 중요한 문서들 중 하나이다. 필자인 라이텐버그의 요청에 따라, 번역서에 추
가로 삽입하게 되었다. 영역본은 *CWIHP Bulletin, Issue 11*(Winter 1998), p. 181.를 참조할
것.(역자 주)

보건성에 소속된 고문들에게 끊임없이 물어댔습니다.

저는 1952년 4월 말 북한을 떠났습니다.

셀리바노프Selivanov

북한주재 소련대사관 수석군사고문 라주바예프 중장이
L.P. 베리야에게 보내는 설명문

1953년 4월 18일

　　1952년 봄 중국 정부는 미국이 세균무기를 사용한다는 내용의 성명서를 북한 정부에 제공했습니다. 김일성과 북한 외상은 대사관의 페투호프Petukhov 서기관을 통해 본관에게 자문(청원과 함께)을 구했습니다.

　　공개 성명은 이미 신문에 보도되었지만, 우리 측 고문관들과 북한의 권력기관은 이를 점검하면서 아직까지 이러한 사실을 확인하지 못했습니다. 보도에는 수시로 잔혹한 내용의 기사가 실렸습니다. 예를 들면, 공개 성명에서는 미국이 병에 걸린 개미를 퍼뜨린다고 했지만 실제 개미는 병을 옮길 수 없습니다. 왜냐하면, 개미는 병원체를 살균하는 독소를 갖고 있기 때문이죠. 본관은 통계학적 증거를 곁들인 우리 측 결론을 김일성에게 알려주었고, 중국에 설명을 요구하라고 자문했습니다. 하지만 며칠 후 북한은 성명을 발표했습니다. 이때 북한은 발표를 서둘렀는데 이는 중국이 자기들의 성명을 발표하려고 했기 때문이랍니다. 그로부터 이틀 후에 저우언라이의 성명이 발표되었습니다. 본관은 북측 성명을 미리 받아보았습니다. 슈테멘코 역시 실무자들에 의해 보고서가 누설될 것을 우려해 이 문제를 북한 외무성에 설명하지 않았습니다. 중국의 방역기관은 이른바 미국이 만주

●　　이 문서는 원래의 부록 문서에 포함되어 있지 않았지만, *CWIHP Bulletin* 11호(1998년 겨울)에 게재되었던 소련공산당의 내부 문건으로서 미국의 세균전 비난전이 날조되었음을 보여주는 중요한 문서들 중 하나이다. 필자인 라이텐버그의 요청에 따라, 번역서에 추가로 삽입하게 되었다. 영역본은 *CWIHP Bulletin, Issue 11*(Winter 1998), pp. 181~182.를 참조할 것.(역자 주)

에 퍼뜨렸고 자신들이 발견했다는 벌레들의 사진을 북한에 제공했습니다.

하지만 이 벌레는 한반도에 서식하지 중국(만주)에 서식하는 놈들이 아닙니다. 중국인민지원군 위생부의 한 책임자는 지도위에 그려진 오염 지역을 보여주었습니다. 이 지역은 모두 북한과 만주에 걸쳐 있었습니다.

1952년 2월 말 김일성과 문일 비서는 인민군에서 미국이 대량의 세균폭탄을 투하한 것이 기록되었다고 선언했습니다.(다음 일은 어쩌려고?)

1952년 2월 27일 북한 군사내각 회의가 열리고, 북한 영토에서의 전염병에 맞선 투쟁 방법에 관한 군사내각결의안이 채택되었습니다. 그 후 김일성과 북한 외상은 국제조사단이 온다고 본관에게 연락해 왔습니다.(다음 일은 어쩌려고?)

우리 측 고문단들과 협의 끝에 보건성이 추진할 작전계획을 하나 만들었습니다. 허위로 전염병 오염 지역을 몇 개 만들고, 전염병으로 사망한 시신들을 매장해서 발견되도록 준비하고 페스트와 콜레라 균을 추출할 수 있는 조치들을 마련했습니다. 북한 내무성 담당 고문은 콜레라와 페스트 균을 사형수에게 감염시켜서 이들이 사망한 다음 이어지는 약학적 조치들에 대비하도록 하자고 제안했습니다. 국제민주변호사협회 조사단이 도착하기 전, 전시용 자료들이 베이징으로 보내졌습니다. 두 번째 조사단이 도착하기 전에는 보건상이 세균을 구하기 위해 베이징에 갔습니다. 하지만 중국은 그에게 아무 것도 주지 않았고, 나중에 선양에서 그것을 주었습니다. 그밖에 평양에서는 상한 고기를 다루다가 병에 걸려 사망한 가족들에게서 순수한 콜레라 배양균을 추출하기도 했습니다.

두 번째 국제조사단이 중국에 체류할 때 북한 측의 세균전 피해에 관한 전시가 베이징에서 이루어지는 바람에 이들은 북한에 들어

오지 않았습니다. 국제조사단이 방문한 지역에서는 지뢰(푸가스)가 터지지 않았습니다.

그해 말에는 중국이 미군포로들로부터 이들이 세균무기를 퍼뜨리는 데 관여했다는 정보를 얻어내기 시작하면서부터 미국이 한반도와 중국에서 세균무기를 사용한다는 신문기사를 통한 선전전이 더욱 늘어났습니다. 1952년 12월 8일부터 14일까지 중소 국경과 북소 국경 지역에서 검역이 실시되었습니다.

1953년 1월부터 미국의 세균무기 사용에 관한 보도가 북한에서 사라졌습니다. 1953년 2월 중국이 북한에 또 다시 미국의 세균전에 관한 폭로 문제를 제기하자고 재촉했습니다만, 북한은 이를 받아들이지 않았습니다.

그밖에 중국은 미국이 전쟁 중 독가스를 사용했다고 주장하기도 했습니다. 하지만 본관이 이 문제에 관해 조사해 본 바로는 긍정적인 결과를 얻지 못했습니다. 예를 들면, 1953년 4월 10일 동부전선 사령관이 김일성에게 보고하기를 10~12명이 터널에서 미국의 화학무기에 중독돼 사망했다고 했는데, 우리가 조사한 결과, 이들의 죽음은 환기구가 없는 터널 속에서 통상적인 대구경 포탄이 폭발한 직후에 발생한 이산화탄소에 중독돼 사망한 것이었습니다.

라주바예프Razuvaev

L.P. 베리야가 G.M. 말렌코프와
소련공산당 중앙위원회 간부회의에 보낸 비망록

1953년 4월 21일

1952년 3월 국제민주변호사협회 조사단이 북한에 도착하기 전, 소련 국가안전부[62] 장관 S.D. 이그나티예프Ignatiev는 글루호프(전 북한 정치보위국 고문)와 스미르노프(전 북한 내무성 고문)로부터 비망록을 받았습니다. 그 내용은 북한주재 소련대사와 수석군사고문 라주바예프의 도움으로 미국이 한반도와 중국에서 세균무기를 사용했다는 것을 비난할 목적으로 두 개의 허위 감염 지역을 조성했다는 것입니다. 사형을 언도받고 움막에 격리된 두 명의 북한 사형수를 감염시켰으며 이들 중 한 명은 이후 사망했습니다.

이그나티예프 장관은 정치적으로 매우 특별한 이 비망록을 아무에게도 보고하지 않았습니다. 결과적으로 소련은 국제사회에서 정치적인 손해를 입었습니다. 저는 1953년 4월 초 이 문제를 인수하는 과정에서 소련 국가안전부의 문서고에서 이 문서를 발견했습니다.

저는 이 문제의 정황을 조사하고 책임자를 색출하는 것에 대해 귀하의 결정을 요청합니다.

베리야

● 　이 문서는 원래의 부록 문서에 포함되어 있지 않지만, *CWIHP Bulletin, Issue 11*(Winter 1998)에 게재되었던 소련공산당의 내부 문건으로서 미국의 세균전 비난전이 날조되었음을 보여주는 중요한 문서들 중 하나이다. 필자인 라이텐버그의 요청에 따라, 번역서에 추가로 삽입하게 되었다. 영역본은 *CWIHP Bulletin, Issue 11*(Winter 1998), p. 182.를 참조할 것.(역자 주)

[문서 No. 18]*

베리야, 몰로토프, 흐루시초프 동지에게[63]

P6/Ⅱ

불가닌Bulganin

25.Ⅳ.53

6   1953년 4월 24일

Ⅱ. 북한 사회안전성과 내무성에 파견되었던 전前 고문, 글루호
프Glukhov와 스미르노프Smirnov 동지의 보고서를 검토한 소련 내무부
USSR MVD의 의견서.

결정 - 특별문서철

〔문서 뒷면에는 손으로 쓴 메모가 적혀 있다. 영역자 주〕

File: 46. Korea - 미군의 세균무기 사용 관련

46% - 북한주재 소련대사관

46.34% - 군사고문단

7% - 공산당 중앙위원회 관계자

Note No. 25B, 1953년 4월 11일자 베리야 동지

Note No. 37B, 1953년 4월 21일자 베리야 동지

Note No. 59ss, 1953년 4월 21일자 몰로토프 동지

Note No. 59M, 1953년 4월 19일자 몰로토프 동지

●   이 문서는 부록 게재 순서는 원래 'No. 14'였는데, 필자의 요청에 따라 공산당 문서가 추
가되면서 게재 번호가 'No. 18'로 변경되었다.(역자 주)

소련공산당 중앙위 상임간부회의 문건

극비 Top Secret

비망록

소련공산당 중앙위원회 상임간부회의 관련

(1953년 3월 13일~4월 24일)[64]

회의 날짜	주요 안건
생략	
생략	
1953년 4월 24일(Prot. No. 6)	1. 신문 사설에 "아이젠하워 대통령 연설에 관하여"를 게재하는 문제
	2. 북한 사회안전성과 내무성에 파견되었던 전(前) 고문, 글루호프(Glukhov)와 스미르노프(Smirnov) 동지의 보고서를 검토한 소련 내무부의 의견서

이하 생략

● 　이 문서는 부록 게재 순서는 원래 'No. 15'였는데, 필자의 요청에 따라 공산당 문서가 추가되면서 게재 번호가 'No. 19'로 변경되었다.(역자 주)

[문서 No. 20]*

V.M. 몰로토프가 소련공산당 중앙위원회 간부회의 구성원들에게
보낸 비망록(1953년 4월 21일자 라주바예프 메모 첨부)

1953년 4월 21일

- 1952년 2월 22일 : 북한은 중국으로부터 미국이 세균무기를 사용한다는 의도된 거짓 성명서를 전달받았다.
- 북한은 이를 기정사실로 받아들이고 이 문제에 관한 북한 자체의 성명서를 거의 비슷한 시기에 발표했다.
- 1952년 8월 22일 : 북한주재 소련대사관은 중국이 북한에게 "소위 미국이 한반도와 중국에서 세균무기를 사용한다"는 기정사실을 제시했다고 소련 외무장관 비신스키에게 보고했다.(보고서 "1952년 8월 현재 조선민주주의인민공화국과 중국의 정치경제 관계")
- 1952년 3월 27일 새벽 미국은 정치위원회에 이 문제를 제기하고 이어서 유엔총회에 "유엔군이 세균무기를 사용했다는 비난에 대한 공정한 조사에 관한 안건"을 상정했다.
- 1952년 7월에도 미국은 이 문제에 관한 조사 문제를 유엔 안전보장이사회 제기했고, 이 문제와 관련해서 세균무기 사용을 금지하는 1925년 제네바의정서의 비준을 거부했다.
- 본관은 말렌코프, 베리야, 흐루시초프, 불가닌, 카가노비치Kaganovich, 미코얀 동지가 한국에서의 세균무기 사용 문제와 관련

● 이 문서는 원래의 부록 문서에 포함되어 있지 않지만, *CWIHP Bulletin, Issue 11*(Winter 1998)에 게재되었던 소련공산당의 내부 문건으로서 미국의 세균전 비난전이 날조되었음을 보여주는 중요한 문서들 중 하나이다. 필자인 라이텐버그의 요청에 따라, 번역서에 추가로 삽입하게 되었다. 영역본은 *CWIHP Bulletin, Issue 11*(Winter 1998), p. 182.를 참조할 것.(역자 주)

해서 유엔총회에 파견된 비신스키 외무장관에게 "이 문제의 토의에 관심을 나타내지 말 것, 더구나 이 문제를 '더욱 키우는 것'은 바람직하지 않다."는 지시를 내리도록 권고하는 바이다.

[문서 No. 21]*

북한 정치보위국[65] 및 외무성 파견 전 고문,
글루호프와 스미르노프의 1953년 4월 24일자 보고서 조사 결과에
관한 내무부 의견, 공산당 중앙위원회 간부회의 의안 No.6(발췌)

1953년 4월 24일

1. 국익에 심각한 손해를 초래할 수 있는 도발적 성격의 비非인가
   작전을 수행한 책임을 물어, 라주바예프를 북한주재 소련대사
   직과 수석군사고문직에서 해임하고, 장군계급을 박탈하여 기
   소한다.

2. 북한주재 소련대사와 군사고문 후보 추천을 몰로토프와 불가
   닌 동지에게 위임한다.

3. 몰로토프 동지에게 다음 사항을 위임한다.

   a) 1주일 내로 "한반도에서 미군의 세균무기를 사용" 문제를
      향후 담당할 소련 정부 내 담당자에 관해 제안한다.

   b) 보고서 문안의 작성. 이를 소련 외무부의 관계자가 중국의
      쿠즈네초프Kuznetsov와 북한의 수즈달레프Suzdalev에게 전달
      하고, 이들이 마오쩌둥과 김일성에게 통지하도록 한다.

4. 소련공산당 중앙위원회 총회에서 다음의 중앙위원회 상임간부
   회의 제안을 승인할 것을 발의한다.

"새로운 상황에 따라 밝혀진 전 국가안전부 장관 이그나티예프의
부정확하고 거짓된 행위, 즉 정부의 수많은 중요 국가문서를 은폐한

● 　이 문서는 원래의 부록 문서에 포함되어 있지 않았지만, *CWIHP Bulletin, Issue 11*(Winter 1998)에 게재되었던 소련공산당의 내부 문건으로서 미국의 세균전 비난전이 날조되었음을 보여주는 중요한 문서들 중 하나이다. 필자인 라이텐버그의 요청에 따라, 번역서에 추가로 삽입하게 되었다. 영역본은 *CWIHP Bulletin, Issue 11*(Winter 1998), pp. 182~183.를 참조할 것.(역자 주)

　　　　　　　　　　　　　　한국전쟁의 거짓말

것과 관련해서, 그를 소련공산당 중앙위원회에서 제명한다."

　5. 소련공산당 중앙위원회 기율위원회가 이그나티예프와 관련된
　　당의 책임 문제를 재검토하도록 위임한다.

[문서 No. 22]*

중국주재 소련대사 V.V. 쿠즈네초프 및

북한주재 소련 대리대사 S.P. 수즈달레프에게 보내는

서한에 관한 소련 내각위원회 상임간부회의 의결

1953년 5월 2일

마오쩌둥 동지에게

"소비에트 정부와 소련공산당 중앙위원회는 호도되었다. 미국이 한반도에서 세균무기를 사용한다는 언론 보도가 확산되고 있는데, 이것은 잘못된 정보에 기인한 것이다. 미국에 대한 비난은 허구이다."

이에 권고하는 바이다. :

한반도에 중국에서 미국이 세균무기를 사용한다고 비난하는 언론보도를 중단한다.

4월 23일의 유엔 총회결의 즉, 미국이 중국(북한) 영토에서 세균무기를 사용한 데 대한 사실 조사에 관한 건에 대해 북한은 북한 대표가 참석하지 않았기 때문에 법적 효력이 없다고 선언하는 것이 좋겠다. 세균무기도 사용되지 않았고, 따라서 조사할 이유도 없기 때문이다.

기술적인 조언을 하자면, 중국(북한)에서의 세균무기 사용 문제가 국제기구와 유엔에서 더 이상 논의되지 않도록 해야 한다.

세균무기를 사용했다는 소위 '증거'를 조작하는 데 일조한 소비에트 측 일꾼들은 엄중한 처벌을 받을 것이다.

• 이 문서는 원래의 부록 문서에 포함되어 있지 않았지만, *CWIHP Bulletin, Issue 11*(Winte 1998)에 게재되었던 소련공산당의 내부 문건으로서 미국의 세균전 비난전이 날조되었음을 보여주는 중요한 문서들 중 하나이다. 필자인 라이텐버그의 요청에 따라, 번역서에 추가로 삽입하게 되었다. 영역본은 *CWIHP Bulletin, Issue 11*(Winter 1998), p. 183.를 참조할 것.(역자 주)

　　　　　　　　　　　　　한국전쟁의 거짓말

[문서 No. 23]*

마오쩌둥과의 면담 결과에 관해

북경주재 소련대사 V.V. 쿠즈네초프가 V.M. 몰로토프에게 보낸 전문

1953년 5월 12일

이하 사본 회람 :

말렌코프 Malenkov	카가노비치 Kaganovich
흐루시초프 Khrushchev	미코얀 Mikoyan
불가닌 Bulganin	사부로프 Saburov
베리야 Beria	페루부힌 Peruvukhin
몰로토프 Molotov	그로미코 Gromyko
보로실로프 Voroshilov	

소련 내각위원회가 비준한 1953년 5월 7일의 결의문 No. 1212487호와 관련해서, 중국주재 소련대사관의 고문인 바시코프 Vas'kov를 베이징과 평양에 보내 소련 정부의 지침을 전달했다.

1953년 5월 11일 24시, 쿠즈네초프와 리하초프 Likhachev는 마오쩌둥을 접견했다. 저우언라이도 배석했다.

미국이 중국과 한반도에서 세균무기를 사용한다는 선전전을 중단하는 것이 바람직하다는 소련 정부와 소련공산당 중앙위원회의 권고를 듣고 난 후, 마오쩌둥은

당초 이 선전전이 한반도와 만주에 주둔한 중국인민지원군 사령

● 이 문서는 원래의 부록 문서에 포함되어 있지 않지만, *CWIHP Bulletin, Issue 11*(Winte 1998)에 게재되었던 소련공산당의 내부 문건으로서 미국의 세균전 비난전이 날조되었음을 보여주는 중요한 문서들 중 하나이다. 필자인 라이텐버그의 요청에 따라, 번역서에 추가로 삽입하게 되었다. 영역본은 *CWIHP Bulletin, Issue 11*(Winter 1998), p. 183.를 참조할 것.(역자 주)

관의 보고에 기반해서 시작된 것이라고 말했다.

소련 대표들은 이제 그 보고서 내용을 신뢰하기 어렵고, 우리가 이 문제를 살펴봤지만, 다시 한 번 점검해 볼 것이며, 만약 조작이 발견되면 밑에서부터 올라 온 이 보고서들은 더 이상 믿을 수 없을 것이라고 했다.

이에 마오쩌둥은 반혁명과의 투쟁 과정에서 65만 명이 처형되었는데, 처형된 사람들 모두가 죄를 지은 것은 아니라고 말했다. 분명히 몇몇 죄가 없는 사람들도 희생을 당했다는 것이다.

대화 도중에 마오쩌둥은 다소 신경질적인 모습을 보였는데, 그는 줄담배를 피워가며 담배를 짓뭉개고, 차도 엄청 마셔댔다. 대화 마지막에 마오쩌둥은 웃으며 농담을 했고, 결국 차분해졌다. 저우언라이는 매우 심각한 듯 보였고 다소 불편한 기색이었다.

쿠즈네초프Kuznetsov

[문서 No. 24]*

소련공산당 중앙위원회 당 기율위원회 위원장인 슈키리아토프가
G.M. 말렌코프에게 보낸 비망록, 북한 사회안전성과 내무성에
고문으로 파견되었던 글루호프Glukhov와 스미르노프Smirnov 동지의
보고서와 관련된 S.D. 이그나티예프Ignatiev 전 국가안전부 장관의
행동에 관한 당의 조사 결과

1953년 5월 17일

이그나티예프는 글루호프와 스미르노프의 보고서를 1952년 4월
2일부터 11월 3일까지 전결했다. 이후 그는 그 문서를 고글리제Go-
glidze에게 넘기면서 말하기를, (글루호프와 스미르노프가) 북한에서 귀
환하면 그들에게 이 문제에 대해 쓴 적이 없다고 하라고 했다. 이 문
제를 인계한 뒤에도 그는 아무에게도 말하지 않았고, 결국 이 보고서
들은 L.P. 베리야에 의해 국가안전부의 문서고에서 발견되었다. 검증
이 이루어졌다.

이 문제와 관련해서 이그나티예프는 이미 언론에 보도된 내용이
라고 생각해서 이에 대해 특기사항을 덧붙이지 않았다고 설명했다.
그는 문서에 포함된 내용이 사실이라고 생각하지 않았다. 그는 1952
년 7월이나 8월쯤 스탈린에게 불려가서 이 문제에 관해 공식적으로
추궁을 당하고 나서야 이 보고서들을 보여주었다고 했다. 이를 검증
하는 것은 불가능하다. 그는 정치적 징계를 받아야 한다.

소련공산당 중앙위원회 기율위원회의 결정 :

● 　이 문서는 원래의 부록 문서에 포함되어 있지 않지만, *CWIHP Bulletin, Issue 11*(Winte 1998)에 게재되었던 소련공산당의 내부 문건으로서 미국의 세균전 비난전이 날조되었음을 보여주는 중요한 문서들 중 하나이다. 필자인 라이텐버그의 요청에 따라, 번역서에 추가로 삽입하게 되었다. 영역본은 *CWIHP Bulletin, Issue 11*(Winter 1998), pp. 183~184.를 참조할 것.(역자 주)

국가 기강을 저해하고 기만적 행동을 한 데 대해 이그나티예프 S.D.를 소련공산당에서 제명한다.

[문서 No. 25]*

북한주재 대리대사 S.P. 수즈달레프가
V.M. 몰로토프에게 보낸 전문

1953년 6월 1일

이하 사본 회람 :

말렌코프Malenkov   카가노비치Kaganovich

흐루시초프Khrushchev   미코얀Mikoyan

불가닌Bulganin   사부로프Saburov

베리야Beria   페르부힌Peruvukhin

몰로토프Molotov   그로미코Gromyko

보로실로프Voroshilov

    김일성이 와병 중이라서, 본직은 북한 노동당 중앙위원회 서기 박창옥을 접견했습니다. 미국이 북한과 중국에서 세균무기를 사용한다는 선전전을 중단하기 바란다는 소련 정부와 소련공산당 중앙위원회의 권고 내용을 들은 후, 박창옥은 V.N. 라주바예프 전 소련대사의 작전과 태도에 큰 놀라움을 표시했습니다. 이어서 박창옥은 다음과 같이 말했습니다.

    "우리는 모스크바가 이 모든 내용을 알고 있었다고 확신합니다. 우리는 이 선전전을 펼침으로써 미 제국주의와의 투쟁명분에 큰 도움이 될 거라고 생각했습니다."

●   이 문서는 원래의 부록 문서에 포함되어 있지 않았지만, *CWIHP Bulletin, Issue 11*(Winte 1998)에 게재되었던 소련공산당의 내부 문건으로서 미국의 세균전 비난전이 날조되었음을 보여주는 중요한 문서들 중 하나이다. 필자인 라이텐버그의 쵸엉에 따라, 번역서에 추가로 삽입하게 되었다. 영역본은 *CWIHP Bulletin, Issue 11*(Winter 1998), p. 184.를 참조할 것.(역자 주)

박창옥은 세균폭탄과 용기들이 중국 비행기에서 투하되었으며 병균에 오염되지 않았을 가능성을 배제하지 않는다고 말했습니다.

대화 말미에 박창옥은 이러한 정보를 제공해 준 데 대해 사의를 표하며, 김일성이 쾌차하는 즉시 소련 정부와 소련공산당 중앙위원회의 권고를 그에게 잘 설명하겠다고 다짐했습니다.

수즈달레프Suzudalev

[문서 No. 26][•]

S.D. 이그나티예프 동지에 관한 소련공산당
중앙위원회 당 기율위원회의 결정

1953년 6월 2일

이하 사본 회람 :

몰로토프 Molotov

흐루시초프 Khrushchev

베리야 Beria

이그나티예프 S.D.는 국가안전부 장관 재임 시 1952년 4월 정치적으로 매우 중요한 문서를 수령했음에도 불구하고, 이를 정부에 보고하지 않았으며 결과적으로 소련의 위신과 평화 및 민주 진영에 매우 심각한 정치적 손해를 초래했다.

이 문제를 해명하는 과정에서 이그나티예프는 거짓 설명을 했다. 게다가 소련의 전 국가안전부 장관을 조사·검증하는 과정에서 이그나티예프가 모험주의자와 소련 인민의 은밀한 적들의 손아귀에 놀아났으며, 소련 국가안전부에서 가장 중요한 사건을 조사하는 부서의 담당자였던 류민 Riumin[66]이 광범위한 법률위반을 허용하고 조사 자료를 위조했음이 드러났다. 이 자료들에 따르면 무고한 소련의 시민들이 근거 없이 체포를 당하고 중대한 국가적 범죄를 저질렀다는 거짓 기소를 당했음이 밝혀졌다.

• 이 문서는 원래의 부록 문서에 포함되어 있지 않지만, *CWIHP Bulletin, Issue 11*(Winte 1998)에 게재되었던 소련공산당의 내부 문건으로서 미국의 세균전 비난전이 날조되었음을 보여주는 중요한 문서들 중 하나이다. 필자인 라이텐버그의 요청에 따라, 번역서에 추가로 삽입하게 되었다. 영역본은 *CWIHP Bulletin, Issue 11*(Winter 1998), p. 184.를 참조할 것. 역자 주.(역자 주)

이런 식으로 날조된 자료들에 의해 체포된 사람들에게는 가학적인 수사 방식과 신체적 고문 수단이 사용되었다. 이그나티예프는 국가안전부에서 날조한 파일들을 가지고 정부 기관에 허위 정보를 제공했던 것이다.

당과 정부를 기만하고 소비에트의 법률을 광범위하게 위반하고, 국가 기강을 저해하고, 기만적인 행위를 한 데 대해, S.D. 이그나티예프를 소련공산당에서 제명한다.

몰로토프
흐루시초프
베리야

한국전쟁의 거짓말

세균전 참전 미군 포로의 자백 공개 계획

(1953년 11월 8일)[67]

김일성 수상에게

최근 미국이 유엔회의에서 세균전 이슈로 파란을 일으키고 있소. 즉 그들은 우리가 전쟁포로를 고문해 세균전에 관한 거짓 자백을 받아냈다고 주장하고 있소. 우리는 세균전에 책임이 있는 19명의 미군 포로가 진술한 자백서를 공개할 계획이오.

우리는 미군의 진술 내용을 공개하기 전에 조선인민군 총정치국과 중국인민지원군 정치부 명의로 미군 포로 19명의 진술에 관한 공동성명을 발표할 예정이오. 1953년 11월 9일 우리는 공동성명, 자백서, 녹음파일, 그리고 포로들의 사진을 평양으로 공수할 예정이오. 그리고 우리는 이 공동성명을 베이징 시간으로 11월 10일 오전 11시 방송을 통해 발표하고 신문에도 보도할 것이오. 그리고 11월 11일부터 포로들의 진술 내용을 지속적으로 보도할 것이오. 우리는 이 스케줄에 맞춰서 귀측이 상기 공동성명과 논평을 잘 소화해 주기 바라오. 이 안건에 관한 귀하의 의견을 알려주기 바라오.

마오쩌둥

---

* 이 문서는 부록 게재 순서는 원래 'No. 16'이었는데, 필자의 요청에 따라 공산당 문서가 추가되면서 게재 번호가 'No. 27'로 변경되었다.(역자 주)

"세균전에 관한 진실" 연재기사(1957년 5월 6일~19일)[68]

티버 머레이Tibor Méray

1.

나는 지난 몇 년 간 내 양심을 짓누르고 있던 짐을 벗어버리려 한다. 나의 발언은 어떠한 외부의 압력이나 협박 또는 간청, 그리고 보장 때문에 어쩔 수 없이 하는 것이 아니다. 부담감을 털어버리고 마음의 평화를 얻고자, 내 양심의 명령에 따라 이 글을 쓰는 것이다.

글 쓰는 방식에 연연하지 않겠다. 나는 가능한 한 사실과 양심에 집중하고자 한다. 가능한 한 간결하고 객관적으로 쓰겠다. 무엇보다 감정에 휘둘리지 않을 것이다. 오히려 나는 차분한 마음으로 최선을 다하고자 한다. 그리고 만약 누군가 내게 너무 신중하다고 지적한다면, 이렇게 말하고 싶다. 나의 첫 번째 의도는 나 자신에게 관대하지 않겠다는 각오라고.

우리의 조국 헝가리의 자유, 그리고 진정한 진보를 위한 싸움에서 나의 동료 작가들과 함께 나는 오로지 진리에 헌신해 왔다. 오늘도 나는 진실만을 추구한다. 좌고우면 하지 않겠다. 나는 오로지 사실 그 자체만 쫓아가겠다.

젊은 시절의 티버 머레이

1951년 7월 21일, 오후 2시경 헝가

---

* 이 문서는 부록 게재 순서는 원래 'No. 17'이었는데, 필자의 요청에 따라 공산당 문서가 추가되면서 게재 번호가 'No. 28'로 변경되었다.(역자 주)

한국전쟁의 거짓말

리노동자(공산)당 중앙기관지인 〈자유인민Szabad Nép〉의 내 사무실 전화 벨 소리가 울렸다. 정치국원이자 당 중앙위원회 의장인 마튼 호바스Máton Horváth였다. "개성에 대해 어떻게 생각하나?" 그는 뜬금없이 내게 물었다.

처음에는 그가 무슨 말을 하는지 이해할 수 없었다.

"뭐라구요?"

"개성 말이야. 개성."

그때서야 알아챘다. 지난 며칠 간, 한반도의 한 도시에서 정전협상이 진행되고 있었다.

"중요한 곳이죠, 아주 …" 나는 전화 건 사람의 의도를 아직 정확하게 파악하지 못한 채 중얼거렸다.

그가 말했다. "그렇다면, 자네가 내일 극동으로 가는 첫 비행기를 타고 개성에 직접 가 보게. … 정전협상에 관한 기사를 내게 보내게."

순간 나는 숨을 멈췄다. 그때까지 나는 〈자유인민〉의 문화면 컬럼을 편집하던 중이었다. 다른 사람도 아니고 왜 내가 꼽혔을까? 마튼 호바스 의장은 이렇게 설명했다. "글쎄요. 우리는 당신이 좋은 안목을 가졌고 글 쓰는 재주가 있다고 봅니다. 눈을 크게 뜨고 용기를 갖고 당신의 펜을 굴려 보시오. … "

마튼 호바스 의장이 내 사무실로 와서 나를 만난 지 얼마 되지 않아서, 나는 그에게 나에 대해 어떤 얘기를 들었는지 물어보았다.

"아니오." 그가 대답했다. "특별한 얘기는 전혀 없었소."

그는 비공식인 자리에서조차 미사여구를 늘어놓지 않을 만큼, 똑똑한 사람이었다. 하지만 그는 마음이 바뀌었다. 아마 그래도 된다고 생각했던 모양이다. 아무런 설명도 없이 나를 떠나보낼 수는 없었던지, 그는 이렇게 덧붙였다. "북한사람korean들에 대한 혐오가 큰지, 미국 침략자들에 대한 증오가 큰지, 헝가리인들이 어떻게 느끼는지 지켜봅시다. …"

북한으로 출발하기에 앞서 나는 무척 바쁜 나날을 보냈다. 출발 날짜가 다가올수록 흥분되는 마음과 내게 주어진 영예(헝가리 언론인으로서 북한이나 심지어 극동 지역에 가는 것은 내가 최초였다.) 때문에 현기증이 날 지경이었다. 나는 한국전쟁에 대해 거의 아는 게 없었다고 인정할 수밖에 없다. 나는 헝가리의 일반인들과 마찬가지로, '미국이 북한을 침공했고, 북한이 반격을 했다. 이에 미국이 중요한 승부수를 던졌고 그리고 중국의 자원군이 이 공격을 물리쳤다.'는 정도만 알고 있었다.

출발하는 날 저녁, 외무상의 요청으로 부다페스트에 있는 북한대사를 방문했다. 대화 도중에 대사는 내게 헝가리노동자당 제1비서인 마차시 라코시Mátyás Rákosi가 내가 곧 떠난다는 사실을 개인적으로 알려주었다고 말했다. 이 말에서 나는 나의 임무가 매우 중요하다는 사실을 깨달았다. 그러자 그는 나에게 북한의 상황에 대해 알려주었다. 날씨와 음식, 그리고 특히 거기서 내가 직면하게 될 고충에 대해 이렇게 말했다.

"나의 조국에서는…" 그는 내가 주로 문예적인 데 관심을 갖고 책상에 앉아 기사를 쓰는 것을 거론하면서, "맑스-레닌주의를 철저히 아는 것만으로는 충분치 않습니다. 당신은 용감해질 필요가 있습니다. 당신의 출장은 거의 틀림없이 즐거운 여행이 되지는 않을 거요."

그는 미국의 공습을 말했던 것이다. 그의 말이 맞았다. 한국에서 14개월을 지내면서 나는 단 한 시간도 안전하다는 생각을 하지 못했다. 그것은 분명 즐거운 여행이 아니었다. 내가 탄 지프차는 2~30차례나 총탄 세례를 받았다. 사방에서 쏟아지는 공중 폭격을 피해 벽돌 더미 뒤로 숨거나 옥수수 밭과 물이 고인 논바닥으로 몸을 숨겨야 했다. 하지만 체류 기간을 단축해야겠다는 생각이 들지는 않았다. 나는

한국전쟁의 거짓말

내가 해야 일을 하고 있다는 생각이 들었고 거기에 내 모든 걸 쏟아 부었다. 나는 한반도에 관해 백여 건이 넘는 보고서를 본국에 보냈고, 세 권의 책을 냈다. 나는 최전선의 전투에 관해 글을 썼고 정전협상에 관해서도 글을 썼다. 나는 북한 사람들의 고통, 공중폭격의 공포와 평범한 사람들의 영웅적인 모습에 관해서도 글을 썼다. 전쟁포로, 국제적인 연대와 음모에 관해서도 나는 글을 썼다. 그리고 나는 생물학 무기에 관해서도 글을 썼다.

이 모든 것들이 내게는 아주 명료하고 단순하며, 충분한 증거들로 입증할 수 있다.

갑자기 모든 것들이 내 머리 속에서 흐릿해진다.

언제부터였을까? 1953년 가을, 평양에서 큰 정치적 재판이 있었다. 이 재판을 통해 북한에서 가장 잘 알려진 시인 중 한 명인 임화林和, 조선헝가리병원을 운영했던 이강국李康國, 개성의 정전위원회 통역이자 감각적 시인이며 셰익스피어를 한국어로 처음 번역했던 설정식薛貞植 등이 미국의 스파이 혐의로 사형을 당했다.

당시 재판을 받은 정치인들에 대해서는 잘 모른다. 하지만 나는 이 세 명의 지식인에 대해서는 잘 알고 있었다. 특히 설정식은 감각적인 영혼을 지닌 신사였고 항상 양심의 문제에 심취했으며 그의 동료들과 함께 나도 지적인 토론을 벌이며 수없이 기나긴 밤을 보내곤 했다. 그는 부드럽고 순수한 시를 썼다. 그중에서도 특히 내가 감동을 받은 시 하나를 한국의 헝가리 의사들에게 헌정하기도 했다. 나는 이런 시인이 '미국의 스파이'일 가능성은 전혀 없다고 확신한다.

그러나 나는 그가 자신의 죄를 인정했다는 신문기사를 읽었다. 내가 어떻게 생각하냐고? 내가 틀렸던 것일까? 그저 난 이해할 수 없었다. 난 그 기사를 절대로 믿을 수 없었다.

1년 뒤, 나는 다시 〈자유인민〉의 사무실로 돌아와 있었다. 어느 날 한 사람이 내 사무실로 거의 비틀거리다시피 걸어 들어왔다. 그는 내가 아주 존경하던 친구였다. 그의 얼굴표정은 복잡한 감정으로 뒤틀렸다. 억제된 목소리와 눈물이 가득 고인 채, 그는 한 숨도 잘 수 없었다고 내게 고백했다. 그는 믿을 만한 소식통으로부터 라즐로 라이크László Rajk(스탈린에 반대했다가 누명을 입고 사형당한 헝가리 공산당 지도자, 역자 주)에 대한 모든 재판이 전부 날조된 것이라는 사실을 알게 되었다고 했다. 궁금증이 생기면서도 나는 라이크가 설정식보다 심하다고 생각하지는 않았다. 그의 재판 역시 거짓말투성이였을 것이다. 이런 생각들이 꼬리를 물면서 멈추질 않았다. 만약 금목걸이 중에서 우연히 단 한 개의 고리가 구리로 되어 있다는 사실을 알게 된다면, 누군들 목걸이 전체를 자세히 살펴보며 의심하지 않겠는가?

소련공산당 제21차 전체회의에서 흐루시초프가 스탈린의 긴 범죄 목록을 발표했다. 대량학살, 악명 높은 고문, 강제노동 수용소, 파렴치한 살인 등. 스탈린의 범죄가 소련 영토 안에서만 이루어졌을까? 그가 자기 국민들에게만 그렇게 했을까? 자기 국민들에게 국내정치 문제만 속여 왔을까? 다른 나라의 정치는 어떻게 했을까? 낙인을 찍지 않은 것이 있을까? 그리고 나를 가장 괴롭게 만든 것, 즉 한국전쟁은 어땠을까? 생물학무기는 어땠을까?

2.

나는 말 그대로 스스로의 침묵과 의심에 사로잡혀 있다. 14개월 동안 기사와 책, 이야기들을 통해 나는 헝가리 대중들에게 한국에서 있었던 일들을 알려 왔다. 무슨 일이 벌어지든, 이제는 사람들에게 내가 품어 왔던 의심을 알릴 필요가 있다. 내가 질식하지 않는 한.

1956년 6월 27일 '페토피 서클'Petofi Circle(소련에 맞서 헝가리 민주화를 요구하던 헝가리 지식인들의 모임, 역자 주)에서 난상토론이 진행되는 동안, 혁명의 선구자로서 나도 연사 중 한 명이었다. 모임에 앞서 나는 내 친구에게 무엇보다 한국전쟁 문제를 내가 언급하겠노라고 알려주었다. 나는 분명히 어떤 절대적인 의견을 제시하려는 것이 아니었다. 왜냐하면, 충분한 검증과 증거, 면밀한 분석 없이는 비난을 가할 권리가 없으며 단지 질문을 던지고 필요하다면

라코시는 1956년까지 헝가리의 실질적 통치자였다.

답변을 요구해야 한다는 점을 깨닫는 데 이미 충분한 대가를 치렀기 때문이다.

내 친구는 그 계획을 그만두라고 간청했다.

우리로서는 라코시Rákosi와 그의 지지자들, 헝가리 문제만으로도 골치가 아프다. 한국 문제를 거론하게 되면 우리는 헝가리 문제뿐만 아니라 러시아 문제까지 고민하게 될 것이고, 그렇게 되면 라코시 Rákosi 문제는 아무 것도 아닐 것이다.

나는 '페토피 서클'의 친구들의 말이 맞을 수 있다고 본다. 그러나 그들은 내가 더 이상 완전한 침묵을 견디지 못해서 그런다고 나름대로 이해했을 뿐이다. 나는 망설임 끝에 결국 출구를 선택한 것이다. 저널리즘에서의 진실과, 왜곡된 관점에 따라 진실을 외면하는 저널리즘의 범죄 사례를 들춰내는 것에 대해 말하자면, 나는 한국전쟁에서 있었던 사건을 제기한 것이다. 다음은 내 기억에 따라 진술한 것이다.

"1952년 겨울, 나는 정전협상이 진행되고 있는 판문점에서 한 유고슬라비아 언론인을 만났다고 했다. 결국 내 기사에서 나는 그를 무슨 짓이든 저지를 수 있는 '제국주의 세력의 끄나풀'이라고 언급했었다. 오늘날 나는 회고해 보건대, 스스로에게 묻는다. 무엇이 진실이었을까? 그 유고슬라비아 기자는 북한에서 온 우리들에게 다가 와 아

주 친절하고 상냥한 태도로 대화를 걸기 시작했다. 그가 우리에게 말했다. 한국은 아주 아름다운 나라이며, 풍경이 세르비아를 닮았다는 둥 일반적인 얘기들을 늘어놓았다. 반면에 우리는 이렇게 생각했다. '우린 네 장난을 받아 줄 준비가 되어 있어. 이 제국주의 독사야. 우리는 친절을 위장한 너의 거짓에 속지 않아.' 우리는 그의 말을 잠시 들어 주었고 그런 다음 딱딱한 어투로 한 수 가르쳐 주었다. 당연히 그도 잠자코 있지 않았다. 그는 계속해서 우리에게 호의를 베풀었다. 당시에는 그의 반응이 창피함을 덮기 위한 공세로 이해되었고, 우리의 공격은 정당하며 유익한 교훈이 되었을 거라고 생각했었다."

우리는 분명 거짓말을 하고 싶지 않다. 심지어 우리는 우리가 진실을 쓴다고 믿었다. '자연스런' 사실이 아니라 훨씬 더 중요한 진실, 더 넓은 의미의 진실.

그것은 우리가 어떤 사건의 이면을 파헤쳤다는 것도 아니고, 결코 자존심 센 해외특파원의 자세에 관한 것도 아니다. 실제로 벌어졌던 일은 훨씬 더 끔찍하고 치명적이었다. 예상컨대, 우리는 우리가 보고 싶은 대로 사태를 바라보는 경향이 있다. 우리는 눈으로 직접 보고 자신의 생각대로 사고할 수 없었다.

이 말은 그날 페토피 서클에서 내가 한 말이다. 당시, 흐루시초프와 그의 측근들뿐만 아니라 라코시와 그를 지지하는 사람들은 이미 유고슬라비아 문제를 억누르는 방식으로 접근하고 있었다. 내가 언급한 사건들은 그 자체로 비판의 여지가 없다. 그러나 페토피 서클에 참여한 6천 명의 일반 대중들은 내가 제기하고자 하는 문제를 너무도 잘 이해했다.

그래서 나는 결심했다. 이 문제, 즉 한국전쟁과 생물학무기, 내가 한시도 평안을 느끼지 못했던 기억들을 첫 번째 기회에서 모두 솔직하게 털어놓기로 결심했던 것이다.

한국전쟁의 거짓말

1956년 헝가리혁명이 짓밟힌 후, 나는 체포될 위험을 피해 베오그라드를 거쳐 빈Wien으로 피신했다. 도착하던 날 나는 전화를 받았다. 〈미국의 소리〉VOA 기자였는데, 그는 뮌헨에서 내게 박테리아 생물학무기에 관한 인터뷰를 요청했다. 그는 단호하게 내게 그 모든 일들이 전부 거짓말이었고, 내가 속았으며 나의 의도가 왜곡되었다고 선언하라고 했다.

나는 생물학무기에 관한 모든 기사를 북한에 있을 때 작성했고, 실제로 본 것들을 기사로 작성했다고 대답했다. 그런데 이제 와서 내가 아무 것도 보지 못한 척을 할 수 있겠는가? 오직 한 가지만 가능했고, 그 가능성은 오랫동안 나를 괴롭혀 왔다. 그것은 현장에서 내가 볼 수 있는 것들을 토대로 쓴 기사가 진실에 부합되지 않는다는 것이다.

나는 과학자가 아니기 때문에, 내가 쓴 글을 확실시 검증할 수 있는 방법이 없다. 그러나 최소한 나의 설명이 유효한지 아닌지 확인하기 위해, 무엇보다 나는 내가 아는 객관적이고 과학적인 전문가들과 소통할 필요가 있었다. 나는 그들에게 미리 경고를 하지 않은 채 그들의 견해를 물었다. 이 작업은 오랜 시간이 걸렸고 조사는 신중하게 이루어졌다.

나는 내게 전화를 건 기자의 인내심이 점차 바닥나고 있음을 느꼈다.

"설마 이 엄청난 이야기를 아직도 당신이 믿고 있다고 얘기하는 건 아니죠?"

나는 대충 이런 식으로 대답했다.

"이 보시오. 기자 양반, 나는 오랫동안 원칙적으로 내가 믿고 발견한 것들만 주장해 왔다고 자부하오. 이제 더 이상 내가 믿거나 또는 믿지 않는 것에 대해 말하라고 하지 마시오. 나는 그런 모든 억측들을 거부하겠소. 이제부터 내가 직접 확인하고 검증하지 않은 어떤 것도 세상에 내놓지 않겠소."

그날 나는 아무 말도 하지 않았다. 내가 달리 행동할 수 있었을까? 북한에서 나는 생물학무기의 신빙성을 보태라는 위협이나 내게 제공된 증거들을 받아들이고 신문에 보도하라는 강요를 받은 적이 없다. 내 신념은 순수했다. 이제 와서 사실을 다시 재검증해 보지도 않고 거짓말이었던 모든 것들에 대해 떠벌리고 다니는 것은 의미 없는 주장일 뿐이다.

알 만한 사람들, 과학자들만이 내가 그동안 겪어왔던 의문점들을 풀 수 있다는 사실을 알고 있다. 그래서 나는 파리에 도착하자마자, 프랑스에서 이 분야의 최고 전문가들을 만나려고 했다. 그들 앞에 내가 본 것들을 꺼내 놓고 혹시라도 나의 양심에 위안을 줄 수 있는 그들의 견해를 들어 보고 싶었다. 그것은 〈미국의 소리〉 방송의 요구 때문도 아니었고, 내가 답을 찾고 있었기 때문이다. 나는 그저 진실을 알고 싶었다.

나는 조사하는 과정에서 한 사람씩 만나 차례로 질문을 이어나갔는데, 이런 사람들이었다.

저명한 생물학자인 쟝 로스탕Jean Rostand, 파리대학 약학과 박테리아학 교수인 파스케Fasquelle , 파리 어원학연구소장 세구이Seguy 교수, 콜레라 연구에서 세계 최고의 권위자인 파스퇴르연구소의 갈루Gallut 박사, 파스퇴르연구소장 트레포우Trefouel 교수, 마지막으로 국제전염병예방연구소장 르피네Lepine 교수 등.

내가 오늘 이 글을 쓸 수 있게 된 것은 이분들의 인내와 선의 덕분이며, 이분들께 감사를 전하며 큰 빚을 졌다.

3.

세균무기라는 것이 처음으로 알려진 계기는 조선민주주의인민공화국의 외무상인 박헌영의 발표 때문이었다. 이 발표는 1952년 2월 22일에 나왔다. "추정컨대, 1월 28일부터 전쟁에 끼어 든 미군이 우리 군대가 주둔한 지역과 배후지역에 정기적으로 어마어마한 규모의 공중폭격과 세균 덩어리 벌레들을 투하하고 있다. 박테리아 생물학 검사를 통해 이 벌레들이 페스트와 콜레라 세균, 기타 전염병을 유발시킨다는 것이 밝혀졌다."

의문스럽고 비극적인 역설이지만, 운명은 박헌영에게도 그렇게 다가왔다. 그는 몇 달 뒤 외상직에서 축출되고 권좌에서 굴러 떨어져서 마침내 사형을 언도받고 처형되었다. 물론 이것은 위에서 언급한 발표 책임과 관계없다. 오히려 그는 '미 제국주의자의 스파이'라는 혐의를 받았다.

박헌영의 발표가 있은 지 48시간 후, 중국의 저우언라이 외상이 중화인민공화국을 대신하여 이 발표를 뒷받침했다. "전 세계 인민들 앞에서 미국 정부가 모든 인도주의 원칙과 국제협약을 위배하며 한반도에서 병사들뿐만 아니라 무고한 시민들을 학살하기 위해 생물학무기를 사용한 것을 고발한다."

며칠 뒤 나는 부다페스트의 신문사로부터 전문을 받았다. 즉시 정전협상에 관한 기사를 중단하고 판문점을 떠나서 '생물학무기'를 취재하기 위해 후방지역으로 가라는 내용이었다.

1952년 3월 2일 아침, 나는 폴란드 기자단, 북한 기자단과 함께 북한의 수도인 평양으로 가기 위해 개성을 출발했다.

추위는 끔찍했다. 우리는 지붕도 없는 지프차를 타고 코트와 이불을 뒤집어쓰고 달렸다. 추위 때문에 정신은 말똥했다. 산들은 온통 눈에 뒤덮였고, 강은 얼어붙었다. 시꺼먼 얼음으로 뒤덮인 길을 지날 때는 천천히 고통을 참으며 지나야 했다. 한반도의 추위가 최고조에 달했을 때였다.

평양에서 나는 북한의 보건상인 이병남李炳南을 인터뷰했는데, 그가 내게 박테리아 공격의 '사실과 증거'들에 대한 정보를 주었다. 그가 말한 요지는 다음과 같다.

"세균전의 첫 번째 징후는 1월 28일 발생했습니다. 중공군 몇 명이 여기저기서 벌레들이 이상한 모양으로 죽어 있는 것을 보고했습니다. 그 후 이 지역에 위생반이 투입되었습니다. 박테리아생물학자들이 벌레들을 검사한 결과 콜레라와 페스트균을 갖고 있다는 결론에 이르렀습니다. 처음 공격은 Choson, Tsoson, Kumhwa(원문대로) 지역 그리고 한강 북쪽 강안을 따라 발생했습니다. 그러나 이후 미군은 이러한 공격을 전 지역으로 확대했습니다."

보건상은 내게 공격당한 지역을 빨간 원으로 표시한 지도를 보여주었다. 모두 22군데였다.

"벌레들은 비행기에서 투하되었습니다." 그가 말했다. "용기들 그리고 여러 형태의 종이상자들에 담겨져 있었습니다. 그것들은 강과 연못 위에서 분출되었습니다. 현재 기온은 거의 항상 영하라서 영상 5도를 넘지 않습니다. 따라서 벌레들이 확산되거나 세균들이 전파되는 데 도움이 되는 환경은 아닙니다. 따라서 일부 벌레들은 사멸합니다. 하지만 예를 들면 콜레라 세균은 얼음 위에서도 생존할 수 있으며 심지어 벌레들이 죽은 뒤에야 비로소 독성을 지니게 됩니다. 그렇게 해서 전염병이 봄과 여름, 늦가을에도 발생하게 됩니다. 벌써 몇몇 환자가 확인되었고 몇 명은 사망했습니다. 심지어 전문가들은 세균들에서 식물도 오염시킬 수 있는 변종들을 발견했다고 합니다."

이렇게 일반적인 설명이 있은 뒤에 나는 실험실로 안내되었다. 그곳에는 수많은 벌레들이 담겨진 아주 큰 실험관과 여러 용기들이 있

한국전쟁의 거짓말

었다. 실험관 하나마다 라벨이 붙어있었는데, 거기에는 벌레를 발견한 사람과 날짜, 장소가 표시되어 있었다. 주로 농부, 군인, 마을 사람들이었다.

나는 다양하게 준비된 현미경을 보게 되었다. 그중 하나는 벼룩의 내장 표본이었다. 눈 덮인 Choson 근처에서 발견된 벌레라는 설명이 있었고, 현미경은 페스트균을 보여주고 있었다. 이번에는 물고기 표본이었는데, 콜레라균의 모습이 확실했다. 목격자에 따르면, 이 물고기는 미군 비행기에서 떨어졌다고 한다.

손으로 쓴 증언들만큼이나, 평범한 사람에게는 다소 거북스런 벌레들과 으스스한 곤충들, 녹색 거미와 여러 벌레들, 이 모든 놀라운 증거들은 나 같은 관찰자에게 깊고 고통스런 인상을 주었다. 반감과 공포가 뒤섞인 인상을 피하기 힘들었다. 어쨌든, 나는 실험실을 한 번 방문한 것만으로 기사를 쓸 수는 없으며 세균전 공격이 벌어진 현장에 가고 싶다는 바람을 간신히 밝혔다.

그 후 나는 며칠 뒤 허가를 받아서 '현장'에 갈 수 있었다.

우리는 평양에서 약 28㎞ 떨어진 곳에 위치한 '소노리'Sono-ri라는 작은 마을로 갔다. 좁다란 길 위의 땅바닥은 여기저기 햇볕이 들어 물러진 곳을 제외하고는 대부분 서리가 끼고 딱딱하게 굳어 있었다.

마을 주민들은 한 농부가 대동강 둑 근처의 강물 위에 뜬 얼음 위에서 여덟 무더기의 파리 떼를 발견했다고 말했다. 파리들은 살아있었고 곧바로 몇 백 미터 범위로 퍼져나갔다고 한다. 파리들은 천천히 움직였는데, 오전 중에 온도가 올라가자 몇 미터 위로 날 수 있게 되었다고 한다. 나흘 동안 마을 사람들은 파리를 없애려고 나뭇가지와 옥수수 대를 태웠다고 한다.

"어떻게 파리들이 강물 위 얼음에 있었을까요?" 내가 물었다.

"매일 밤마다 엄청나게 많은 미군 비행기들이 우리 마을 위로 날

아다녔소. 그자들이 2월 27일부터 28일 밤 동안에 그렇게 했지.(파리 여덟 무더기는 28일에 발견되었다.) 게다가 27일 해질 무렵 미군 비행기 4대가 그 다음날 아침 파리 떼가 발견된 곳의 하늘 위에서 약 반시간 동안 원을 그리며 날아다녔소. 비행기에서 폭탄을 떨어뜨리거나 마을에 기총사격을 하지는 않았소. 비행기들은 아무 것도 하지 않으면서 아주 낮게 날았지."

나는 강둑으로 가 보았다. 가장자리에서부터 약 3미터 정도 얼음이 얼어 있었다. 눈에 보이는 허연 얼음벌판 위로 마치 장례식 행렬처럼 농부들이 불을 붙여 벌레들을 없애려고 한 흔적들이 보였다. 나는 살아있는 생명체가 아닌 잔인하게 남은 잔해들을 살펴보았다. 나는 약 스무 개 정도의 불에 탄 흔적들을 살펴보다가 갑자기 얼음 위에서 움직이는 검은 점들을 발견했다. 파리였다. 파리들이 얼음 위를 기어 다녔다. 짧은 날개가 달린 몸뚱이가 어색하게 움직이고 있었다. 태양이 얼음을 녹여 물웅덩이를 만들어 내고 있었다. 이 더러운 물의 표면에서 6~8마리의 벌레들이 떠다니는 것을 볼 수 있었다. 얼음에서 약간 더 떨어진 곳에는 더 많은 파리들이 움직이고 있었다.

내가 온 것은 수많은 파리 떼를 발견한 지 열흘이 지난 다음이었다. 나는 한 늙은 농부를 취재했는데, 그는 여태까지 이 마을에서 이런 벌레들을 본 적이 없다고 단언했다.

나는 파리 몇 마리를 평양의 중앙연구소로 가져갔다. 실험 결과, 콜레라균이 발견되었다는 통보를 받았다. 소노리를 지나 대동강은 수도 평양으로 흘러간다. 시의 상수도 시설이 소노리와 평양 사이에 위치하고 있다. 결과적으로 소노리의 물이 콜레라균에 오염되었다면, 자동적으로 수도 평양의 물도 오염된 것이다.

이 모든 증거들은 명백하고 논리적이며 확실해 보였다. 그리고 평양에서는 더 충격적인 사실이 나를 기다리고 있었다.

한국전쟁의 거짓말

나는 남능리Namnun-ri 중심부의 2번가 6번지로 안내되었다. 사전에 예방조치로서 콜레라 예방접종을 받았다. 머리에서 발끝까지 고무로 된 외피를 입었는데, 허리 위까지 올라오는 바지와 눈을 덮는 슬릿이 연결된 후드가 달려있었고, 검은 색 부츠와 긴 장갑을 끼었다. 이 위에 하얀 색 외투를 걸치고 공기정화장치가 달린 마스크를 썼다.

우리가 둘러 볼 집들에는 줄이 쳐져 있었고 무장한 경비병이 보초를 서고 있었다. 출입금지 구역이었다. 특별한 허가 없이 이 지역에 들어오거나 나가는 것이 엄격하게 통제되고 있었다.

이곳에서 세 사람이 콜레라로 사망했다고 한다. 68세 노인과 그의 6살, 2살짜리 어린 손자들이다.

내게 사건의 경위를 알려 준 이들은 a) 아이들의 부모, b) 평양시립병원 의사, c) 방역위원장이었다.

"3월 5일 수요일 새벽 몇 대의 비행기가 이 지역 상공을 선회했다. 이른 아침 노인은 자기 집 마당에 파리 떼 세 무더기가 있는 것을 발견했다. 무더기 근처에서 사각형의 봉투와 남한에서 뿌린 전단지들이 발견되었다. 노인은 파리를 장작더미에 쓸어 넣고 불에 태웠다. 이 때 아이들이 근처에서 놀고 있었는데, 노인은 아이들에게 저리가라고 했지만 아이들은 장난이라고 생각했다. 그리고 나서 노인은 손을 씻으러 갔고 아이들과 함께 아침밥을 먹었다."

"그날 저녁 병이 도졌다. 병세를 처음 호소한 이는 노인이었다. 그리고 여섯 살 손자와 아이 순서로 병세가 나타났다. 그 후 콜레라 진단을 받았고 증상은 교과서에 설명된 대로 나타났다. 세 명이 사망한 다음, 사후 검사를 해서 확진 판정을 내렸다. 전염병예방위원장은 마을에서 발견된 파리를 실험실로 보냈고, 부분적으로 콜레라균이 확인되었다. 노인과 아이들이 파리 떼를 쓸고 태우면서 전염되어 발병했다는 사실이 분명해졌다. 그렇다. 그는 확실히 손을 씻었지만 완전하지는 않았던 것이다. 아이들이 손을 씻든 말든 아무도 몰랐다. 아침 사이에 병균이 이들 몸속으로 침투했을 것이다."

이렇게 해서 취합된 사실들은 우울하고 무서웠다. 나아가 어떤 측면에서는 증거와 설명들만큼이나 감정적인 측면도 기자인 내게 영향을 미쳤다고 할 수 있다.

소노리에 사는 79세 노인이 나를 찾아 왔다. 그는 온통 하얀 색옷을 입었고, 주름진 얼굴로 큰 비통함을 나타냈다. 나는 아직도 그의 말을 또렷이 기억한다.

"내 평생 여러 일을 겪었지만, 그렇게 끔찍한 일은 없었소. 우리가 목석이 아닌 이상에야 이렇게 잔인한 일을 어찌 보겠소." 그는 생생하게 말했다.

"우리가 바위였더라도 이런 끔찍한 일을 보게 된다면 몸서리를 칠 것이오."

그리고 평양 한 가운데에서 콜레라로 사망한 두 아이의 엄마인 한 젊은 여성이 부르짖었다. 그녀의 눈은 너무 울어서 메말랐고 그녀의 입술은 갈라져 있었다.

"왜 우리를 죽이는 거야? 이 죗값을 치르도록 응징합시다!"

이상은 당시 북한에서 만연했던 분위기를 그대로 전달하기 위해 적어 두는 것이다. 이는 앞으로 나오게 될 설득 방법을 암시하고, 동시에 우리 앞에 놓일 사실들과 사라질 감정들을 보여주기 위함이다.

이는 사실들은 분석하기 전에 밝혀 두어야 할 것들이다. 프랑스 과학자들이 내게 알려 준 정답과 설명을 독자들에게 폭로하기에 앞서, 나는 모든 감정적 요인들을 제거하고 내 개인경험을 설명했다.

4.
나는 내가 자문을 구했던 과학자로부터 보고 들은 모든 것을 자

한국전쟁의 거짓말

세하게 보고했다. 그들의 정확하고 과학적으로 엄정한 답변은 절대적으로 신뢰할 수 있다. 물론 때로는 몇 시간에 걸쳐 진행된 내용을 상세하게 설명할 수는 없는 노릇이다. 대부분의 경우 설령 아주 흥미로운 내용이더라도 주의력이 부족한 독자들을 산만하게 할 수 있는 기술적인 세부사항은 생략할 필요가 있다. 모든 말을 전부 다 인용하기보다는 과학자들과 나눈 얘기의 핵심을 뽑아내어 요약하겠다.

"적어도 이론적으로 누군가 콜레라균을 보유한 파리를 이용해 평양의 물을 오염시키려고 했다면 그게 가능할까요?"

장 로스탕 박사의 답변은 다음과 같이 요약할 수 있다.

"노인이 파리를 쓸어버리는 동안 그 노인과 두 손자가 콜레라에 감염되는 것이 과학적으로 가능한가요?"

"그 자체만으로는 가능성을 배제할 수 없습니다."

"그렇다면, 내가 아는 두 가지의 사례는 과학적인 관점에서 완전히 틀린 말이 아니라는 겁니까?"

"말이 안 된다는 뜻은 아닙니다."

하지만 이런 대화를 나누었던 모든 과학자들은 이렇게 대답했다.

"말이 안 되죠. 분명히 안 되죠. 하지만 증거가 있습니까?"

"방금 전 당신에게 자세히 설명했잖아요. …"

"바로 그게 문제입니다."

이제 내가 질문세례를 당할 차례이다.

"당신이 대동강 물 위의 얼음에서 본 파리가 실제로 콜레라균을 가졌다고 어떻게 증명할 수 있지요?"

"그럼, 평양의 연구소가 내놓은 답변은 뭡니까?"

"당신은 직접 파리를 연구소로 가져다주었다고 했습니다. 좋습니다. 하지만 당신은 현미경으로 검사할 때 현장에 있었습니까? 당신이 벌레들을 검사하는 시작부터 끝까지 있었다고 할 수 있습니까? 당신은 이 분야에 조금이라도 전문지식이 있습니까? …"

"전혀요!"

"그렇다면 당신은 어떤 말이라도 들을 수 있는 겁니다. 그들은 당신에게 콜레라뿐만 아니라 페스트라고 했을 수도 있어요. 당신은 입증할 방법이 없어요. 파리만 하더라도, 분명히 노인과 손자들이 콜레라에 걸렸다고 진달할 수 있는 원인이었겠지만 … 그것은 절대로 불가능해요. 다른 원인으로 콜레라에 걸렸을 수도 있어요. 예를 들면, 파리가 모두 없어진 후에도 음식물을 통해서 감염될 수 있어요."

"분명, 이건 가정입니다만 … 내가 말할 수 있는 것은, 이것이 문제의 핵심입니다만, 희생자들이 파리 때문에 콜레라에 감염되었다는 증거는 어디에도 없습니다."

그리고 콜레라 분야에서 저명한 전문가인 파스퇴르연구소의 갈루 Gallut 박사는 내게 이렇게 물었다.

"현미경으로 확인된 콜레라균이 실제로 당신이 사례로 든 희생자들의 몸에서 검출되었다고 절대적으로 확신할 수 있습니까?"

"물론, 제가 희생자들에 대한 부검이나 실험실 검사 현장에 있었던 것은 아닙니다."

"그건 그냥 콜레라균입니다." 갈루 박사는 말했다. "당신은 전 세계 여러 곳의 실험실에서 콜레라균을 보실 수 있을 겁니다. 여기 파스퇴르연구소에도 좀 있지요. 그리고 다른 연구소들도 갖고 있어요. 어느 날 부쿠레슈티에서 과학 실험용으로 콜레라균을 좀 보내달라고 하면, 우리는 그걸 한 번에 보내주지요. 콜레라균을 만들어 내거나 보여주는 건 전혀 어렵지 않아요. 그렇다고 당신이 관심을 갖고 있는 사례가 이렇게 된 거라고 말하는 것은 아니에요. 난 그저 당신이 직접 현미경으로 콜레라균을 봤다는 것만으로는 충분한 증거가 되지 않는다는 점을 말하려는 겁니다."

한국전쟁의 거짓말

내가 조사하는 동안 알게 된 해답은, 내가 북한의 현장에 있을 때 세균전에 대응하기 위해 동원된 의사와 과학자들이 나에게 제시한 모든 증거와 정보들에 대해 당연히 의심이 들기 시작했다는 것이다. 이들 중에는 중국과 북한의 과학계에서 권위를 휘두르는 사람도 있고, 일부는 서양의 대학에서 명예학위를 받은 사람도 있고, 항일 전쟁과 버마에서 활동한 공로를 인정받아 미국의 훈장을 받은 사람도 있다는 점을 밝혀 둘 필요가 있다.

이런 사람들이 진실과 동떨어진 말을 했으리라고 생각할 수 있을까? 저들이 한 말은 신빙성 없는 그럴듯한 의견일 뿐인가?

지난 몇 년간의 내 경험에 비춰볼 때, 미안하지만 사실 충분히 그렇다고 말할 수밖에 없다.

독자들의 견해를 돕고자 두 가지 사례를 들겠다.

첫째는 모두가 알고 있는 사실이다. '하얀 가운을 입은 살인자'로 불리는 소련 의사 사건이다. 소련의 천재적인 과학자 집단은 유태인 의사들(Zhdanov의 암살, Zhukov의 암살 미수 그리고 다른 의사들)에 대한 비난이 교묘하게 날조되었음을 확인해 주었다. 시간이 좀 지난 뒤 소련 정부는 이러한 비난이 근거 없이 이루어졌으며 유태인 의사들의 자백은 강압에서 나왔음을 인정했다. 또한 당국이 새로운 성명을 발표할 때마다 저명한 과학자들이 이를 지지하기도 했는데 이 때문에 당시에는 사실로 받아들여졌다.

다른 사례는 잘 알려지지 않은 것이다. 1955년 봄 마차시 라코시 Mátyás Rákosi가 정부에서 이므레 나기Imre Nagy(헝가리 공산당의 자유진영을 대표하는 인물)를 제거할 때, 의사진단서가 이용되었다. 진단서에 따르면 이므레 나기는 병이 심해서 그해 3월에 열릴 중앙위원회 회의에 참석할 수 없다는 것이다. 실령 그의 건강 상태가 그렇지 않더라도 그는 정치활동을 할 수 없었다.

이 발표에는 헝가리 과학아카데미 원장인 의학교수가 서명을 했는데, 그의 업적은 아무도 이의를 제기할 수 없는 정도이다. 며칠 지나서 헝가리 정치국 멤버이자 소련 대표인 수슬로프M.A. Suslov가 이므레 나기의 집에 찾아 와 자아비판을 하라고 요구했다. 이 방문 역시 곧바로 발표되었는데, 똑같은 교수가 서명을 했다. 이때 소견서에서 이 교수는 이므레 나기의 건강에 대해 눈에 띄게 좋아졌다고 했는데, 이는 정치문제로 발전할 수도 있었다.

이어서 극적인 사태가 전개되었다. 이므레 나기는 자아비판을 거부했다. 그러자 곧바로 자아비판으로는 충분하지 않으므로 중앙위원회에서 그를 축출할 필요가 있다는 결정이 내려졌다. 이번에도 똑같은 교수가 세 번째로 소견서에 서명을 했는데, 이렇게 진단했다. "환자의 상태로 볼 때, 앞으로 몇 달 간 정치활동을 금해야 한다." 이러한 조작을 통해 이므레 나기가 부재한 가운데 그에 대한 비판이 조성되었고, 마침내 1955년 봄의 중앙위원회 회의에서 그는 축출되었다.

분명 이 모두가 세균무기와 긴밀히 연관된 것은 아니다. 하지만, 내가 찾아 본 이 사례들은 스탈린 정권에서 만약 부패하지 않은 사람이라면 누구든지 아무리 최고의 권위를 가진 과학자들이 여럿이라 할지라도 이들을 깨부술 수 있다는 점을 보여주는 것이다. 저들은 정부가 제시하는 '과학적인' 성명서라면 아무 것에나 전부 서명할 수 있는 인간들이다.

이런 관행은 모두에게 심각한 비극이다. 그들은 과학계에 너무나 불행이다. 왜냐하면 그들이 과학자들과 과학 자체를 욕되게 하기 때문이다. 불행하게도 그런 관행이 존재한다. 이 때문에 나는 개인적인 경험상 중국과 북한 과학자들이 나에게 제시한 증거들을 비판 없이 받아들일 수 없다.

나는 다음의 결론에 이르렀다. 내가 한반도에서 본 것이 어처구니

한국전쟁의 거짓말

없는 것이라면, 어쨌든 이것들은 엄밀히 과학적인 관점에서 볼 때 증거가 될 수 없다. 그런 점에서 그것들은 아무런 가치도 없는 이야기라고 할 수 있다.

그런데, 내가 자문을 구한 프랑스 과학자들의 견해는 여기에서 그치지 않는다. 사실 더 심각하다.

5.

세구이Seguy 교수는 프랑스 파리에 위치한 곤충학연구소의 소장이다. 그는 45년간 파리의 습관과 행동을 연구해 왔다. 과장 없이, 그는 이 분야에서 최고의 전문가로 인정받는다. 국제과학자위원회가 작성한 다소 긴 보고서인 '한반도와 중국에서의 세균무기에 관한 사실조사'는 세균무기를 정당화하려고 했는데, 보고서에서 몇 차례 이 분야의 권위자인 세구이 교수를 언급(75, 140, 146, 152쪽)한 사실이 과학계에서 그의 중요성을 확인해 주었다.

이제 바로 그 세구이 교수가 내 앞에서 이렇게 말했다.

"곤충을 이용한 세균공격이 시작되었다구요? 다시 말하죠. 곤충을 이용해서! 그건 순전히 환상입니다. 군인에게 명령을 내리듯이 곤충들에게는 명령을 할 수 없습니다! 그래요, 당신은 그 위원회의 보고서를 말하는 거죠. 하지만 내 서고에는 그 보고서가 없어요. 과학적으로 그 모든 게 물을 움켜쥐는 것 같은 환상이죠."

내가 말한 사례에 대해, 세구이 교수는 내게 이렇게 말했다.

"나는 파리를 세균무기로 이용한다는 것은 불가능하다고 봅니다. 운반수단으로 아주 적합하지 않기 때문입니다. 오히려 일반에도 어느 정도 알려져 있지만, 파리는 곤충 중에서도 가장 깨끗한 곤충 중 하나이기 때문이죠. 파리를 한 번 보세요. 끊임없이 자기 몸을 청소하잖아요. 파리의 침은 방부제의 성질을 띠고 있죠. 세균이 옮더라도 침이 곧바로 파괴시켜버립니다. 아주 빨리, 예를 들면, 불과 약 30분 만에요."

"그렇다면, 파리가 콜레라균을 퍼뜨릴 수 없다는 건가요?"

"그렇다고는 하지 않았소. 전염병이 만연한 곳에서 파리는 희생자들의 배설물에 앉았다가 질병을 퍼뜨릴 수 있습니다. 하지만 그런 다음에도 여전히 파리의 침은 자기가 옮긴 세균들을 아주 빠른 시간 안에 파괴시켜버립니다."

"그렇다면, 콜레라균을 지닌 파리들을 비행기에서 떨어뜨려서..."

"그 부분에서 나는 아주 기겁을 했소. 파리들을 어떤 용기에 담았거나 또는 종이봉투에 담았든지 간에 그것들이 땅에 떨어졌을 때는 이미 모두 다 죽었을 거예요. 당신이 설명한 조건에서라면, 파리들은 아마 답답해서 이미 죽었을 겁니다."

"그렇다면 제가 얼음 위에서 본 파리들에 대해서는 어떻게 생각하십니까? 제가 듣기로는 그 파리들이 8일에서 10일 정도 그곳에 있었다는데?"

"아주 이상한 일이군요." 세구이 교수는 두 팔을 위로 들어 올리며 대답했다. "우리가 있는 방의 온도는 약 영상 15도 정도인데, 파리가 전혀 없죠? 모두가 다 잘 알고 있듯이 파리는 추위를 좋아하지도 견딜 수도 없어요. 어째서 파리가 얼음 위에서 잠깐이라도 살 수 없는지에 대해서는 수많은 이유가 있지요."

"내가 한국에 있을 때, 나는 미국이 '소련의 위대한 과학적 발견' 즉 파리가 추위를 견딜 수 있게 하는 'Mitchourino-Lysenkoist' 방식을 이용했다는 얘기를 들었습니다."

"놀랍게도 여기 내가 아는 다른 사실이 하나 있습니다. 나는 지금까지 리젠코Lysenko 방식을 통해 파리에서 어떤 긍정적인 결과를 얻었다는 얘기를 들어 본 적이 없습니다. 더구나 이에 대해서는 소련에

서조차 비공식적으로 이견이 있다더군요."

"한국의 소노리에 사는 나이 많은 주민들은 한 결 같이 그 지역에서 한 번도 본 적이 없는 특이한 종류의 파리들이었다고 말해 주었습니다."

"그걸 어떻게 증명하죠? 프랑스에서만 1만5천 종의 파리를 볼 수 있습니다. 아주 간단히 말해서, 다시 말하지만, 아무도 파리에게 세균무기를 실어 보낼 수는 없습니다."

지금까지 파리에 관해 얘기했다면, 이제 세계에서 가장 위대한 연구자의 설명으로 모든 게 분명해졌다고 할 수 있는데, 이 모든 결과는 내가 바라던 것이 아니었다.

이제 생물학무기 사용을 비난했던 측의 주장은 마지막 관문을 남겨 둔 셈이다. 독자들은 북한의 보건상이 발표한 내용, 즉 콜레라균이 곤충이 죽은 뒤에나 눈 속에서도 살아남을 수 있고, 그 다음의 여름이나 가을에 전염병을 퍼뜨릴 수 있다는 설명을 기억할 것이다.

이 마지막 관문 역시 저명한 콜레라 전문가인 갈루Gallut 박사가 내게 해 준 공식 발언으로 무너져 버렸다.

"콜레라균은 아주 취약합니다." 그는 설명했다. "그냥 내버려 두면 콜레라균들은 몇 시간 내에 죽습니다. 추위에 아주 약하죠. 영하의 온도는 아주 치명적이죠. 그렇다고 얼음이 녹는 온도라고 더 좋은 환경은 아니죠. 일반적으로 겨울이 오면 콜레라 창궐이 멈추는 것으로 보고되고 있습니다. 이런 현상은 1947년 당시 따뜻한 지역인 이집트에서도 나타났습니다. 당연히 콜레라균은 냉온에서 보관할 수 있습니다. 콜레라균은 영하 70도의 이산화탄소로 냉동됩니다. 이 온도에서 콜레라균은 어떤 방식으로 탈수되어 튜브 상태에서 수년 간 보관할 수 있습니다."

"그렇게 보관했던 것이 제가 본 사례일 가능성은 없나요?"

"균을 다시 활성화시키려면, 영상 37도의 배양액에 24시간 동안 가만히 놔두어야 합니다. 다시 상온에 놔둔다면 낮은 저온에서 얼어 있던 균들은 다 쓸모없게 될 겁니다. 과학자라면 아무도 그런 생각을 하지 않을 겁니다."

이제 콜레라균을 전파하는 파리와 관련된 모든 과학적인 설명과 나에게 제시되었던 사이비 과학의 설명들을 하나씩 논박했고, 진실이 드러났다. 파리를 이용해서 세균공격을 하는 것은 불가능하다. 콜레라균을 얼음 위에 던져 놓고 그것들이 나중에 다시 활성화된다고 말하는 것은 어불성설이다. 그리고 파리를 마치 낙하산처럼 비행기에서 떨어뜨릴 수 없으며, 용기나 봉투에 담겨진 파리는 땅에 떨어지기 전에 또는 떨어지는 도중에 아니면 땅에 떨어지자마자 곧바로 죽을 것이라는 사실을 나는 인정하지 않을 수 없다.

한 가지 사실은 아직도 분명하고 논란의 여지가 없다. 풀리지 않은 의문이 하나 있다. 어떻게 파리들이 얼음 위에 있었을까? 내가 본 곳 뿐만 아니라 지역 주민들이 파리(다른 벌레들은 말할 것도 없이) 더미를 쌓아 두었던 여러 곳에서, 지역 주민들이 영하 10도에서 영상 10도 사이의 낮은 온도에서 이 벌레들을 발견했고 수천 종의 샘플들을 평양의 실험실로 보냈다. 손으로 쓴 수백 통의 진술서들과 함께.

6.
내가 목격한, 대동강의 얼음 위에서 기고 있던 파리들은 어디에서 온 것일까? 내가 소노리에서 들었던 말들을 하나씩 되짚어 보자. "매일 밤, 수많은 미국 비행기가 마을 상공을 날았다. 그것은 2월 27일, 28일 밤이었다. 특히 27일 해질 무렵, 4대의 미국 비행기가 약 반 시간가량 이튿날 아침 벌레가 발견된 지역의 상공을 선회했다. 비행기는 폭탄도 떨어뜨리지 않았고 마을에 기관총을 쏘지도 않았다. 비행기는 겉으로 보기에 아무 것도 하지 않았고 낮게 날았다."

그리고 콜레라로 죽은 노인의 아들이자 두 아이들의 아버지는 평양에서 나에게 뭐라고 했던가?

"파리들이 발견되던 날 저녁, 미국 비행기가 아주 낮게 날았고 그 지역 상공을 선회했다."

이 증언들에서 우리는 몇 가지 공통점을 발견할 수 있다.

비행기 소리를 들었다는 사람들의 증언을 의심하지 않는다면, 아무도 육안으로 직접 비행을 보지 못했다는 것 역시 사실일 것이다. 이 증언들은 전부 소리를 들었다는 것이었다. 나는 미군 비행기였을 것이라는 점은 인정한다. 하지만 모두의 증언에서 비행기가 용기나 봉투, 또는 파리를 떨어뜨리는 것을 실제로 본 사람은 아무도 없었다. 이 점에서 오직 가정만 내세울 수 있다.

하지만 조금 더 깊이 생각해 볼 필요가 있다. 나는 내가 한국에 머무는 동안 작성한 노트를 참조했다. 이에 따르면, 나는 세균공격이 발생한 방식에 대해 의문을 제기했다. 용기와 다양한 모양의 종이봉투에 담겨져 비행기에서 투하된 벌레들. "우리는 아직까지 어떻게 그것들이 투하되었는지 정확하게 알 수 없다. 왜냐하면 지금까지 공격이 거의 언제나 밤이나 구름이 잔뜩 낀 날 이루어졌기 때문이다."

위에서도 발췌해 인용했던, 내가 북한 보건상과 나누었던 대화는 세균공격이 있었다는 외상의 성명이 발표된 지 15일 뒤에 이루어졌는데, 내가 이것을 좀 더 자세히 살펴보았더라면 그 뜻이 분명해졌을 것이다.

침략자들에 대한 비난이 발표된 지 15일이 지났지만, 북한 보건상은 이 문제에 관해 누가 어떻게 벌레들을 뿌렸는지, 아무런 증거도 확보하지 못했다. '밤이나 구름이 잔뜩 낀 날'이라니. 이 말은 정말이지 아무도 이런 공격이 벌어지는 걸 직접 본 적이 없다는 뜻이다.

독자들은 이 논쟁에서 어떻게 이렇게 중대한 결함을 발견하지 못했느냐고 충분히 지적할 수 있을 것이다. 내가 언급한 보건상의 발표는 내 책에서 뿐만 아니라 헝가리 신문에도 보도되었다. 지금은 편집인이든 편집장이든 또는 교정을 보는 사람이든 이 문제를 거론하지 않는다. 왜 그럴까? 해답은 간단하다. 처음부터 나는 이 모든 이야기를 그대로 믿었으며, 그대로 믿는 사람은 사소한 모순이나 아주 명백한 모순에 둔감하기 때문이다.

그러나 중요한 이유가 생긴 다음, 단순하게 받아들였던 견해들을 일단 제쳐두자, 사고가 정상으로 돌아오기 시작했다. 그러자 수많은 명백한 주장들이 의심되기 시작했다. 예를 들면, 마을의 노인이 처음 보는 파리라고 했던 것이나, 리젠코Lysenko를 언급한 것들이 그것이다. 한편 지금까지 중요하지 않다고 여겨왔고 마음 속으로 거부해 왔던 세부사항들이 갑자기 중요성을 갖기 시작했다. 그러다 한 가지 작은 사건이 떠올랐다. 북한에 '마차시 라코시'의 이름이 붙은 헝가리병원이 있었다. 병원은 몇 군데 마을에 위치하고 있었다. 이중 한 병원에서 어느 날 아침 농부들이 향주머니에 쌓인 파리를 발견했다. 즉시 세균 공격이라고 결론을 내렸다.

이날 조금 지나서, 세균전이라고 확신하는 헝가리 의사 한 명이 내게 분통을 터뜨리며 말했다. "농부들은 이 향주머니가 비행기에서 떨어진 것이 아니고, 중공군이 가져 온 것들 속에 있었다고 주장합니다." 우리는 어깨를 으쓱하며 갸우뚱했다. 이런 이야기는 적군의 선전이나 기껏해야 지어낸 얘기로 비춰졌다. 하지만, 나는 오늘 프랑스의 가장 훌륭한 과학자들 얘기를 듣고 나서, 파리를 비행기에서 떨어뜨렸다는 식의 얘기들이 그들 눈에는 완전히 지어낸 얘기로 비춰진다는 점을 확신했다.

이제 어떻게든 다른 파리들을 거기에 가져다 놓았을 것으로 생각

한국전쟁의 거짓말

된다. 그리고 대동강 얼음 위의 파리들을 죽이는 데 나흘이 지났기 때문에, 파리가 아주 잠깐 살아남을 수 있는 곳에 누군가 매일 밤마다 새로운 파리들을 가져다 놓았던 것이 틀림없다. 이 경우, 이런 작업은 북한 전역에 걸친 거대한 조직이 빨간 색 원으로 표시한 22군데에서 각각 진행했을 것이고, 수천 개의 표본들을 중앙연구소로 보냈을 것이다.

나는 내 눈으로 직접 보지 못했다. 내가 발견한 파리들이 공중에서 투하된 것인지 아니면 누가 얼음 위에 놓아 둔 것인지. 나에게는 아무런 결정적인 증거도 없다.

그러나 나는 마지막으로 한 가지 세부사항을 말하지 않을 수 없다. 그 당시 이것은 내게 조금도 중요해 보이지 않았지만, 지금은 전혀 다른 시각에서 보게 되었다. 내 노트들을 바라보면서 나는 다음 순서에 주목했다.

3월 6일, 북한 보건성 부상이 — 아주 매력적인 남자였는데 나중에 들은 얘기지만 그는 미국 스파이로 처형되었다. — 내게 또박 또박 말했다. "이미 외무성의 발표에서도 언급했지만, 우리는 세균공격을 '중국인민지원군'의 보고를 통해 처음 알게 되었소. 이들은 이상한 모양의 벌레들을 발견했다고 했소." 3일 뒤인 3월 9일, 나는 이번에는 보건상과 다른 얘기를 나누게 되었다. 그는 내게 앞으로 기사에서 '중국인민지원군'이라는 말을 쓰지 말고 대신에 이들을 '최전선에서 싸우는 병사들'로 적어달라고 가볍게 요구했다.

그는 내게 아무런 설명도 하지 않았다. 그가 이 말을 해야 하는 어떤 이유가 반드시 있었을 것이다.

7.

특히 전문가가 아닌 한 누구나 틀릴 수 있다. 하지만 나는 세균전쟁을 검증해야 할 유일한 사람이다. 몇몇 미군 조종사들이 콜레라와 페스트균을 지닌 파리와 벼룩, 거미를 투하하는 데 관여했다고 '자백'했다. 그리고 한편에서는 저명한 평가를 받는 사람들로 구성된 법적, 과학적 위원회들도 이를 검증했다. 내 생각에, 미국 조종사들의 자백에 너무 관심을 기울일 필요가 없다고 본다. 이들은 모두 조국으로 돌아가자마자 자신들의 발언을 철회했고 이 고백들이 강요에 의해 만들어졌던 방식을 비난했다. 이들의 자백보다는 철회한 진술을 더 믿어야 할까? 조종사들이 묘사한 강압적 방법은 라코시Rákosi의 헝가리공산당이 다시 개축한 감옥에서 풀려 난 정치범들의 사례와 놀랍도록 상당히 닮았다.

내가 이 두 부류의 증인들의 진술을 여기에 인용해서 독자들이 비교할 수 있도록 한다면 아주 쉽게 이해할 수 있으리라고 본다. 하지만 이 글에는 포함시키지 않겠다.

그렇다면 국제 위원회들의 보고서는 어떤가?

위원회 조사관들의 개인적인 업적을 한 순간도 의심하지 않았다. 당시 나도 목격했지만, 그들 중 대다수 역시 그때는 불필요하다고 생각했던 것들에 대해 내가 지금 다시 조사하고 있듯이 이와 비슷한 경로를 밟아나갔을 것이다. 그래서 나도 그들의 보고서를 신중하게 검토했다. 여기에 기술적인 논쟁을 끌어들이지는 않겠다. 그러나 이 위원회들이 나와 똑같은 '증거'들을 발견했기 때문에, 그 상황을 이해할 수 있었다. 하지만 나는 의문이 들었다. 위원회가 확보한 증거는 내 것보다 더 견고한 것일까?

일단, 나는 확실한 권위가 있는 사람들이 만든 긴 보고서를 읽어보았다. 그리고 그들의 능력에는 의심의 여지가 없다. 마치 그것은 광장에 매달린 샌드백 같았다. 보고서는 힘센 사람의 펀치도 받아들일 수 있다는 듯이 매달려 있는 샌드백보다 더 튼튼해 보였다. 두 가지

한국전쟁의 거짓말

예를 들겠다.

국제민주변호사협회는 여러 곳 중에서도 내가 방문했었던 바로 그 마을, 소노리를 방문했다. 거기서 나는 내 두 눈으로 파리들을 보았다. 이제 변호사 위원들이 소노리에 나타났고, 2월 28일의 똑같은 '공격' 뒤에 '개미' 같은 곤충들이 발견되었음을 확인했다.

나는 언어학자도 아니고 더구나 이제 내 감각을 항상 신뢰하지도 않는다. 하지만, 파리와 개미의 차이에 대해서는 말할 수 있다. 나에게도 개미에 대해 어렴풋이 얘기하기는 했었다. 변호사 위원들이 이것들을 보았다는 말인가? 아니면 그들이 발견했다는 것은 이런 애매한 말에 근거했다는 말인가? 그리고 위원회는 내가 직접 보고 묘사하고 심지어 집어들기까지 했던 파리에 대해서는 왜 아무 말도 하지 않는 것일까? 첫 번째 강펀치다.

더 센 펀치가 있다. 내가 파리의 검사를 의뢰했던 평양의 연구소의 답변은 그것들이 콜레라균에 감염되어 있었다고 했다. 이제 변호사 위원회는 똑같은 사건에 대해 '내장 질병을 일으킬 수 있는 박테리아'라고 한다. 그저 평범한 저널리스트라 할지라도 여기에 아주 심각한 차이가 있다는 정도는 안다.

국제과학자위원회가 만든 보고서가 있는데, 여기에는 여러 의사, 기생충학자, 박테리아전문가 등이 참여하고 있어 훨씬 더 권위가 있다고 볼 수 있다. 600쪽이나 되는 긴 보고서는 사진과 구술 기록들, 전문가들의 감정소견 등 온갖 종류의 기록들이 수록되어 있다. 대충 훑어만 봐도 보통사람들은 현기증이 날 지경이다. 아마 일부러 그렇게 만든 것 같다. 이제 본격적으로 말하자면, 보고서의 어떤 사례들은 내가 겪었던 사례들과 똑같이 전개된다. 예를 들면, 영문판의 37, 38쪽 그리고 부록 455, 468쪽에 걸쳐 언급된 '대동(강) 사건(콜레라)'은 이런 내용이다. 한 농부의 아내가 집에 조개를 잡아와서 남편과 함께 먹었는데, 그날 저녁 둘 다 콜레라로 죽었다. 보고서는 그 조개들이 미군 비행에서 투하되었다고 결론 내렸다.

이제 위원회의 상세한 보고와 내가 기록한 취재노트를 같이 놓고 보면, 다음의 사실을 알 수 있다.

1. 사람들이 주장한 것처럼 조개가 비행기에서 떨어지는 것을 본 사람은 아무도 없다.

2. 위원회 사람이나 나나 사람들이 말하는 그 조개를 두 눈으로 직접 본 사람은 아무도 없다. 그 지역에서 우리 말고 그것을 보았다는 외부인은 아무도 없었다. 그 이야기는 전부 북한과 중국의 보고서에서 기인한 것이다.

3. 위원회 사람이나 나나 죽었다는 사람이나 다른 희생자를 본 적이 없다. 그런데 우리는 그 사람들이 콜레라로 죽었다는 것을 기정사실로 받아들였다.

그러므로 과학적 연결고리 중에서 가장 핵심적인 고리는 여전히 나타나지 않은 것이다. 불행하게도 이것은 예외가 아니라 법칙이다. 한편, 위원회도 이 사실을 잘 알고 있었다. 바로 보고서 시작부분에 이렇게 나와 있다. (두 번째 강편치)

당연하지만 증거를 구성하는 완전한 연결고리('이상적인' 연쇄)는 거의 또는 결코 발견되지 않을 것이다.(나의 생각)

8.

과학위원회가 박테리아 공격 사건의 처음부터 끝까지 추적할 시간이 없었던 것은 사실이다. 그것은 세균 공격을 방어하기 위해 부다페스트에서 한국으로 파견된 헝가리 박테리아전문가 만큼의 시간도 없었던 것이 사실이다. 그 역시 공정하게 금방 인정했다. 자신도 언론인이나 변호사들이 본 것 보다 더 많은 걸 본 것은 아니었다고. 그래서 그는 '세균전의 최전선'에서 싸우는 대신, 평양 근처에 있는 헝가리병원의 약국에서 활동하다 왔다.

당시 우리는 전쟁 중이었기 때문에 조사를 의뢰한 사람들의 의도와 중국인들의 '의심스런' 기질에 대해 의심하고 각성했어야 한다. 이제 나는 진실이 단순한 데 있다고 본다. 이런 조건들 속에서 어떻게 고도의 자질을 갖춘 과학자들이 세균무기의 존재를 과학적으로 입증하는 데 동원될 수 있었을까? 이 질문에 대해, 위원회의 유럽인 중한 명이 작성한 진술내용이 빛을 던져주고 있다.

"우리는 우리에게 조사를 의뢰한 측의 일관성을 너무나 확신하는 바람에 그들이 만들어 내고 우리에게 제시한, 미국이 전쟁에서 박테리아를 이용했다는 진술들을 전부 다 믿어버렸다. 위원회가 수행한 '과학적'인 조사 작업이란, 비난하는 측의 암시적 신념과 중국과 북한이 제시한 증거들에 기반을 둔 것이었다."

암시적 신념이라. 나 역시 비슷한 생각이다. 그들도 자신들이 믿고 싶은 것을 믿은 것이다. 그들은 처음부터 자신들이 옳다고 믿는, 세균전을 비난하는 입장을 증명하고 싶었던 것이다.

하지만 신념은 과학적으로 입증하기에 충분치 않다. 국제과학자위원회가 만든 보고서에 참여하지 않은 프랑스 과학자 중 한 명인 파스퇴르연구소의 트레포우Trefouel 교수는 내게 이렇게 말했다.

"이 보고서는 아무 것도 입증하지 못했어요. 여기에서 주장하는 내용은 결정적인 증거로 구체화된 게 아무 것도 없어요. 그러니 난이 보고서를 믿지 못하겠어요. 어떠한 경우에도 내가 아는 한, 세균무기에 관해 이루어질 수 있는 전 세계의 모든 실험들은 방어에 관한 것입니다. 박테리아가 공격적이라는 데에서 출발하려면, '전염의 속성'에 대해 이해해야만 합니다. 그것은 전염병의 방아쇠 작동원리입니다. 그런데 보고서는 그게 아니에요. 우리의 지식수준은 원인균을 공격하기는커녕 기껏해야 제한된 거주구역을 봉쇄한다거나, 말하자면 방역 본부를 차리고, 그리고 나서 …"

따라서 국제과학자위원회가 만든 보고서의 가치에 관해서는 최고의 프랑스 과학자 중 한 분의 견해가 절대적이라고 할 수 있다. 동유럽에서 이 분야의 업적에서 최고로 평가받는 르피네Lepine 교수의 견해 역시 절대적이다. 르피네 교수는 이 보고서를 과학적인 보고서로 인정하지 않았다. 너무나 빈 공간이 많다는 것이다. 원인과 결과 사이의 인과관계가 너무 희박해서 아무 것도 증명하지 못했다고 한다.

국제과학자위원회 보고서에서 자주 언급되고 있는 거미와 관련해서, 르피네 교수는 아주 흥미로운 사실을 강조했다. 한국전쟁 초기에 어떤 일이 벌어지고 있었다. 미국 보건당국이 만주 지역에서 발생한 여러 사례들 때문에 실제로 전염병의 확산을 우려했다는 것이다. 과학자로서 평판이 좋은 스마델Smadell 박사는 당시 군대에서 일하고 있었는데, 해외에 있는 프랑스령인 마다가스카르에서 전염병 사례가 발견되었다기에 동료들과 함께 그곳에 가게 되었다. 그가 마다가스카르에 관심을 기울인 데는 두 가지 이유가 있다. 첫 번째는 질병이 발생한 그곳의 기후조건이 한국과 비슷하다는 점이고, 두 번째 새로운 항생제가 마다가스카르에서 시험되고 있었기 때문이다.

당국의 허가를 받아 조사단은 작업에 착수했다. 구성원 중 한 명은 곤충학자였는데, 그는 수년 동안 여가 시간에 거미를 수집했다. 조사단이 지켜 본 바로는 특별한 일이 아니었지만, 그가 이 섬에서 미국의 '비밀' 임무를 수행 중이라는 루머가 퍼져 나갔다. 전염병을 연구 중이라느니, 전염병을 퍼뜨릴 목적으로 거미를 수집한다느니. 물론, 마다가스카르에서의 루머와 국제과학자위원회 보고서가 연관되어 있다는 것은 입증할 수 없다. 하지만, 거미로 전염병을 퍼뜨릴 수 없다는 점은 확실하다.

주코프 베레즈니코프

르피네Lepine 교수는 또 다른 흥미로운 사실을 지적했다. 국제과학자위원회가 저명한 네덜란드 과학자인 헨리 라센Henri Lassen에게 조사작업에 참여하자고 초청했었는데, 그의 생각은 다소 진보적이었다.

그도 관련 지역에 갔었고 몇 달 간 세균무기 문제를 연구했지만, 어떠한 보고서에도 서명하지 않은 채 그냥 극동지역에서 돌아 왔다. 그는 다녀온 후에 알게 된 것이 가기 전과 다름이 없다는 견해를 밝혔다.

그와 대조적으로, 국제과학자위원회의 유일한 박테리아전문가이자 소련 의학아카데미 회원인 주코프N.N Zhukov-Verezhnikov의 입장을 살펴보자. 그는 이렇게 말했다. "미 제국주의자들은 새로운 형태의 범죄를 저질렀다. 저들은 한국민과 중국인들에게 박테리아 공격을 자행했다." 그의 말에서 흥미로운 점은 내용이 아니라, 위원회의 결론이 나기 3개월 전에 그를 포함한 소련의 과학자들이 이미 결론을 내렸다는 사실이다.

스탈린식 용어에서 빌려 온 정의에 따르면, 실제 과학에는 두 종류가 있다. 부르주아 과학과 사회주의 과학. 하지만, 내 경험상 제국주의 박테리아나 프롤레타리아 박테리아가 존재한다고 보지는 않는다. 여기에 차이가 있는 것은 아니며, 지식의 정도에 따른 것도 아니다. 왜냐하면 소련 과학자들의 지식도 꽤 체계적이기 때문이다. 그보나는 과학자들이 취하고 있는 개인적인 태도에 따라 차이가 난다고 할 수 있는데, 좀 더 엄밀하게 말하자면 라센의 태도를 취할 것인가

아니면 주코프의 태도를 취할 것인가를 선택해야하는 환경이라고 할
수 있다.

9.

국제과학자위원회와 관련해서 덧붙여 둘 사항이 있는데, 지엽적
인 얘기일 수도 있지만 사실상 내 주제로 돌아갈 수 있는 지름길일
수도 있다.

1955년 11월 부다페스트에서 있었던 일이다. 헝가리작가협회의
공산당원 총회가 있었다. 초창기 헝가리 공산작가들의 대다수는 라
코시의 정책이 나라를 재앙으로 이끌고 있다고 보았다. 그 총회 기간
동안 나와 내 동료들이 주로 토의했던 것은 열정에 관한 것이었다. 회
의에서 첫 번째로 연설한 사람은 티버 데리Tibor Déry였는데, 그는 당
대 헝가리 작가들의 선두였다. 그는 '관료주의'의 무지와 저의를 거론
하면서, 문학에서의 자유를 열정적으로 호소했다. 사회주의에 평생
을 헌신한 이 늙은 투사는 스스로 사회주의 정권이라고 칭하는 정부
가 작가들에게 피에로의 역할을 부여했다고 결론 내렸다.

공식 대변인인 마튼 호바스는 데리Déry의 말을 폄하하면서 무도
하고 폭력적인 말로 대답했다.

내 차례가 되자 나는 데리의 말이 작가들의 권리를 옹호하는 차
원에서는 아주 옳다고 보지만, 그의 '피에로'라는 비유는 약간 '과장'
됐다고 말했다.

내가 이 얘기를 다시 하는 이유는, 프랑스 과학자들과의 대화가
끝난 뒤에 그리고 국제적인 '과학자'의 환자 연구 보고서를 읽고 난
뒤에 데리의 말이 내 머리 속에 떠올랐기 때문이다.

이 글을 읽은 독자들은 아마 내가 평양 중심부 남능리에 가서 있
었던 일을 묘사한 내용을 기억할 것이다. 거기서 노인과 두 손자들이

콜레라로 죽었다. 가기 전에 나는 예방주사를 맞고 눈만 빼고 고무옷과 후드를 덮어 쓰고 방독 마스크 등으로 가리고 갔었다.

이제 프랑스 과학자들과 대화를 나누던 중에 나는 흥미로운 점을 알게 되었다. 콜레라 예방을 위해서는 그런 장비가 필요 없고, 일주일 간격으로 두 번의 예방접종을 꼭 받아야 한다. 첫 번째 주사로 40억 항체를 맞고, 그런 다음 두 번째 주사로 80억 항체가 주입된다. 면역력은 며칠 지나야 나타난다. 내가 맞은 주사는 그 지역에 들어가기 전에 불과 30분 전이었고 결국 아무런 효과도 없었던 것이다.

내 귀를 의심하지 않을 수 없었다. 내가 이 무슨 어처구니없는 코미디의 한 역할을 담당한 것이란 말인가? 결국 감염 위험도 존재하지 않았고, 예방접종도 나에게 아무 도움이 되지 않았던 것이다. 그렇다. 그건 그냥 연극무대의 세트였던 것이다. 그렇다면 전혀 위험하지도 않은 곳에 구태여 내게 예방접종을 했던 것일까? 다시 말하지만, 그저 속임수 무대의 연출이었던 것이다.

이제 데리를 비판했던 나에게 조명이 비춰진다. "스탈린 체제 하에서, 작가들은 피에로다!" 비참한 심정이다. 그렇다. 정말이지 나는 피에로였던 것이다. 모자를 뒤집어쓰고 마스크를 쓰고 뾰족한 구두를 신은, 고무 부츠를 신은 피에로. 내 다음으로도 얼마나 많은 바보들이 같은 식으로 등장했던가? 기자들, 변호사들, 과학자들까지!

아직 다 말하지 못했다. 변호사 위원회의 보고서를 이제 막 살펴보았을 뿐이다. 영문판 8페이지에서 이런 구절을 발견했다. '평양 시내에서 - 후술함 - 3월 6일 두 명이 발병했다. 다른 사람들은 8일에 발병했다. 두 사람은 3월 8일 사망했다. 그 지역은 봉쇄되었다.' 보고서에서는 더 이상 언급이 없다. 이것은 내가 3장에서 설명한 것과 일치한다. 나는 내 글과 책에서 이 사건을 상세히 설명했다. 그것은 한 명의 노인과 그의 두 손자가 콜레라로 사망한 사건이다. 이들은 할아버지가 미군 비행기에서 떨어졌다는 병균이 묻은 파리를 쓸어버린 후 병에 걸렸다고 했다.

아니, 세상에, 아무리 냉소적이라고 해도 그렇지. 나는 세 사람의 죽음에 관해 비교적 자세히 설명했다. 내 뒤에 온 변호사 위원회는 겨우 두 사람만 죽었다고 기록했다. 반대의 경우도 생각해 볼 수 있다. 죽었다던 할아버지와 6살짜리 아이, 또는 2살짜리 어린애 중에 살아난 사람이 있다면? 일단 의심을 하기 시작하면 누구든 의문이 생기지 않을 수 없다. 3월 8일 평양에서 콜레라로 죽은 사람이 단 한 명이라도 있었던 것일까?

나는 기억한다. 이 세 사람의 죽음이 나를 괴롭혔던 것을. 세균전쟁을 벌인 침략자들을 저주하지 않다니! 이제 나는 내 글을 인용하기 싫지만, 그래야만 한다.

'평양에서 박테리아의 공격으로 세 사람이 사망했다. 68세의 노인 한 명과 두 명의 아이들이다. 세균전쟁이 벌어지는 것은 양민들을 죽이는 것이다. 미군에 의해 이들, 저항할 능력도 없는 노인과 아이들이 죽은 것이다. 수많은 파리 떼와 전염병을 이들에게 풀어 놓았다. 이 얼마나 끔찍한 짓인가! 인간으로서 이러한 범죄를 참을 수 있겠는가?'

'집짓는 늙은 석공과 두 아이의 무덤은 마을 밖에 있다. 아이들에게 죽음을 나르는 파리는 그저 놀이에 불과했다. 이름 없는 무덤, 2미터 가량 땅 밑에는 오직 유해만이 잠들어 있다. 부모들조차 정확한 위치를 알지 못한다. 아무도 거기에 꽃을 가져다 놓지 않는다. 그들의 형제나 자식이나 어미도 무덤을 찾지 않는다. 조용한 산 속에 말없는 무덤만 있다.'

'하지만 인간성은 이들의 무덤을 잊지 않을 것이다. 수 십 억의 인류가 무덤을 둘러싸고 눈물을 훔치며 늙은 석공과 두 어린 아이들에게 작별의 말을 건넬 것이다. 그리고 수백 만 명이 주먹을 불끈 쥐고

　　　　　　　　한국전쟁의 거짓말

외칠 것이다. 북한의 한 어머니가 외쳤듯이. "범죄자들을 처벌하라!"'

내가 누군가를 이렇게 슬피 추모한 적이 있었던가? 나는 누구의 이름으로 이런 감정적인 저주의 말을 쏟아냈단 말인가? 피에로는 계속 울었다. 그게 그의 역할이었다. 단순하고 정직한 여러 사람들이 계속해서 울었다. 하지만 틀림없이 누군가는 그런 극단적인 상황에서도 악마의 미소를 머금고 웃고 있었을 것이다.

10.

어째서 이런 연극이 필요했던 것일까? 왜 이런 비난과, 끈질긴 노력, 그리고 코미디가 필요했던 것일까?

첫 번째 이유에 대해서는 소설을 인용하고자 한다. 스탈린식 정권의 행태를 잔인하게 묘사한 조지 오웰의 소설 '1984'는 사본 일부가 동유럽으로 퍼져나가면서 몰래 이 책을 읽는 독자들 사이에서 아주 엄청난 인기를 끌고 있다. 오웰의 주장은 다음과 같다. '2분의 증오'는 매일을 의미하는데, 선동기계는 시민들의 마음속에 2분 동안 증오심을 불러일으키는 데 열중한다. 이제 '세균전쟁'의 시대이다. 극도로 긴장된 시대이고 세균전쟁을 조장하는 세력을 비난함으로써 매일같이 확실한 증오심을 복용한다.

이것은 역사상 가장 뛰어난 협연이자 가장 강력한 캠페인이었다. 기획 측면에서 보자면 완벽했다. 빠진 것이 하나도 없다. 마을 주민들과의 면담에서부터 UN에 이르기까지.

수십 만 명의 항의 시위가 있었다. 북경에서부터 빈에 이르기까지 각국의 거의 모든 수도에서는 세균전을 테마로 전시회가 열렸다. UN에서 열린 여러 회의에서 이에 대한 비난과 감동적인 연설이 있었다. 나는 서양에서 이러한 비난이 거의 신빙성이 없다는 사실을 알고 있다. 그러나 이러한 선전의 목표는 구세계나 신세계가 아니었다. 그것은 아시아 국가들이었다.

누구든 그 이유를 이해할 수 있다. 첫 번째 원자 폭탄은 아시아를 향한 것이었다. 네이팜탄 폭격이 아시아를 황폐화시킨 것은 의심의 여지가 없다. 따라서 아시아인들은 외국인과 백인에 대한 비난을 받아들일만한 충분한 이유가 있다. 나는 1952년 북경에서 열린 세계평화대회에 참석했는데, 의회의 인도인들이 만장일치로 증오심을 표현하는 것을 목격할 수 있었다. 실론의 버마 성직자와 트로츠키주의자들도 '박테리아 전쟁'을 비난했다.

분명히 이들을 모두 '동조자'또는 '들러리'로 묘사 할 수도 있다. 그러나 1952년 7월 파키스탄 대표는 세균전쟁 문제에 관한 UN의 표결에서 기권했다. 파키스탄의 정치가 세균전쟁을 비난하는 측의 대표격인 소련보다 미국에 가깝다는 점은 누구나 잘 알고 있다. 그렇지만 파키스탄 대표는 비난여론을 반박하기보다는 이 문제를 철저히 조사하자는 데 동의했다. 그는 이렇게 말했다. "이러한 비난이 정당하다면, 아시아인 전체가 인간이 사용할 수 있는 가장 끔찍한 무기의 희생자가 된다는 것인데 …""그렇다. 이러한 비난이 정당하다면, 사람들은 끔찍한 비극에 내몰린 것이다." 그는 덧붙였다. "어떠한 경우에든, 이들은 끔찍한 고통을 겪게 될 것이다."

이러한 비난 캠페인을 나는 마치 제3자나 구경꾼처럼 말할 수 없다. 당시 내가 쓴 기사를 다시 읽으면서 나는 너무나 창피해서 얼굴이 화끈거렸다. 내 기사는 불에 기름을 끼얹은 것 같았다. 기름을 조금씩만 뿌렸을 뿐이라고 변명조차 할 수 없는 정도이다. 나는 영문도 모른 채 거기에 갔고 내가 무슨 짓을 했는지 몰랐다며 무죄를 주장할 수도 없다. 이런 변명은 나치들이 사용한 수법이다. 이런 방법은 내게 무의미하고 그렇다고 죄가 가벼워지는 것도 아니라고 생각한다. 내가 늘어놓는 주장이 무엇이든 간에, 사실은 사실이다. 나는 세균전

　　　　　　　　　　　한국전쟁의 거짓말

을 비난하는 선전전에 기여했다. 나의 위치로나 내가 한 역할의 결과
로나 나는 책임을 져야만 한다. 내가 용서를 구할 수 있는 유일한 것
은 진실을 알게 되었고 이를 밝히는 데 주저하지 않았다는 점일 것이
다. 내가 지금의 태도로써 과거의 책임을 상쇄할 수 있을지 알아보기
위해 이 문제를 해결해야만 하는 것은 아니다.

증오의 캠페인 문제를 떠나서, '세균전쟁'을 비난하는 것은 여전히
별개의 문제이다. 세상에서 가장 요란했던 혐오 캠페인을 손에 손을
잡고 다함께 했지만, 덜 중요한 캠페인이라 할 수 없는 공중보건은 그
렇게 하지 않았다.

당시 만약 한반도에서 전염성 질병의 발생에 관한 산발적인 보고
들이 있었다면, 나는 거기 있었으면서도 단 한 건의 진짜 전염병도
확인하지 못한 것이다. 전염병에 관해 말하자면, 여기에서 내가 만난
모든 과학자들이 동의하듯이, 세균만으로는 충분치 않다는 것이다.
전염병은 전파되기에 적합한 특별한 조건이 필요하다. 전쟁으로 황폐
해진 나라의 주민들은 당연히 영양결핍 상태이고, 이런 상태는 평시
보다 훨씬 더 쉽게 전염병이 확산될 수 있는 조건을 제공한다. 게다가
한반도와 맞닿은 만주에서는 당시 몇 건의 전염병이 발생했었다.

중공의 인민지원군의 대부분은 만주 출신 병사들로 구성되었다.
이들이 모든 종류의 질병을 퍼뜨렸을 가능성은 완벽하다. 하지만 고
립된 경우를 제외하고, 진짜 전염병은 볼 수 없었다. 어째서일까? 이
것은 '박테리아 침입자'에 대항하는 방어수단의 효용성에 관한 논쟁
에서 이미 설명되었다. 이 '악명 높은 침입자'는 즉각 효과를 나타내
는 강적 덕분에 실패하고 말았다.

사실은 사실이다. 당시 북한과 중국 당국이 '세균무기 지지자'들
에 대항해서 동시에 캠페인을 전개했고, 그때까지 거의 알려지지 않
았던 공중보건에 관한 유례없는 캠페인에 박차를 가했다는 것은 사

실이다.

많은 수의 병원이 전염병을 막기 위해 설치되었다. 북한 주민 전체가 수많은 질병에 대비해 백신접종을 받았다. 모든 사람들은 백신 증명서를 휴대하고 다녀야만 했다. 증명서를 제시하지 못하면 공공건물에 들어가거나 심지어 극장에 들어가는 것도 금지되었다.

우리가 자동차로 평양을 떠날 때나 다시 돌아왔을 때마다 자동차는 매번 소독을 해야만 했다. 평양 주변에서는 위생검문소들이 교통을 통제했다. 가는 곳마다 차단기와 검문소가 있었다.

시체는 불에 태워야 하고 재는 땅에 묻어야 했다. 기존 공중화장실은 소독하고, 새 주거지의 공중화장실은 거주 지역에서 일정한 거리만큼 떨어져서 세워야 했다. 우물은 규칙적으로 청소되었다. 어떤 우물은 폐쇄되었고 중요한 우물은 군인들이 경비를 섰다. 하수구는 지속적으로 소독되었다. 고인 물은 체계적으로 하수처리가 되었다. 마구간을 새로 지으려면 주거지로부터 떨어진 곳에 지어야 했다. 끓이지 않은 물을 마시는 것을 특별히 금지한다는 엄격한 지시가 있었다.

세균무기를 방어한다는 명목으로, 나라 전체가 청결이라는 구호로 뒤덮였다. 가는 곳마다 사람들은 우물을 청소했다. 마룻바닥과 거리도 청소를 했다. 벽은 하얗게 칠을 하고 가정집 쓰레기는 불에 태웠고, 접시는 끓는 물로 소독했다. 이런 캠페인은 이웃나라 중국에까지 번졌다. 당시 나 같은 여행자가 그 나라를 방문해서 사람들에게 질문을 하면, 그들은 이렇게 대답했다. "우리 돼지 산출량은 두 배로 늘었습니다. 우리 쌀 생산량이 20% 늘었고, 칼로리는 12% 더 높습니다. 게다가, 우리는 파리 424,352마리를 박멸했습니다!" 숫자만 바꾸면, 이런 대답은 항상 천편일률적이다. 웃을지 모르지만 사실이 그랬다.

이 얼마나 비극적인 역설인가! 증오 캠페인은 모두 다 시키는 대

한국전쟁의 거짓말

로 해야 한다면 공중보건까지도 이용했다. 나 같은 사람들은 이런 일들을 목격했고 끝까지 가 봤지만, 씁쓸한 기분으로 질문을 던질 수밖에 없었다. 조금 더 노력하고 관심을 기울였더라면 다른 방법으로 똑같은 결과를 얻을 수 있지 않았을까? 정직한 목표로 이끌 수 있는 정직한 방법은 전혀 없는 걸까?

11.

내가 어떻게 믿을 수 있었을까? 스스로에게 늘 던졌던 질문이다. 다른 사람들도 나에게 '당신은 어떻게 그걸 믿을 수 있었죠?'라고 묻는다. 내가 조사를 하면서 가장 놀랐던 점은 만났던 과학자들마다 내가 속았다는 사실에 대해 별로 놀라지 않았다는 것이다. 내가 장 로스탕 박사에게 내가 본 것을 자세히 설명하는 동안, 그가 내 말을 가로막고는 잠시 미소를 짓더니 내게 말했다. "맙소사, 이런 식으로 계속 얘기하면 나도 그만 믿어버리겠군요..."

다른 과학자들은 이렇게 결론을 내렸다.

이 모든 조작은 완전히 논리적으로 보일 수 있고 보통사람들은 믿어버릴 만 하다. 그래서 이 사건을 이미 믿고 있는 보통 사람들에게는 아주 자연스럽게 보인다. 그래도 여전히, 나는 질문을 던질 필요가 있다. "보통 사람이라고 해도 어떻게 이걸 믿을 수 있지?" 글쎄, 내 생각엔 똑똑한 '구성'과 극적인 효과에 더해서, 다른 이유들, 말하자면 나의 고지식함에 무게를 둔다. 내가 감수성이 뛰어나다는 이유들이 나를 '적당한 목표', 즉 말 잘 듣는 대상으로 전락시킨 것이다.

나는 잘 믿는 사람이었다. 나는 소련의 대의명분이 절대적이며 오류가 없다며 주저 없이 정의를 믿었다. 특히 제2차 세계대전에서 소련이 활약한 역할 때문에 너욱 그랬다. 나는 스탈린의 무오류성과 헝가리공산당 그리고 라코시Rákosi를 믿었다.

모스크바에서의 첫날밤을 기억한다. 공항에서 차를 타고 호텔로 가는 길에 크레믈린의 긴 벽을 지나갔다. 차창 밖 어딘가 백 여 미터 거리 이내에 스탈린이 누워있다는 생각만으로 나는 감동의 눈물을 흘렸다!

볼테르에게서 영향을 받아 회의주의 속에서 성장한 모든 세대와 자신들의 자유의지로 공산당원이 된 사람들이 일단 공산당의 지배를 받게 되자 공산당의 신봉자와 광신도로 전락했다는 것은 비극이다. 맑스의 딸이 좋아한다는 경구를 들어보자, 그는 이렇게 대답했다. "de omnibus dubitandum : 우리는 모든 것에 의문을 품어야 한다." 반세 기가 지난 뒤, 맑스-레닌주의의 가장 호전적인 추종자들은 자신들의 모토를 이렇게 선택할 수도 있었을 것이다. "creedo quia absurdum : 터 무니없기 때문에 믿는 것이다."

내가 그것을 최소화하려는 것은 아니지만, 일반적인 광신주의와 는 별개로, 나는 북한에서 미국이 만든 세균무기에 대한 비난들을 내가 그대로 받아들이도록 준비된 어떤 일들을 경험했다.

이러한 비난들이 만들어지고 있을 때, 나는 북한에 거의 6개월 가까이 체류하고 있었다. 나는 정전협상이 벌어지고 있는 곳에 있 었다. 하지만 나는 최전선과 후방지역에도 가 보았다. 오늘 내가 어 쩔 수 없이 세균전쟁에 대한 비난이 잘못된 것이라고 인정한다고 해 서,(나는 망설이지 않고 인정한다.) 미군, 특히 미 공군의 전반적인 작전 을 거론하는 데 망설이지 않을 것이다. 그들의 전투방식 중 일부는 전쟁에서 통상적으로 수용될 수 있는 범위를 넘어섰고, 제3자 입장 에서 보더라도 공포심을 불러일으켰다.

우선 '공중 테러'라는 것에 대해 말해보자. 미 공군은 하늘의 최 고 지배자이다. 너무나 월등해서 북한에서는 폭격의 피해를 입지 않 은 집이 거의 없을 정도였다. 나는 별로 중요하지도 않은 마을들이 사라져가는 것을 매일같이 목격했다. 길을 따라 가다보면 온통 하얀 색 옷을 입은 수백 구의 농부들의 시체들을 볼 수 있었다. 나는 150개의 마을에서 20만 명의 주민들이 2년간의 전쟁으로 황폐화되는 것을 보았다. 나는 내 두 눈으로 수백 명의 부녀자와 어린 아이들이 가장 반인륜적인 무기인 네이팜탄에 희생되는 것을 목격했다. 나는 이런 목표물들에 익숙하다. 공산주의자들은 이러한 마을들을 '개방'하라고 요구하지 않았다. 중공군은 마을에서 야영을 했다. 북한에 대한 심리적 거부감은 극복될 필요가 있다.

물론 오늘날 북한 정부의 실패 책임은 이해할 수 있다. 그곳에서 사람 목숨은 파리 목숨이다. 그곳의 교외지역이 공개되지 않는다는 것도 사실이다. 중공군 부대가 그 마을에 주둔한다는 것도 사실이다. 그리고 전쟁은 전쟁이고, 언제나 엄청난 수의 무고한 희생자들이 생긴다는 것도 알고 있다.

그렇다고 해서 어떤 이유로도 한낱 농민들이 중공군 주둔에 책임을 질 수는 없는 노릇이다. 도시의 노동자나 작은 상점주인, 장인들이 스스로 도시를 비우겠다고 선언할 수도 없다. 완전히 파괴된 도시들, 단 한 명의 중국인도 없었던 마을들은 어떤가? 그리고 사라져버린 도시 지역들은 군사적 목표물 근처에도 미치지 못했다.

다른 이야기를 해보자. 나는 이승만 정권에 관한 최악의 정보들을 가지고 있다. 공산주의자들이 제공한 정보가 아니다. 내가 구독하는 영국의 일간지 'The Daily Mirror'에 실린 기사 내용이다. "이승만은 오래 전부터 부패와 음모, 폭력에 찌든 허영심 많은 야만적인 독재자다." 하원에서 한 노동당 의원이 이렇게 발언했다. "전 영국이 종잡을 수 없는 한국의 암살자와 관계를 유지하는 것을 걱정스럽게 지켜보고 있습니다."

오늘날 북한 정부에는 헝가리의 라코시처럼 사람을 죽이려 드는

스탈린의 꼭두각시들로 온통 채워져 있다는 점을 잘 알고 있다. 그렇
다고 내가 이승만을 미래의 한국의 이상적인 지도자로 본다는 것은
아니다. 그것과는 거리가 멀다.

계속해서, 이제 중국으로 화제를 옮겨 보자. 나는 중국에 세 번
갔다. 1951년, 1952년 그리고 1953년에. 내 경험상, 공산주의자가
아닌 여러 서양인들이 다 느꼈겠지만, 거대한 중국의 대중들은 장제
스 보다 마오쩌둥의 정책을 훨씬 더 좋아했다. 나는 마오쩌둥과 그
의 추종자들에 대한 중국인들의 감정이 바뀌었는지 어떤지는 잘 모
른다. 내가 아는 것이라고는 소위 '사회주의 블록'의 국가들에서 삶의
조건을 관찰할 수 있다면, 공산당의 통치가 길어질수록 속는 사람들
의 숫자도 늘어난다는 것이다. 다시 반복하지만, 나는 현재 중국인들
의 생각을 모른다.

그러나 세균전쟁에서 중국이 수행한 역할과 관련해서 지금까지
거론된 모든 부정적인 현상들에도 불구하고, 나는 이런 의견을 피력
하고 싶다. 중국 문제에 관해 참을성 있게 이해하려는 태도가 요즘
어떤 서방의 강대국들에게 나타나는 완고함과 비타협적 태도보다는
더 낳은 태도일 것이다.

북한에 있을 때 내가 만난 평범한 중공군에 한 해 말하자면, 민간
인과 그들 간의 관계 ― 무시할 만한 요인이 아니다 ― 는 매우 좋았
다. 중공군 병사들은 모든 면에서 가난한 주민들을 기꺼이 도와주려
고 했기 때문에, 이 가난한 사람들은 종종 자기네 인민군보다 중공군
병사들을 더 좋아하기도 했다. 이제 내가 마을에서 들은 이야기들과
헝가리병원이 있던 곳에서 중공군 병사들이 벌레를 가져왔다는 것이
사실이라면, 틀림없이 이들은 상부에서 내린 지시에 따라 움직이는
어떤 특수부대였을 것이다.

내가 '세균전쟁의 가해자'에게 비난을 가하도록 하는 데 기여했을

수 있는 마지막 한 가지 요인이 남아있다. 미국의 지도자와 언론들은 자기 나라에서 세균전쟁과 관련된 실험이 있었음을 절대 부인하지 않았다. UN에서 이 문제가 논의될 때, 미국 대표 코헨Cohen은 이 실험이 방역 차원의 실험이었다고 강조하면서도 어쨌든 실험이 있었다는 사실은 인정했다. 동시에, 미국 정부는 실제로 세균무기 사용을 금지하는 1925년 제네바협약에 서명했지만, 이 서명이 결코 비준을 받지 못했다는 점도 사실이다.

나는 이 모든 세부사항들을 살펴봐야 했다. 내 생각에 나는 오로지 총체적 진실이나 최소한 내가 본 진실에만 만족한다는 것을 깨달을 만큼 오랫동안 정치적으로 한 쪽만 지지하는 사람이었던 것 같다. 이 글의 서두에서 나는 내가 조금씩 조금씩 의심에 사로잡혔다고 이미 밝혔었다. 그리고 이제는 스탈린주의의 범죄를 인정해야만 한다. 아주 최근에 발견한 사실을 추가해야겠다. 내가 컵에 뭔가를 따르다가 흘러넘치는 줄도 모를 정도였다.

바로 이것이다. 세균무기를 사용하는 범죄에 관해 처음으로 비난을 했던 인물은 바로 스탈린이었다. 1933년 1월 7일, 소련볼셰비키공산당 중앙통제위원회 확대회의 자리에서, 스탈린은 어떤 소련 주민의 '범죄행위'에 관해 언급하다가 이렇게 말했다. "그들은 국영농장과 집단농장에서 사보타지 방식을 획책했고, 어떤 학자들을 포함한 몇몇은 그런 사보타지에 열렬히 찬동해서 집단농장의 가축들에게 전염병균과 탄저균을 주사했다. 그리고 그들은 말들에게 수막염균을 주사했다."

이제야 우리가 알게 된 1937~38년의 대규모 재판에서 원인에 걸맞는 다양한 형태의 비난이 일었는데, 두 명의 피고인들은 비슷한 사실을 언급했다. 한 사람은 "야생 돼지 떼를 죽이기 위해 세 군데의 시설에서 독성 세균을 배양했다"고 인정했다. 다른 한 사람은 "전쟁 시

어떤 특정한 독성 세균을 소련의 붉은 군대에 퍼뜨릴 것을 일본 스파이들과 모의했다"고 인정했다.

날조된 재판의 수석검사는 비신스키A. Vyshinsky였다. 소련의 법률가들에게 철저하게 외면당했던 바로 그 비신스키다. 바로 그 비신스키가 외무상이자 UN대표였던 시절에 한국에서 '세균전쟁'에 관해 가장 비열한 비난전을 벌였던 것이다.

12.

내 조사의 막바지에 왔다. 내가 말하려는 것은 이것이 전부이다. 누군가에게는 내가 너무 조금밖에 얘기하지 않았다는 것을 안다. 또 어떤 사람들에게는 내가 너무 많이 얘기했을 수도 있다. 내가 조사를 하는 동안 어떤 사람들은 이 작업에 관심을 나타냈지만, 그들은 이렇게 덧붙었다.

물론이다. 세균전쟁을 비난하는 선전전이 정치국 무대 뒤에서 어떻게 준비되고 전개되었는지 정확하게 설명할 수 있다면, 좀 더 많은 진실이 밝혀질 것이다. 당신들이 러시아와 중국 등이 한 역할을 정확하게 입증할 수만 있다면, …

나의 설명을 다음과 같은 말로 시작했더라면, 틀림없이 훨씬 더 큰 반향을 불러일으켰을 것이다. '나는 믿을 만한 소식통, 즉 중국의 한 장관의 증언에 따르면, 하루는 스탈린이 베리야와 몰로토프를 불러서 "잘 들으시오 …"'라고 지시를 내리는 식으로 말이다. 실제로 그랬을 가능성이 있다. 하지만, 아주 달랐을 가능성도 여전하다. 나는 모른다. 그리고 내가 모르는 구체적인 내용은 말하지 않을 것이다.

또 어떤 사람들에게는 내가 개인적으로 검증해서 내놓은 사실들이 너무 많을지 모른다. 그런 사람들은 궁극적으로 거짓말은 참을 수 있지만, 폭로는 배신이라고 믿는 부류들이다.

한국전쟁의 거짓말

그리고 이런 사람들은, 고통스런 진실로 인도하는 구체적인 내용들에 대해서는 살펴보려고도 하지 않으면서 이렇게 묻는 경향이 있다. '그래서 요점이 뭡니까?' 나는 이런 질문이 어처구니없다고 말하려는 것이 아니다. 오히려, 나는 대답을 회피하지 않는다. 나의 검증으로 덕을 보는 사람은 세균전쟁을 시작했다고 비난을 받았던 사람들이라는 점은 분명하다. 그리고 곤경에 빠지게 될 사람들은 이러한 비난을 설계한 사람들이다. 하지만, 누군가 잘못된 비난을 받았다면, 비난이 잘못되었음을 알고 있는 사람들이 목소리를 내는 것이 의무 아니겠는가?

그럼, 어떤 독실한 사회주의자인 척하는 자는 이렇게 말할 수도 있을 것이다. '이 모든 것은 미 제국주의자와 자본주의자들을 돕는 것이다.' 이 말은 우리가 이미 라코시정권에 맞서 싸울 때 들었던 말이다. 하루는 헝가리 국회의사당 복도에서, 라코시가 직접 동료들 몇 명과 내 앞에서 질문을 던졌다. "왜 모두들 헝가리 노동자들은 잘 살지 못하냐고 묻는가? 당신들은 프랑스와 이탈리아의 노동자들이 품고 있는 회의를 보게 될 텐데, 그들은 우리 헝가리 노동자들이 더 잘 산다고 믿는단 말이오. 당신들이 하고 있는 방식은 노동자 계급을 착취하는 자들만 돕는 짓이오."

내 의도는 세상에 존재하는 모든 제국주의 국가들을 비교분석하는 데 몰두하자는 게 아니다. 나도 그런 질문은 원하지 않는다. 누가 더 지독한 압제자인지, 누가 더 많이 착취하는지 관심 없다. 간단히 말하겠다. 우리가 맑스-레닌주의를 배웠다면, 미 제국주의는 거짓과 모순 덩어리인데, 왜 이런 모순과 거짓을 그냥 비난하지 않을까? 어째서 또 새로운 것을 만들어 낼 필요가 있는 것일까?

나는 거대한 거짓의 장벽에서 벽돌을 빼내서 또 다른 편견과 위선, 오만함의 덩어리를 쌓으려는 것이 절대로 아니다. 내가 이 글들을 썼다고 해서, 내가 어떤 형태로든 노동자들의 월급을 깎아먹는 데 기여한 것은 아니다. 헝가리나 중국의 농부들에게서 땅을 빼앗는 데 도움을 준 것도 아니다. 차르의 후계자에게 러시아의 왕좌를 되돌려 준다거나 이승만의 후계자에게 한국의 권좌를 물려주는 것도 아니다.

내가 검증한 내용이 아무런 주목을 받지 못하고, 누군가 내 허락도 없이 이것을 직간접적으로 이용할 수 있다는 가정은 충분히 그럴 수 있는 일이다. 하지만 나는 걱정하지 않는다. 왜냐하면, 나의 검증이 비난을 그대로 믿었던 사람들에게 도움이 되리라 믿으며, 또한 비난을 받았던 그 사람들을 믿기 때문이다. 내 이야기들은 현재 다뉴브 강에서부터 황해까지 드리워진 안개와 어둠을 쫓아내는 데 기여할 것이다. 나의 부족한 글들로 나는 진실이 드러나게 할 것이다. 이것이 어째서 러시아 노동자와 중국의 농부들, 한국의 어부들에게 다른 사람들의 관심보다 덜 중요하다고 할 수 있겠는가? 이들에게는 이것이 가장 중요하다고 나는 믿는다.

벌써부터 그런 소리가 들리지만, 어떤 이들은 이렇게 말할 것이다. 미국에도 예를 들면, 안개와 또 다른 거짓말들이 있다고. 확실히 그렇다. 프랑스나 영국은 말할 것도 없고 미국의 위대한 작가들도 미국 사회의 모순과 사회적 병폐를 비난한다. 내 생각엔 이들은 계속 그럴 것이다. 이들에게 나와 여러 다른 헝가리 작가들의 길을 따르라고 가르칠 생각은 없지만, 작가가 할 수 있는 최선이란 자기 집 앞마당을 청소하는 것이라고는 말할 수 있다. 예를 들면, 소련 작가들이 서방을 '폭로'하는 일 대신에 스탈린의 범죄를 좀 더 분별 있게 드러냈더라면(순전히 희망사항이라는 걸 나도 알지만), 세상은 좀 더 좋아졌을 것이며, 당연히 소비에트 문학도 틀림없이 발전했을 것이다.

몇 사람이 내게 물었다. 만약 누군가 '과거에는 "맞다"고 하고, 이제 와서는 "아니다"라고 하는 증인들이 나타나는 것이 두렵지 않은가?

한국전쟁의 거짓말

생각해 봤소?'라고. 나도 생각해 봤다. 나를 괴롭히는 것이 바로 그것이다. 하지만 나 만큼이나 다른 사람들이 저지른 잘못 때문에 내가 속아 왔다고 해서, 남은 여생도 이런 식으로 지내야만 한단 말인가?

여러 위대한 헝가리 작가들과 언론인들도 같은 질문을 마주해야만 했다. "당신이야말로 스탈린과 라코시가 저지른 범죄에 대해 말해야 하는 사람이다." 시인들은 이런 소리를 듣는다. "당신이 그들에 대한 송시를 썼잖소!" "당신이야말로 농부들의 고통과 노동자들의 역경에 대해 말해야 하는 사람이오. '매일 매일이 승리다!'라는 제목의 시를 썼던 사람은 당신이잖소!" 우리는 채찍을 휘두르는 시절을 통과해 온 경험을 갖고 있다. 그것은 우리의 양심을 괴롭히는 범죄이자 과거의 실수였고 잘못이었다.

그러나 이 길은 여전히 계속되고 있다. 다른 길이 없기 때문이다. 행복하고 잘 사는 사람들은 한 번도 이 길에서 벗어난 적이 없는 사람들이다. 이들은 빚을 지지 않은 사람들이다. 난 그런 사람이 아니다.

여기에 일련의 모순적인 사건들을 추가하고자 한다. 전술했듯이, 세균전쟁을 처음 비난했던 북한 외상은 처형되었고, 보건부상도 흔적도 없이 사라져 버렸다. 한편, 내가 북한에서 보고기사를 보냈을 당시 〈자유인민〉의 편집장이었던 사람은 한국에 관한 내 책이 출판되기 전에 검열을 했던 다른 동료들과 마찬가지로 이들은 모두 혁명에 참여했다는 이유로 헝가리 감옥에 투옥되었다.

내가 파리에서 망명자로 지내던 어느 날, 누군가 누추한 내 방문을 두드렸다. 그는 〈자유인민〉의 전 편집자였다. 나에게 개성에서 '세균전'이 벌어지는 지역으로 가라는 전보에 서명을 했던 바로 그 사람이다. 당시 그 사람도 그것을 확고하게 믿었었다. 그 후 그는 혁명에 참여했다는 이유로 헝가리를 탈출했다.

헝가리혁명은 속은 사람들, '속은 나라'의 혁명이었다. 노동자들은 자기 공장의 소유자가 될 것이라는 거짓말에 속아 넘어갔다. 농민들을 진정시키기 위해서 땅을 주겠다는 거짓말을 했는데, 지금은 그 땅을 다시 빼앗아 가고 있다. 지성인들은 그들의 유일한 자산인, 사상의 자유를 빼앗겼다.

만약 사실과 말들 사이에 어불성설의 차이가 없었더라면, 선전과 실제 사이에 깊은 심연이 없었더라면, 아마도 혁명은 일어나지 않았을 것이다.

이 글을 쓴 사람으로서 "이 모든 것들의 요점이 무엇이오?"라는 질문을 받는다. 글쎄, 한반도와 헝가리, 그리고 여러 다른 곳들에서 있었던 모든 거짓말과 기만, 그리고 속임수들의 요점은 도대체 무엇이었을까?

마지막으로 나를 비롯해 세균전쟁과 관련된 선전전에 참여했던 사람들 그리고 거기에 자신의 명성과 권위로 신뢰도를 높여주었던 사람들에게 몇 마디 덧붙이고 싶다.

한반도에서 있었던 일에 대해 부디 한 번만 다시 생각해 보기 바란다. 당신들이 검토했었던 모든 것들을 흐루시초프가 밝힌 불빛에 비춰 보기 바란다. 박사들의 거짓말과 헝가리에서 벌어졌던 사건들을 비춰 보듯이. 의심이 들거든 공개합시다. 당신들이 증거를 세상에 공개했던 그때처럼.

중화인민공화국에 대해 얘기 하겠다. 최근에 중국을 다녀 온 여러 폴란드인, 유고슬라비아인들이 내게 이렇게 알려주었다. 이들이 중국의 지도자들과 우호적인 대화를 나누는 자리에서, 중국의 지도자들은 스탈린의 강압 때문에 한국전쟁에 끼어 든 것은 실수였다는 것이다.

그리고 세균전쟁에 관한 비난은 근거가 없었다고 믿는다는 것이다. 내가 의심하는 것은 아니지만, 정말로 그들이 그렇게 생각한다면,

이런 비밀 이야기를 작은 모임이나 근사한 만찬 석상의 안락한 분위기에서 나누는 수다로 주고받을 일이 아니다. 만약 중국의 지도자들이 한국전쟁 전반에 대해, 그리고 특히 세균전쟁 문제에 대해 진실을 말하는 것이라면, 이는 틀림없이 세계적 긴장상태를 완화하고 국제사회에서 중화인민공화국의 지위를 개선하는 데 전반적으로 기여하게 될 것이다. 따라서 중국은 수없이 많은 평화회의를 개최하거나 수천 마리의 평화의 비둘기를 날리기 보다는 진정한 화해와 평화를 향해 더 큰 발걸음을 내 디뎌야 한다.

너무나 많은 파괴와 슬픔을 겪은 나라를 다녀왔고, 너무나 많은 비극과 국가적 재앙을 겪은 다음이지만, 그리고 현재 나 자신은 국적도 없지만, 나는 언젠가 세계가 원자폭탄이나 수소폭탄 없이 평화로 나아갈 수 있는 방법을 찾게 되리라는 희망을 포기하지 않는다.

나는 사람들을 믿는다. 비록 속기 쉽고 약하고 수많은 실수를 저지르지만, 한 번, 두 번, 수백 번도 속아 넘어가지만 계속해서 진실에 목말라하는 사람들, 이들이 모든 것을 희생하더라도 결국 진실을 찾거나, 아니면 적어도 가까이 와 있는 진실을 발견하게 되리라는 것을 믿는다.

이것이 바로, 내가 나의 과거를 검증하는 고통스런 작업을 하는 이유이다.

이제는 만족한다.

나는 세상에 완전한 자유와 평화가 가능할지 알 수 없다. 하지만 어쨌든 나는 이제 이전보다 자유롭고 평화롭게 느껴진다.

[문서 No. 29]*

트루먼 대통령이 카스텐마이어 하원의원에게 보낸 서한

독립INDEPENDENCE, 미주리MISSOURI

1969년 6월 25일[69]

친애하는 카스텐마이어Kastenmeier 의원님

귀하의 7월 11일자 서신에 대한 답변으로서, 나는 생물학무기와 관련한 대통령의 명령을 강제로 수정한 적이 없으며 어떠한 경우에도 그것의 사용을 승인한 적이 없음을 명백히 밝혀 두는 바입니다.

행운을 빕니다.

감사합니다.

Honorable Robert W. Kastenmeier

House of Representatives

Washington, D. C. 20515

유의사항

원본 서한에는 트루먼 대통령의 서명이 있다.

---

* 이 문서는 부록 게재 순서는 원래 'No. 18'이었는데, 필자의 요청에 따라 공산당 문서가 추가되면서 게재 번호가 'No. 29'로 변경되었다.(역자 주)

중국인민지원군 위생부장 우쯔리吳之理의 글

〈염황춘추炎黃春秋〉 편집자 주 :

이 글은 전 인민지원군 위생부장이었던 우쯔리吳之理 동지
가 쓴 것으로서 그가 사망한 후에 발간된 수기이다. 이 글은 몇
군데의 문장과 명백한 인쇄상의 오류를 제외하고는, 내용을 이
해하는 데 영향을 주지 않기 위해서 일체의 수정을 금지한다.[70]

(1997년 현재) 한국전쟁이 휴전을 맞이한 지 어언 44년이 되었다.
그런데 1952년에 세상을 모두 놀라게 한 이슈는 분명 미 제국주의자
들에 의한 세균전 논쟁일 것이다. 이 사건은 거짓 경보false alarm에 관
한 하나의 사례에 불과했다.

공산당 중앙위원회는 미군이 세균전을 개시했다고 확신했다.(적어
도 처음에는 그랬다.) 우리는 반反세균전 운동에 엄청난 인력과 물자를
투입하고 모든 군대와 인민들을 총동원했다.

같은 시기 미 제국주의는 악명 높고 인기가 바닥이었다. 전 주한
미군사령관인 릿지웨이Matthew Bunker Ridgeway 장군은 1952년 말 유
럽의 연합국사령부로 전출되었다. 그가 공항에 도착했을 때, 대중들
이 그를 '전염병의 신'[71]이라고 부르며 비아냥거렸다. 그는 당혹스러웠
다. 그가 신의 이름을 걸고 미군이 세균전을 벌이지 않았다고 맹세하
고 나서야 비난이 그쳤다.

그 일은 수많은 파리 떼[72]가 겨울의 눈 덮인 땅 위에 나타나면서
시작되었다. 나중에 이것들이 보통의 파리가 아니라, 눈雪벼룩(한국

● 　이 문서는 부록 게재 순서는 원래 'No. 19'였는데, 필자의 요청에 따라 공산당 문서가 추
가되면서 게재 번호가 'No. 30'으로 변경되었다.(역자 주)

말로 '오구리')[73]이었으며 겨울에 눈이 쌓이면 자연스럽게 벌어지는 현상이라는 것을 알게 되었다. 눈벼룩은 '짙은 톡토기Dark springtail, Isotomapalustris 속屬[74], 톡토기Collembola 목目'에 속하는 종류이다. 나도 중국 동북부에서 눈벼룩에 관한 보고를 받은 적이 있다. 그때 우리는 파리와 벼룩이 눈 위에서 발견될 수 없다고 생각했다. 그리고 우리는 외신들이 일본의 세균전 전범인 이시이 시로가 미군 편으로서 한반도의 최전선에 와서 의심스런 주검들을 조사한다는 보도를 듣고 있었다. 우리 중앙위원회는 미군이 세균전을 벌인다고 단정했다.

원칙적으로 사건이 전개된 순서는 다음과 같다. 1952년 1월 29일 중국인민지원군사령부와 위생부는 제42군으로부터 미군 비행기가 1952년 1월 28일 평강 지역(군대가 주둔하고 있던 곳)을 날아갔는데 참호 속 눈 덮인 땅 위에 여러 가지 벌레들이 발견되었다는 전문을 받았다. 벼룩과 파리[75], 그리고 거미 같은 벌레들이었다고 한다. 제42군은 23마리의 벼룩(눈벼룩)과 33마의 파리[76], 그리고 거미 같은 벌레들 표본을 보내왔다. 우리 화학실험실은 충분한 실력을 갖췄지만 전염성 세균을 발견하지 못했다. 제42군 위생부장은 가오량高良이었는데, 그는 아주 세심하고 자격을 갖춘 위생간부이며 내가 3사단에 있을 때 그는 의대 학장이었다. 그는 이 전문을 보낼 때 세균전에 관해 다소 긴장했을 것이다. 제42군의 전문은 인민지원군사령부에도 보내졌는데, 펑더화이의 사령관의 큰 관심을 끌어서 중국공산당 중앙위원회에 제출되었다. 그로 인해 모든 부대에 경계조치가 내려졌고 비슷한 사례에 관해 시시각각으로 보고하라는 명령이 떨어졌다. 그러자 거의 모든 부대로부터 유사한 사례가 발견되었다는 보고가 이어졌다. (2달 사이에 약 1,000여 통의 보고가 있었다.) 보고 내용 가운데에는 적군이 심지어는 죽은 쥐까지도 공중에서 살포하고 있으며, 파리, 대형 모기, 그리고 곤충이 든 용기까지 떨어뜨리고 있다고 했다. (이용기는 미군에서 사용하는 탄약용기였으며, 종이로 된 낙하산 튜브를 선전물 살포에 사용하고 있었다.) 그 밖에도 나뭇잎, 뱀을 떨어뜨린다는 보고도 있었고, 몇몇 부대에서는 북한주민이 갑자기 사망했다고 보고하기도 했다 또한 수많은 물고기가 강에서 떼죽음을 당했고 10여개의 폐사한 물고기crucian carp[77] 샘플을 송부하기도 했다 이 샘플로 세균을 배양한 결과 그 안에서 살모넬라균이 발견되었다. 〈인민일보〉는 미공군기가 박테리아를 살포하고 있고 심지어 죽은 쥐까지 뿌려대고 있다고 보도했다.

거의 이와 때를 같이 하여 미군과 대치하고 있는 전선 지역에서 의심스런 사망자가 발생했다 그러자 미국은 과거 731부대의 수장으로서 세균전 전범인 이시이를 북한으로 데려와 사건을 조사하도록 하고 이 정보를 공표했다 그러자 이 정보를 기초로 당 중앙위원회는 미군이 세균전을 수행하고 있다고 확정했다. 그리고 며칠 후인 1952년 2월 22일 〈인민일보〉 제1면에는 미 제국주의자들이 대규모의 세균전을 한반도와 중국 동북지역에서 수행하고 있으며, 인민지원군과 북한 정부가 이를 비난했다는 자극적인 기사가 실렸다. 그리고 그 기사에는 공중에서 살포된 벌레들과 박테리아 사진이 함께 게재되었다. 그러자 전 세계로부터 비난이 쏟아졌다. 그에 앞서 우리는 〈인민일보〉가 그렇게 빨리 보도할 줄 몰랐다. 이 보도가 나간 후 나는 위생부 부부장인 주즈광朱直光에게 이렇게 말했다. "이제부터 우리는 조심해야겠습니다." 그러자 주즈광이 말하기를, "오늘 이후로 우리는 그저 글이나 써야 할 겁니다."라고 답했다.[78]

중앙위생부[79]는 허청賀誠 부부장이 전담하고 있었다. 그는 중국 동북지역에서 활동했기 때문에 과거 일본 731부대가 세균전에 관여[80]한 경위를 잘 알고 있었다. 그는 731부대장 이시이와 그의 행적을 잘 알고 있었다. 또한 세균전은 그의 그릇된 판단에서 비롯되었다는 것도 잘 알고 있었으며 당 중앙위원회도 이에 동의했다. 그는 조사를 위해 곤충학자인 허치何琦 교수와 미생물학자인 웨이시魏曦 교수를 북한에 보냈다. 그들이 오기 전에 우리는 이미 상황을 파악하고 (나를 포함해) 보고팀을 파견했다. 당시 조사 결과에 따르면 눈밭에 곤충과 기타 공중에서 떨어진 것들이 있었으나 그로 인해 갑자기 사망한 사람이나 페스트에 걸린 자는 발견할 수 없었다. 이미 사망자가 발생했다고 보고한 부대는 그러한 소문을 들었다고 답했다. 파리에 관해 말하자면, 거의 모든 집의 부뚜막마다 파리 투성이였다. 그것들은 수시로 날아올라 눈밭에 내려앉을 수 있다.

내 개인적인 분석은 다음과 같았다.

1) 제국주의는 모든 수단을 동원해 악을 행할 수 있고, 세균
   전도 예외가 될 수 없다.
2) 그러나 혹한기는 세균전을 수행하기에 적합한 계절이 아
   니다. 추운 날씨에는 곤충들의 움직임이 둔화되고 박테리
   아의 재생산도 주춤하게 된다.
3) 최전선의 참호에 물체를 떨어뜨린다면 그곳에는 사람이
   적어서 질병이 확산되기 어렵다. 또한 미군 측 참호도 그
   곳으로부터 십여 미터밖에 떨어져 있지 않다. 그 물체가
   미군 쪽으로도 튕겨나갈 수 있다.
4) 북한은 이미 이가 득실거려 여기저기서 전염병을 옮기고
   있다. 모든 도시와 마을의 가정집은 완전히 초토화되었고
   대부분의 사람들은 방공호에서 살고 있다. 그들의 삶은
   이미 피폐하지만 북한 사람들은 초인적으로 내핍하며 버
   티고 있다. 세균전은 그들을 항복시킬 수 있는 대단한 재
   앙도 아니다.

한국전쟁의 거짓말

5) 우리의 예비조사 결과는 아직도 미군이 세균전을 수행했
다는 사실을 입증하지 못하고 있다.

나는 내 의견서를 홍쉐즈洪學智 부 총참모장에게 상신했다. 그는
내 보고를 펑더화이와 중앙위원회에 제출하는 데 동의했다. 그리고
나는 장차 대규모 선전과 인력낭비를 방지하기 위해서 내 보고를 주
요 안건으로 공개하지 않는 편이 현명하다고 제안했다.(이것은 허치와
웨이시 교수가 도착하기 전의 일이었다.) 바로 그때 중앙위원회로부터 전
보가 도착했다. 내용은 내가 적에 대한 경계심이 박약하다고 비난하
면서, 특히 적들이 세균전을 수행하지 않았다는 나의 의견을 나무라
는 것이었다. 하지만 여전히 이 상황을 위생을 강화하는 데에 활용할
수 있을 거라고 했다. 그 후 허치와 웨이시 교수가 조사를 실시했고
곤충 표본과 박테리아를 관찰했다. 허치 교수는 그 벼룩이란 것이 눈
에 사는 벼룩이라는 사실을 밝혀냈다. 한편 웨이시 교수는 눈에 묻
은 벼룩의 성분을 분석하고, 그것이 림프절 페스트bubonic plague[81] 박
테리아에 감염되었을 가능성이 있다고 의심했다 그런데 이 박테리아
는 그램-양성Gram-positive 반응을 보였는데, 원래 림프절 페스트는 그
램-음성 반응을 보인다. 결국 그들은 페스트균을 양성하지 못했다.
나는 그들에게 견해를 물었다. 허치 교수는 말 그대로, "이것은 거짓
경보야"[82]라고 말했다.

펑더화이 사령관이 내 전문을 일고 난 후 그는 나에게 개인 보고
를 상신하도록 명령했다. 홍쉐즈 부사령관은 나에게 펑더화이 사령
관에게 보고할 때는 조금 더 현실적인 설명을 덧붙이도록 요구했다.
동시에 북한 인민군 방역국의 김 국장에게도 나와 함께 이 상황을 어
떻게 헤쳐 나갈 것인지에 관해 협의하라고 명령했다. 왜냐하면 그들
역시 증거를 만들어낼 수 없었기 때문이었다. 나는 김 국장과 함께

펑더화이를 만나러 갔다. 그와 함께 가면 나는 내심 김국장이 세균전 관련 증거는 발견할 수 없었다는 사실을 증언해 주기를 바라고 있었다. 그날 저녁 우리는 회창군檜倉郡에 있는 인민지원군사령부에 도착했다.(우리는 사령부에서 자동차로 약 2시간 정도 떨어진 성천군成川郡에 주둔하고 있었다.) 그곳에는 펑더화이 사령관과 덩화鄧華 및 쑹스룬宋時輪 부사령관 이하 10여 명의 부대원이 앉아 있었다. 우리는 그곳에서 우리의 조사 결과와 의견을 위에서 적은 바와 같이 진술했다. 그러자 펑더화이는 단호하게 말했다.(이것은 일반적인 생각이다.) : "지금 우리 위생부장은 미 제국주의자들을 비호하고 있다. 마치 적들을 변호하고 있는 듯하다. 이래서야 인민지원군의 위생을 책임질 수 있겠는가?"라고 마치 따지듯 물었다. 그리고 말하기를, "당신들이 지금 질병에 걸린 병사들과 부상병을 소홀히 하고 있다[83]는 보고를 다른 경로를 통해 들었다. 전투에서 천 명이든, 만 명이든 죽는 것은 그럴 수 있는 일이다. 그러나 만일 이 세균전과 관련된 일로 단 한 명의 병사라도 죽는다면 나는 귀관을 심판할 것이다."라고 했다 이에 나는 "더 이상 위생국장을 맡지 않겠습니다. 나에게는 다른 어떤 바람도 없습니다. 그저 제가 조선에 남아 적들과 싸울 수 있게만 해주십시오."라고 말했다. 그러자 펑더화이는 잠시 다른 상임위원회 간부들과 상의를 하겠다면서 휴식 시간을 가졌다. 그리고 다시 회의가 시작되자 펑더화이는, "상임위원회는 여전히 당신이 위생국장으로 일하기를 바라고 있소. 직분을 잘 소화하기 바라오. 일단 방역판공실을 설치하시오. 그리고 당신이 부실장을 맡으시오.(실장은 덩화.)"라고 했다.

　돌아오는 길에 북한군의 김 국장과 이야기를 나누던 중 그는 그 자리에서 파면되는 줄 알고 정말 두려웠다고 말했다. 이어서 말하기를, "당신네 펑더화이 사령관은 대단한 분이오. 그는 진심으로 아군을 사랑하는군요! 그분은 당신에게 훈계를 하면서 동시에 칭찬한 겁니다. 당신은 훌륭한 당과 훌륭한 사령관을 가졌소."라고 했다. 근무지로 돌아온 뒤 나는 벌어졌던 일을 모두 홍쉐즈 부사령관에게 보고했다. 심지어는 펑더화이가 나에게 개인적으로 한 말까지 모두 보고했다. 그러자 홍 부사령관은 아무 말도 하지 않았다. "잘 좀 하시오!"라고 딱 한마디만 했다. 며칠 후 동북군구 위생부 따이쩡화戴正華(그 후 별세) 부장이 세균전 대책 마련을 위한 중앙군사위원회 위생부장을 맡게 되었다. 나는 그에게 펑더화이 사령관의 지시를 보고했다. 그러자 따이쩡화는 "너무 걱정하지 마시오. 펑더화이가 시킨 대로만 하시오."라고 말했다. 그날 자정 무렵 나는 한 통의 전화를 받았다. 사령부에 있는 소련군 참모단장의 통역전화였다. 그는 "스탈린 동지께서 세균전이 실제로 벌어졌는지 어떤지 물으셨다."고 했다. 이에 나는 "펑더화이 사령관에게 직접 물어보시오."라고 대답하고 그대로 전화를 끊었다. 나는 도저히 내 힘으로는 어쩔 수 없는 일이라고 생각했다. 내가 이 상황에 제대로 대처하지 못하면 난 그대로 파면될 것이었다. 난 언제든지 파면될 것을 각오해야만 했다.

그리고 며칠 후 허청과 궁나이취안宮乃泉이 허치와 웨이시 교수를 포함해 막강 30명으로 구성된 방역검사대를 창설해, 북한에 보내 반세균전을 지원하도록 했다. 주요 인사들의 면면을 살펴보면 다음과 같다.

- 곤충학자 : 허치何琦
- 벼룩 전문가 : 랴오쯔양柳支英
- 기생충 전문가 : 우광吳光과 빠오딩청包鼎丞
- 미생물학자 : 웨이시魏曦, 천원꾸이陳文貴(페스트 전문가로
  서 일본군이 페스트균을 사용했다는 것을 입증함), 팡량方亮(조
  선족), 쉐쯔무謝知母, 궈스친郭时欽, 청쯔이程知義

- 바이러스학자 : 궈청저우郭成周

- 전염병 전문가 : 허관칭何觀淸과 유환원俞煥文

- 리켓짜Rickettsia corpuscles(발진티푸스 병원체) 전문가 : 류웨

  이퉁劉維通(역시 전염병 전문가임)

- 그리고 약 10명의 젊은 과학자 : 런민펑任民峰, 우쯔린吳滋

  霖, 후제탕胡介堂, 리이민李義民, 리쩐총李振琼, 가오윈댜

  오高韵調, 류위징劉育京 등

- 그 밖에 10여 명의 사진사와 기술자

　　나는 이 방역검사대를 4팀으로 나누었다. 그리고 가장 인원이 많은 팀을 우리 위생부 근처에 배치했다. 그리고 나머지 3팀은 동부, 중부, 서부 전선의 각 병단 위생부에 배치했다. 이 3개의 팀은 현장에서 채취한 표본 예비조사를 담당했고 아울러 질병예방 감독 작업을 맡았다. 1차 예비조사에서 문제가 있는 것으로 판명된 샘플은 2차 조사를 위해 성천군의 우리 사령부로 송부해 세균을 배양하도록 했다 그런데 이 모든 것들은 살모넬라균으로서 그것은 페스트[84]도 아니었고, 콜레라[85]도 아니었다. 몇몇의 경우 나뭇잎에서 탄저균[86]이 발견되기는 했다. 이것들 모두가 이른바 "공중에서 살포되었다"고 하는 것인데, 이를 세균전과 연관 짓기에는 무리였다.

　　나는 재빨리 세균전 대응 매뉴얼을 작성했다.(내용은 개인위생 강화, 백신의 보급, 그리고 통 넓은 바지에 핀을 꽂고 소매도 꽉 조이도록 하고, 목에는 스카프를 두르도록 하였으며, 초소에서는 하늘을 감시하도록 했다. 그리고 검사를 위한 시료 채취법과 제출방법을 개발했고, 하늘에서 떨어지는 곤충을 현장에서 잡도록 했으며, 위생제 뿌리기, 의심 환자의 격리 후 보고 등등) 그리고 이 대응수칙을 전 군에 보급했다. 나는 또한 펑더화이의 승인을 얻어(인민지원군 사령부와 정치부 연명으로 전군사령부에 통보함)

사망자를 검시하여 그들의 부상과 사망 경위를 밝혔다.

그 해 내내 아픈 환자나 질병에 걸린 환자는 모두 세균전과 관련이 없었다. 우리가 위생에 초점을 맞추었기 때문에 오히려 질병에 걸린 병사의 수는 눈에 띄게 줄었다. 1987년도 쯤 군 간부 몇 명이 나를 찾아와 말하기를, "미 제국주의자들이 그렇게 무지막지한 세균전을 감행했지만 우리는 한 명의 사망자도 발생하지 않았다!"고 했다. 그때서야 나는 그 일이 믿을 수 없을 만큼 놀라운 일이었다고 생각했다.

1952년에 우리는 여러 조사단을 응대하느라 바빴다. 리더취안李德全[중국공산당 코민테른자문관 오토 브라운Otto Braun]과 랴오청즈廖承志가 이끄는 중국 조사단, 국제민주변호사협회 조사단, 그리고 국제과학조사단이었다. 국제과학조사단의 단장은 영국학술원 회원인 조셉 니담Joseph Needham이었다. 그는 "중국의 과학과 문명"Science and Civilisation in China의 저자이기도 했다.[87] 그리고 국제과학조사단의 부단장은 소련과학원 회원인 주코프였다. 그는 이 지역을 경험했을 뿐만 아니라 하바롭스크에서 열린 일본군 세균전 전범재판의 의료전문가로 활약했다. 그는 코발스키Kowalski[88]라는 젊은 영어 통역을 대동했다 이 대표단에는 브라질의 생물학자이자 박쥐 전문가인 사뮤엘 페소아Samuel B. Pessoa 박사, 프랑스의 수의학 교수 장 말뜨레Jean Malterre, 스웨덴의 클리닉 실험실 과학자 안드레아 안드린Andrea Andreen(여성) 박사, 이탈리아의 생물학자 올리비에로 올리보Oliviero Olivo가 포진하고 있었다. 그리고 우리 조사단의 경우는 천싼창錢三强 박사가 이들의 상대역을 했다. 천슈陳術 박사는 러시아어 통역을 맡았고, 열대 질병 전문가인 종후이란鐘惠瀾과 산부인과 교수인 옌런잉嚴仁英(여성)은 영어 통역을 맡았다. 앞서 언급한 두 조사단 가운데 하나는 완전히 중국인들로 이루어졌고, 다른 하나는 다국적 과학자들로 구성되었다.

국제민주변호사협회는 자연과학자들이 아니었지만 우리가 말하는 것을 열심히 받아 적었고 내내 미 제국주의를 성토했다. 이 단체는 국제과학조사단과 달랐다. 비록 그들은 미 제국주의자들이 세균전을 감행했다고 믿었지만 우리는 그에 상응하는 증거를 만들어낼 수 없었다. 소비에트과학원의 주코프Zhukov는 스탈린이 특별히 임명했다. 그는 다방면에 뛰어난 사람이었다. 그들이 북한에 왔을 때는 미군이 평양에 대대적인 공습을 감행한 직후였다. 평양은 그야말로 쑥대밭이 되었다. 그들은 처음에 7월 12일부터 25일까지 중국 동북지역에서 미군 비행기가 살포한 세균 증거를 조사했다. 주코프는 그들에게, "한반도는 전쟁터이므로 매우 위험하다. 우리는 중국 동북지역에서 결론을 이끌어내는 것이 낫다. 그것이 괜한 고생을 덜 하는 길이며 만일 우리가 허망하게 죽는다면 아무 것도 건질 것이 없지 않은가."라고 말했다. 다른 대표들은 그 말이 일리가 있다고 생각했다. 그리고 나서 내린 첫 번째 결론은 미국이 중국 동북지역에서 세균전을 감행했다는 것이었다. 이어서 그들은 7월 28일부터 8월 1일까지 북한의 지하 깊숙한 곳에 숙소를 마련했다 그러나 밤만 되면 미군 비행기가 여전히 괴롭혔다.

그러던 어느 날 북한 측에서 2개의 사례를 보고해왔다. 하나는 콜레라로 인한 사망이었다. 미군 비행기가 평양 대동강 일대에 지푸라기를 살포했는데 그 안에서 콜레라균이 들어있는 홍합이 발견되었다는 보고였다. 사망자가 홍합을 먹고 콜레라에 걸려 죽었다는 것이다. 북한은 여러 해 동안 콜레라가 발병하지 않는 지역이었다. 다른 사례는 페스트로 인한 사망이었다. 어느 날 한 가족이 물 항아리에서 벼룩을 발견했는데 그것이 매우 이상했다는 것이다. 며칠 후 가족 중 한 명이 병에 걸려 죽고 말았다는 이야기였다. 검시 결과 페스트로 판명되었다. 그런데 북한에는 페스트가 없었다.(이 사례들은 북한의 요청에 따라 천원꾸이陳文貴 교수의 지도 아래 준비되었다. 그것은 그가 1940년대 일본군이 창더常德에 떨어뜨린 벼룩과 유사했다.)

중국인민지원군은 나무를 캐다가 벼룩 떼가 몰려 있는 것을 발견하고서 20사단 야영지의 중위에게 2개의 사례를 보고했다. 그들은 샘플을 채집해 송부했다. 벼룩에서 페스트균이 배양되었다. 우리는 모든 병사들로 하여금 세균전에 대비해 바지와 소매를 꼭 묶으라고 지시했고 하늘에서 물체가 떨어지면 즉시 소독하도록 했기 때문에 부대원들은 어떤 피해도 입지 않았다. 과학자들은 이것을 받아들였고 그들의 증언을 채록했다. 문제는 그 벼룩들이 아주 작은 초가집에서 채집되었다는 것이다. 이 오두막집에는 장작이 있었고 이와 유사한 물건들이 있어 벼룩이 기생하기 좋은 환경이었으므로 반드시 그것을 미군이 떨어뜨린 것으로 보기에는 무리가 있었다. 그런데 부대원들이 이러한 증언을 했지만 과학자들은 그것을 새겨듣지 않았고 오두막 이야기는 언급하지 않았다. 그리고 현장에 가서 재연해 보라고 하자 그들 가운데 한 명이 마오쩌둥 동지가 거짓말을 하지 말라고 가르쳤다고 했다. 그는 이러지도 저러지도 못하고 어찌할 바를 몰랐다. 그저 당면한 투쟁의 필요성을 설득하자, 그는 벼룩이 발견된 곳은 개활지였다고 답했다. 모든 벼룩 샘플은 인간벼룩Pulexirritans[89]이었다. 페스트균은 쉬운 일이었다. 우리는 그것이 나타나도록 만들 수 있었다.

5월 중순 천원꾸이는 나에게 전화를 걸어 와, 적들이 살포한 배양된 페스트균을 팡량方亮(조선족)이 잃어버렸다고 말했다. (박테리아 실험실은 원래 팡량의 책임이었고, 실제로 그 실험실은 페스트균 배양을 한 적이 없다.) 천원꾸이는 인도에서 온 교수와 페스트에 관해 연구했었기 때문에[90] 그 사실을 즉시 발견할 수 있었던 것이다. 그 순간 나는 문제가 커질 수도 있다고 직감했다. 그래서 곧바로 베이징의 감독관인 허청 부장과 중국 동북지역 감독관인 왕빈王斌 부장에게 먼신門新 동지를 즉시 보내 배양된 페스트균을 확보하라고 통지했다. 만일 그렇지 않으면 앞으로 일이 점점 더 복잡해질 것이라고 전했다. 먼신(그는 나중에 퇴역 후 랴오양의 203군인병원의 원장이 되었다.)은 선양으로 갔다. 그리고 5일 후 2개의 페스트 배양용기(쇠파이프로 봉해진)를 들고 왔다. 나는 한 개의 용기를 천원꾸이에게 주었고, 다른 하나는 우리 방역대의 부副대장인 리저판李哲范이 보는 앞에서 북한 보건성 부상인 노진한魯振漢[91]에게 주었다. 그는 이전부터 박테리아 배양기를 원했다. 그 순간 내가 왜 그에게 배양기를 주었는지 그가 알아챘다. 그 후에 나는 리저판에게, "만일 세균전을 입증하기 어려운 때가 생기면 나에게 페스트를 주사해 죽도록 하시오. 비록 그것이 확실한 증거가 되지는 못할지언정 적어도 위생국장으로서 미군이 살포한 페스트균에 감염된 것처럼 가장할 수는 있을 것이오."라고 말했다. 그러자 그는 "그건 아니 될 소리요. 우리는 항상 다른 방법을 생각하고 있었습니다."라고 말했다. 이를 보면 당시 우리가 얼마나 심리적 압박에 시달렸는지를 알 수 있다. 리저판은 조선족이었다.[92] 해방 이전에 그는 페스트 예방작업을 소비에트 전문가와 중국 동북지방에서 실시한 적이 있었고 이미 전문가 반열에 올랐다. 몇 년 전 나는 그에게 그때 일을 기억하냐고 물었더니 뚜렷하게는 기억이 나지 않는다고 말했다.

나는 한 해 동안 세균전 관련 보고를 위해 베이징을 3번 방문했다. 그 때마다 나는 저우언라이를 만났다. 그는 많은 것에 관심이 있었지만 특히 이 문제에 관해 매우 세세한 질문을 던졌다. 한번은 북한 보건성 부상이 나와 함께 베이징에 갔다. 그리고 국제과학조사단을 맞이할 준비 작업에 관해 보고했다. 저우언라이는 북한 측 인사에게 준비에 어려움이 없는지 물었다. 중간에 내가 끼어들어 말을 했더니 저우언라이는 북한의 노 부상에게 내 의견에 대해 어떻게 생각하느냐고 물었다. 이것을 보고 나는 저우언라이가 타인의 의견을 존중

한국전쟁의 거짓말

하는 인격자라는 것을 알게 되었고, 동시에 남의 말에 끼어드는 경솔한 짓은 하지 말아야겠다는 생각이 들었다. 어느 날 저녁은 8시가 넘어서 저우언라이와 나는 이 문제에 관해 이야기하며 식사를 했다. 그는 아주 작은 그릇에 밥을 담았고 2개의 채소 반찬과 작은 국물로 식사를 했다. 그는 매우 검소했다.

조사단은 중국 동북지역으로 돌아가기 전에 북한 북쪽 국경 근처의 벽동碧潼포로수용소에 들러 미 공군 포로 몇 명을 만났다. 일찌기 그들이 세균폭탄을 떨어뜨렸다고 〈인민일보〉에 보도된 바 있었다. 그들은 조사단에게 "터지지 않는 폭탄"으로 세균전 수업을 들었던 이야기를 자유롭게 말했다. 종전 후 그들은 미국으로 돌아갔다. 나는 그들이 이러한 고백을 하도록 훈련을 받았다고 들었다. 나는 정말이지 포로수용소 측의 설득력에 혀를 내두를 수밖에 없었다.

조사단이 베이징으로 돌아간 뒤 그들은 약 500쪽에 달하는 세균전 관련 조사보고서 Report of the International Scientific Commission for the Investigation of the Facts Concerning Bacterial Warfare in Korea and China를 출간했다. 마오쩌둥은 이 보고서를 받아들였다.

국제조사단이 마오쩌둥에게 보고를 마치자 그는 "나는 미 제국주의자들이 실험 삼아 세균전에 관여했다는 것을 알고 있다."고 말했고, 조사단은 그의 말을 한 결 같이 인정했다.[93]

주코프가 소련으로 돌아가 스탈린에게 보고한 뒤 한 통의 전문이 소련공산당 중앙위원회로부터 도착했다. 그 내용은, "세균전은 거짓경보"라는 것이었다. 그러자 저우언라이는 곧바로 총참모장 황커청과 부 총참모장 홍쉐즈를 불러들여 "속임수를 썼는가?"하고 묻자, 홍쉐즈는 "예, 그렇습니다. 만일 그렇게 하지 않았다면 아무것도 보고할게 없었을 겁니다."라고 대답했다. 당시 중국은 유럽에 사람들을 파견해 세균전 반대 선전활동에 열을 올리고 있었다. 저우언라이는 이를 즉각 철회하도록 명령했다. 그 후로 중국은 세균전 문제를 두 번 다시 언급하지 않았다. 그러나 다음 세대는 이 사실을 모르고 있다. 몇몇 사람들은 책을 쓰면서 항상 미 제국주의자들이 세균전에 관여했다고 적고 있다. 나는 그래서 우리는 세균전의 '위협'을 받았고, 그로 인해 더욱 수세적인 태도를 취했다고 말하곤 한다. 황커청이 와병중일 때 그는 나에게 사전을 편찬하고 있는 군사과학원 동료들에게 내 의견을 알려주라고 권했다. 즉 "미 제국주의자들은 한국전쟁 당시 세균전에 관여하지 않았다. 지금 두 나라의 관계는 나쁘지 않다. 그리고 이 문제를 계속 언급하는 것은 부적절하다."고 말했다. 그들은 이 말을 듣고 세균전이 결국 있었는지 여부를 묻기 위해 나에게 사람을 보내왔다. 나는 그저 이렇게 말했다. 우리에게는 충분한 증거가 없었다고.

이 일이 수십 년 동안 두고두고 후회가 된다. 나는 국제적인 과학자들이 그 보고서에 서명을 했다는 데 유감이다. 내가 너무 순진했던 모양이다. 왜냐하면 그들은 진실을 알 수도 있었고, 그저 정치적 투쟁의 필요성에 따랐기 때문이다. 만일 그 당시 그럴 수 있었다면 그들은 나에게 속지 않았을 것이다. 나는 항상 황커청에게 말하기를 그들에게 미안하다고 했다. 그러자 그는 이렇게 말했다. "당신이 미안해할 것은 없다. 이것은 그저 정치투쟁일 뿐이다. 게다가 당신은 처음부터 세균전에 관해 당신 의견을 충분히 피력하지 않았는가. 물론 쉬운 일은 아니지. 당신이 책임을 지기에는 너무 늦어버렸어."

나는 언젠가 이 문제에 대해 속 시원하게 말할 수 있는 역사적인 날이 오리라 믿는다. 나는 이미 83세의 노인이 되었고 그 사실을 알고 있으나 현역이 아니다. 이제는 말해도 좋을 듯하다. 1952년의 세균전 주장은 거짓 경보였다고 말이다.

1997년 9월

한국전쟁의 거짓말

(2005년 2월 2일로부터 과거를 되돌아본다. : 작년인 2004년 군사병원 과학원의 리이민李義民 교수가 벨기에의과대학 교수가 쓴 에세이를 보내왔다. 그것은 이 세균전에 관한 이야기였다. 그 책에는 '러시아가 1952년 가을 소련공산당 중앙위원회가 마오쩌둥과 김일성에게 각각 보낸 전문을 출간했다. 그 자료에 따르면 미군은 세균전을 감행한 적이 없고 이것은 거짓 경보였다고 밝히고 있다. 소련과학원 회원인 주코프의 주장은 철회되었다. 왜냐하면 그가 보고서 발간을 주도했기 때문이다.')

(저자 우쯔리는 중국인민지원군 위생부 부장을 지냈다.)

〈염황춘추炎黃春秋〉 책임편집 황종黃鐘

[문서 No. 31]*

세균전 – 기억과 회상[94]

티버 머레이Tibor Méray

이 워크숍의 목적은 한국전쟁에서 발견된 새로운 증거를 분석하고 아직 풀리지 않은 의문들을 점검해 보는 데 있습니다. 지금부터 나는 학자가 아닌 작가로서 내가 아는 개인적인 이야기를 하고 싶습니다. 독자들에게는 이 말이 이상하게 들릴지 모르지만 나로서는, 그리고 주관적으로 제일 중요하게 생각하는 의문은 여전히 풀리지 않은 상황이죠. 그 질문은 바로 "도대체 내가 왜 이 한반도의 이야기에 휘말리게 되었을까?"하는 겁니다.

그러면 처음부터 이야기를 풀어가 보겠습니다. 저는 1946년 9월 부다페스트대학을 졸업했습니다. 내 전공은 헝가리어와 라틴 문학이었습니다. 저는 그 다음날 결혼식을 올렸고, 또 그 다음날 공산당 중앙기관지인 〈자유인민Szabad Nép〉 편집부에 취직했습니다. 1년 동안 나는 편집 관련 일을 배웠습니다. 그리고 1947년 27세 때 문화면의 편집장이 되었죠. 바로 그 시점부터 나는 문화 관련 일로 바빠졌습니다. 가령 연극, 영화, 문학, 음악, 미술, 교육 등이 주된 관심사였습니다. 동시에 나는 몇몇 시나리오 작업을 하기도 했습니다.

노년의 티버 머레이

● 이 문서는 부록 게재 순서는 원래 'No. 20'이었는데, 필자의 요청에 따라 공산당 문서가 추가되면서 게재 번호가 'No. 31'로 변경되었다.(역자 주)

한국전쟁의 거짓말

1951년 7월 21일 오후 한 통의 전화가 나에게 걸려왔습니다. 그는 당의 정치선전 책임자였는데 한 때 내 상사인 편집장이었으니, 내가 얼마나 놀랐을지 짐작할 수 있을 겁니다. 그는 나에게 북한의 개성에 관해 물었습니다. 나는 그저 두루뭉술하게 대답했습니다. 그 때까지만 해도 나는 국제정치에 관해 아는 바가 없었죠. 하루에 14시간에서 16시간을 일해야만 했고 기껏해야 국제뉴스라고는 그저 머리기사를 힐끗 살피는 정도였습니다. 당시 나는 개성에 대해 "아주 중요한 곳이죠."라고 답했던 것으로 기억합니다. 그러자 "내가 왜 물어봤냐면, 내일 당장 첫 비행기로 자네가 거기로 가야하기 때문일세. 자네는 앞으로 정전협상에 관한 기사를 써 보내게."라는 답변이 돌아왔습니다.

아직도 그 때를 생각하면 심장이 벌렁거립니다. 그 때까지 나는 외국이라고는 바로 옆에 있는 체코슬로바키아에 영화축제 일로 두 번 정도 다녀온 것이 전부였습니다. 당시 북한에는 헝가리 특파원이 없었구요. 심지어 중화인민공화국도 탄생한지 고작 2년 밖에 안 된 시점이었으니까요.

1953년의 한반도 상황이란, 위대한 정치가인 처칠Winston Churchill의 말을 빌자면, '그렇게 선혈이 낭자한 곳은 들어본 적이 없다. 내 나이 24살이 되도록 말이다.'라는 표현이 떠오릅니다. 그렇습니다. 당시 저는 27세였습니다. (저는 여기 참석한 한국인 참가자들에게 말해두고 싶습니다. 더 이상 공격당하지 말라고! 아마도 당신들이나 당신들의 부모님들은 1956년까지 헝가리에 관해 들어본 적이 없을 겁니다. 작은 나라이고 전쟁, 혁명, 그리고 자연재해로 알려진 그 나라를 말입니다.)

나는 서둘러 북한으로 갈 채비를 해야만 했습니다. 내 방한코트는 오래 입어 다 헤진 상태였지만 새로 살 시간도 없었죠. 나는 베이징으로 가는 비행기를 기다리며 모스크바에서 한 벌을 새로 사기로 했습니다. 나는 모스크바에 도착해서 그 유명한 굼GUM 백화점에 들렀습니다. 헝가리대사관에서 나온 직원이 나와 함께 갔습니다. 왜냐하면 나는 러시아어를 할 줄 몰랐기 때문이죠. 점포에는 좋은 코트들이 있었지만 줄이 엄청나게 길었습니다. 이거야말로 내가 평소에 생각하던 '성공한 사회주의 국가'의 모습이 아니었습니다. 그런데 나와 함께 온 직원이 러시아어로 뭐라고 한 마디 하자 상황이 바뀌었죠. 그는 내가 북한에 간다며 줄을 양보해 달라고 했습니다. 나는 그 때 소비에트 진영 안에서 '코리아'라는 이름이 지닌 마법 같은 힘을 느낄 수 있었습니다.

어느덧 반세기가 흘렀습니다. 나는 그 사이 많은 것을 경험했습니다. 나는 많은 질문에 답을 찾을 수 있었습니다. 그러나 여전히 풀리지 않은 의문도 많습니다. 가령 개성에 특파원을 파견해 달라고 유럽 공산주의국가들에게 요청한 쪽은 북한이었는데, 이는 유럽국가들 중에 자기편도 여기 와 있다는 것을 유엔 특파원들에게 보여주기 위한 것이었죠. 그런데 내가 죽을 때까지 이해할 수 없는 한 가지 의문은 바로, 헝가리에서 '선택된 사람'이 왜 하필이면 나였냐는 겁니다.

나의 초창기 얘기를 하는 이유는 순전히 추억 때문이 아니라는 점을 미리 말해두어야 할 것 같군요. 나는 오늘 열린 워크숍을 기획한 분들, 즉 캐스린 웨더스비Kathryn Weathersby와 오스터만Christian Ostermann 교수들로부터 세균전에 관해 얘기해 달라는 부탁을 받았습니다. (내일 Korean Society의 회의에서는 한국에서의 또 다른 경험에 관해 얘기할 겁니다.) 내가 세균전에 관한 기사를 썼을 당시 얼마나 순진했고 경험이 부족한 사람이었는지 얘기하다보니, 그만 내가 북한에 가게 된 경위를 장황하게 설명했군요. 당시 나는 국제정치에도 무지했고 세균전과 같은 무거운 주제에 관해서는 더더욱 아는 바가 없었습니다. 이에 관해서는 제가 먼저 사죄의 말씀을 드려야 할 것 같군요.

어쨌든 저는 무지했습니다.

하지만 나는 내가 왜 세균전 논쟁에 관여하게 되었는지에 관해서는 정확하게 설명할 수 있을 것 같습니다. 나는 1952년 2월 22일 개성에 있었습니다. 조선민주주의인민공화국 외무상이 1월 28일 미군이 북한군과 중국인민지원군 그리고 아무 죄도 없는 북한의 주민을 상대로 대량학살을 목적으로 세균전을 감행했다고 발표한 날이었습니다. 그리고 이틀 후 중화인민공화국 외무상 저우언라이도 이 사실을 재확인했습니다.

나는 무서웠습니다. 이것이야말로 놀라운 뉴스였죠. 동시에 나는 특파원으로서 무언가 해야 한다는 생각을 하지 못한 채, 개성(당시 판문점)에서 열릴 예정인 정전협상 취재를 위해 움직였습니다.

일주일 후 나는 내 신문사로부터 전문을 받았습니다. 그것은 특파원으로서 저를 비난하는 내용이었습니다. 전 세계가 세균전 이슈로 난리법석을 떨고 있는 마당에 어째서 아무 일도 벌어지지 않고 있는 개성에 그냥 있냐는 겁니다.

3월 2일 저는 개성에서 평양으로 갔습니다. 그럼 이제부터 내가 북한에서 보고 들은 바를 간단히 이야기 하겠습니다.

거의 절반은 무너져가는 건물에 들어있던 보건성에서 나는 부상을 면담했고, 나중에 보건상과도 이야기를 나누었습니다. 그들은 나에게 미군이 어떻게 세균전을 벌였는지 설명했죠. 보건상은 나에게 북한 지도를 보여 주었고 그 안에는 22개 지역에 동그라미가 그려져 있었습니다. 이것은 그날까지 세균무기의 공격을 받은 곳이었습니다. 주로 전선을 따라 서부 지역에 몰려 있었습니다.

많은 과학자들이 회의에 참가했습니다. 그들은 나를 실험실로 데려갔습니다. 셀 수 없이 많은 실험기구와 상자가 놓여 있었고, 수많은 곤충들이 그 안에 담겨 있었습니다. 그들이 말하기를 농부가, 마을 위원회가, 보건당국자가, 그리고 군인들이 그 곤충들을 보내왔다고 했습니다.

그들은 내 뒤에서 현미경을 들여다보며 나에게 여러 종류의 준비된 샘플을 보여주었습니다. 그들은 나에게 이 균들은 미군이 하늘에서 떨어뜨린 파리, 벼룩, 지네, 물고기 등에서 추출한 것이라고 말했습니다. 그리고 내가 보고 있던 둥근 모양의 균이 바로 콜레라균이라고 했습니다. 그들은 나에게 페스트균도 보여주었습니다. 그들은 다음과 같이 말했습니다. 모든 곤충이나 물고기가 감염된 것은 아닌데, 아마도 이것은 미국의 속임수이다. 미군은 이 겨울에 이런 곤충이 나타나는 것이 당연한 현상이라고 믿게 할 속셈이었을 것이다.

이 모든 것이 나에게 깊은 인상을 남겼습니다. 지금도 그렇지만, 당시 저는 실험실 안의 곤충이 아니라, 실제로 세균전 공격이 벌어지는 것을 보고 싶다고 말했습니다.

오래 기다리지 않았습니다. 며칠 후 그들은 나를 소노리Sono-ri라는 작은 마을로 데려갔습니다. 그 마을 주민들은 미군이 2월 28일 공격하기 전날 밤 오래 동안 저공비행을 했다고 증언했습니다. 그런데 폭탄을 떨어뜨리지 않았다는 겁니다. 다음 날 아침 한 농부가 대동강 얼음 위에 파리 떼 여덟 무더기가 놓여 있는 것을 발견했다고 했습니다. 그것들은 살아있었고 그 주변을 날아다녔다고 합니다. 그러더니 수백 미터를 날아가 사방으로 흩어졌답니다. 주민들은 마른 장작과 지푸라기로 그것들을 없애는 데 4일이 걸렸다고 했습니다.

그들은 또 나를 강으로 데려갔습니다. 하얀 얼음 위에 검은 줄들이 그어져 있었습니다. 불을 피운 흔적이었습니다. 나는 살아있는 어떤 것도 느낄 수 없었습니다. 그런데 무언가 움직이는 것이 보였습니다. 약 100여 마리의 파리들이었습니다. 그것들은 살아있었고 얼음 위를 기어 다니고 있었습니다. 천천히 비실거리며 말입니다. 어느 곳

한국전쟁의 거짓말

은 햇볕에 얼음이 녹아 웅덩이가 생겼습니다. 6~8 마리의 파리가 그 더러운 물에서 헤엄을 치고 있었습니다. 이것은 앞서 언급한 농부가 그것들을 발견한지 약 10일이 지난 시점이었습니다.

평양의 중앙실험실은 그 파리들이 콜레라에 감염되었다고 했습니다. 나는 어떻게 영하 5도에 파리가 살아있냐고 물었습니다. 그러자 그들은 이 파리들이 세균전을 위해 마련된 특수한 종이라고 했습니다. 그들은 또한 왜 파리가 소노리에 투하되었는지 설명했습니다. 대동강은 소노리를 거쳐 평양으로 흘러간다. 정화시설은 소노리와 평양 사이에 있다. 따라서 만일 소노리에서 식수가 오염되었다면 평양의 식수도 감염이 되는 것이다. 그것은 곧 대량살상으로 이어진다는 것이었습니다.

또 다른 충격적인 경험은 내가 평양에 도착한지 약 2-3일 지난 다음이었습니다. 그들은 나를 수도 한 복판의 남능리Namnun-ri 구역 2가 6번지 건물로 데려갔습니다. 그 전에 나는 콜레라 예방주사를 맞았습니다. 그리고 나는 고무로 된 위생복을 머리부터 발끝까지 뒤집어써야만 했습니다. 바지가 가슴까지 올라왔죠. 내 눈까지 덮는 후드가 달린 자켓도 입어야 했습니다. 그리고 검은 색 긴 장화와 장갑을 껴야만 했습니다. 그들은 내 고무로 된 위생복 위에 하얀 수술용 가운을 입히고 외과의사 마스크로 코와 입을 가렸습니다.

두꺼운 새끼줄로 집주변을 에워쌌고 그 옆에는 보초병이 서 있었습니다. 누구도 허락 없이 안으로 들어가거나 나올 수 없었습니다.

그곳에서 나는 슬픔에 잠긴 부부가 3월 5일 전날 밤에 미군 비행기가 파리 떼 다섯 무더기를 마당에 투하했다고 말했습니다. 그 옆에는 하얀 봉투와 작은 나뭇잎이 있었습니다. 그 부부는 아직 어두컴컴한 아침 일찍 일을 시작하려고 집을 나섰습니다. 6세와 2세의 두 아이와 68세의 할아버지가 그 무더기들을 발견했습니다. 할아버지는 그것들을 건드리지 않으려고 조심했지만, 어쨌든 그것들에 전염이 되었고 다음날 발병해서 결국 사망했습니다. 실험실에서 조사한 결과 그 파리들은 콜레라에 감염되어 있었습니다.

이것이 세균전에 관해 제가 직접 경험한 전부입니다. 이게 내가 본 전부입니다. 나는 설명을 듣자마자 그대로 믿었고 기사를 썼습니다. 나에게 일어난 일은 한국의 세균전을 조사하러 온 국제과학조사단에게도 똑같이 일어났습니다. 아마도 그들은 나보다 더 많은 유사한 경험을 했을 테고 더 완벽한 상황을 봤을 겁니다. 나는 믿고 싶은 것을 믿었습니다. 그 과학조사단이 그랬듯이 나에게 제공된 과학적인 정보를 그대로 믿었습니다. 당시 과학조사단의 한 멤버는 나중에, "우리를 맞이한 중국 측 관계자에게서 일체감을 느꼈다. 그리고 미국이 세균무기를 사용했다는 진술을 전적으로 신뢰했다. 과학조사단의 임무는 중국과 북한이 주장하고 제시한 비난과 증거들을 조사단의 대표들이 암묵적으로 신뢰한다는 사실을 재확인시켜주는 것이었다." 라고 말했습니다.

내 신념을 흔든 것은 북한이 아니라 헝가리에서 벌어진 사건 때문이었습니다. 내가 헝가리로 돌아온 지 얼마 되지 않아 나는 우리나라에서 자행한 스탈린의 죄악상을 깨닫게 되었습니다. 그리고 수많은 거짓말로 그 범죄를 덮으려 했죠. 바로 그 대목에서 나는 한국전쟁의 역사를 논리적으로 접근하게 되었습니다. 저는 자문해 봤습니다. 과연 그들이 나에게 진실을 말했을까? 세균전을 포함해서 말이죠. 나는 두 정권의 유사성을 알게 되었습니다. 그 결과 나는 의심을 품게 되었습니다. 그러나 저는 부다페스트에서는 증거를 찾을 수 없었습니다.

저는 1956년 혁명 이후 서방으로 탈출했습니다. 〈미국의 소리〉VOA 라디오 방송국에서 나를 찾아내 연락을 해 왔습니다. 그 때 저는 아직 오스트리아 빈에 있었습니다. 그들은 나에게 세균전 주장

　　　　　　　　　한국전쟁의 거짓말

이 거짓인지 물었습니다. 그래서 저는 내가 본 것을 보지 않았다고는 할 수 없다고 말했습니다. 내가 할 수 있는 일은 내가 본 것에 의심을 품는 것이 고작이었습니다. 마찬가지로 나는 내 의심이 풀릴 때까지 말할 수 없었습니다. "그렇다면, 당신은 아직도 그것을 믿고 있다는 뜻인가요?"라는 다소 공격적인 질문이 오자, "나는 오래 동안 내가 믿는 것에 기초해 글을 쓰고 말해 왔소. 하지만 이제는 사실fact을 찾고 싶소."라고 대답했습니다.

오직 과학만이 내 의문에 답을 줄 수 있다고 생각했습니다. 1957년 초 파리에 도착한 후 나는 프랑스 최고의 과학자들을 수소문했습니다. 파스퇴르 재단의 연구원장, 콜레라 연구의 권위자이자 국제전염병연구소의 수장, 곤충학회장, 의과대학 미생물학과장, 그리고 프랑스 아카데미 회원인 유명한 생물학자 등등. 저는 그들에게 내가 북한에서 본 모든 것을 말해주었습니다. 그들을 만나 몇 시간에 걸쳐 대화를 했지만 그들은 참고 내 이야기를 끝까지 들어주었습니다.

1957년 〈프랑-티뢰르〉Franc-Tireur라는 일간지의 연재기사를 통해 나는 그들의 답변에 대해 설명한 바 있습니다. 여기서 그 모든 내용을 말하기에는 시간이 부족할 것 같습니다. 그냥 기사에 인용했던 내용을 요약해서 말씀드리겠습니다. 프랑스의 과학자들은 그것이 프로파간다 차원에서 일반 대중을 상대로 한 아주 잘 조직된 캠페인이었다고 보았습니다. 내가 프랑스 아카데미 회원인 장 로스탕 생물학교수에게 내 경험을 열심히 설명했더니 그는 갑자기 내 말을 끊고는 "당신 이야기를 계속 듣다보면 나까지 믿을 것 같소."라고 했습니다.

동시에 그들은 과학적 관점에서 불합리한 점들을 지적했습니다. 일단 사실관계의 오류를 지적합니다. 과학자 가운데 한 명은 비브리오 균이나 아시아 콜레다 바이디스의 유약싱을 지적했습니다. 영하 5도에서 10도 사이에서 비브리오 균에 의한 전염이 불가능하다. 파스퇴르연구소장의 말을 빌자면, 작은 집단을 감염시킬 수는 있지만 이 매개체로 세균전을 벌인다고 한들 전국적 차원의 위협은 될 수 없다. 파스퇴르연구소의 전염병 예방과장은 콜레라 전문가로서 그의 의견에 따르면, 내가 평양 남능리 지구의 실험실을 방문했을 때 받은 예방조치는 거의 효과가 없었다고 합니다. 즉 콜레라 백신 주사의 효과가 나타나려면 첫 번째 주사는 40억 개체, 두 번째 주사는 80억 개체의 백신 주사를 일주일 간격으로 맞아야 한다는 겁니다. 게다가 이러한 예방접종은 두 번째 주사 후 단 5일만 효과가 지속된다고 했습니다. 곤충학연구소장인 세구이Seguy 교수는 45년 동안 파리를 연구해 왔습니다. 그는 "세균전에서 파리를 사용하는 것은 불가능하다."고 말했습니다. "파리는 이미 존재하는 콜레라균을 확산시킬 수 있지만 그것은 감염된 배설물에서 옮겨갈 때 가능한 일이다. 그러나 파리는 박테리아를 30분 이상 보균할 수 없다. 그리고 그것들을 종이봉투에 싸서 투하하는 것도 불가능하다. 아마 그것들은 낙하하는 동안 죽고 말 것이다."

덧붙여서, 북한과 중국에서 세균전에 관한 사실조사를 위한 국제조사단의 보고서가 세계적인 권위자인 세구이 교수의 책을 5번이나 인용하고 있다는 점입니다. 세구이 교수 역시 이 보고서에 대해 알고 있었습니다. 그는 일찍이 그 보고서를 갖고 있었습니다. 그러나 제가 그를 만났을 때는 그 보고서를 갖고 있지 않았습니다. 이유를 물었더니, "그건 말도 안 되는 보고서야. 내다버렸어."라고 말했습니다.

프랑스 과학자들에게 들을 수 있었던 공통된 점은 어떤 진술이 아니라 일련의 질문 속에서 나온 증거에 관한 것이었습니다. 즉 소노리에 파리가 투하되었을 때 내가 그 자리에 있었는가? 실험실에서 조사가 진행되었을 때 내가 마지막까지 있었는가? 평양에 곤충이 살포되었을 때 그곳에 있었는가? 그 어린 아이와 노인이 곤충을 만지

　　　　　　　　　　　　　　한국전쟁의 거짓말

는 것을 본 적이 있는가? 사망자의 시체가 실험실로 들어가는 것을 본 적이 있는가? 그리고 정말로 세균 샘플이 그것들로부터 나온 것인가? 그리고 그들은 언제 콜레라균을 샘플에서 채취하였는가?

어찌 보면 이러한 질문들은 다소 말장난처럼 들릴 수도 있습니다. 하지만 북한과 중국이 주장하는 내용은 이러한 질문을 통해 실증되어야 하며 그것은 누군가가 모든 사례를 처음부터 끝까지 관찰했을 때야 비로소 검증될 수 있을 겁니다.

공교롭게도 이러한 점들은 프랑스의 과학자들과 국제과학조사단이 하나같이 주장하는 바입니다. 국제과학조사단의 보고는 이상적인 정황을 만들어 주었고 일종의 완벽한 근거를 제공했습니다. 이상적인 정황이란, 처음 비행물체에서 시작해 보균자를 끌어들이고 살포된 생물체를 끌어들인 것입니다. 그리고 여기에 기상조건과 미생물학적 검사가 질병을 완성시킵니다. 바로 이 대목에서 보고서는 다음과 같이 지적합니다. '당연히 완벽한 증거는 매우 드물거나 아니면 찾지 못할 수도 있다.'고 말이죠. 그런데 이 조사단은 일련의 검증과정 아예 무시했습니다. 그래서 "매우 드물게"라는 표현은 보고서 안에서 사라져 버립니다. 과학조사단은 자신의 보고서에 스스로 가치를 부여한 것입니다.

한 가지 일화를 부연하겠습니다. 국제민주변호사협회 조사단의 멤버들은 북한에서 벌어진 세균전에 관해 열정적으로 조사에 임했습니다. 이들도 제가 갔었던 대동강의 한 마을로 안내되었습니다. 제가 파리를 발견했던 곳인데, 그들의 보고서를 따르면 '개미 같은 벌레'라는 표현이 나옵니다. 그들은 나에게 콜레라라고 이야기했으나 국제민주변호사협회 조사단에게는 '내장질병을 유발하는 박테리아'라고 했습니다. 내용이 전혀 일치하지 않습니다. 이 뿐만이 아닙니다. 이 조사단도 평양을 방문했습니다. 역시 전에 제가 안내를 받아 갔던 남능리의 그 건물이었습니다. 이에 관한 조사단의 보고서에는 다음과 같이 적혀 있습니다. '평양에서는 2명의 환자가 3월 6일과 8일에 각각 발생했다. 이들 가운데 한 명이 3월 8일 사망했다.' 아마 기억하실 겁니다. 제가 3명 죽었다고 한 것을. 저는 그 행운의 당사자가 아이었는지 할아버지였는지 결코 알 수는 없겠지만, 그래도 세 명 중에 한 명은 살아남았다니 기뻤습니다. 솔직히 말해서, 세 명 다 살아있을 거라고 생각합니다!

현장에서 수집된 정보는 신뢰할 수 없었고, 과학적인 조사는 어느 것도 밝혀내지 못했습니다. 결국 우리는 새로운 '발명'을 이야기하고 있는 겁니다. 몇몇 예외는 있지만, 서방의 과학자들은 프랑스의 과학자들과 비슷한 의견을 보였습니다. 이는 세균전 주장을 근거로 한 서방, 특히 서유럽에서의 선전활동이 미국에 대한 혐오를 불러일으키는 효과가 있었느냐의 문제와는 별개의 문제입니다. 이 프로파간다가 초래한 긍정적인 성과를 굳이 꼽으라고 한다면 북한과 중국에서 철저한 위생캠페인이 벌어졌다는 것일 겁니다. 시간관계상 자세한 이야기는 생략하겠습니다.

그럼에도 불구하고, 여전히 큰 의문이 남아 있습니다. 그렇다면 세균전 이야기를 만들어낸 것은 과연 누구일까요?

단도직입적으로 말하겠습니다. 저는 그 대답을 알지 못합니다. 제가 아는 한, 그것에 관해 확실히 말할 수 있는 사람은 아마 없을 겁니다.

그래도 가능성이 없는 것들을 차례로 소거해 가는 방식으로, 누구였는지 한 번 가늠해보겠습니다.

저는 '아래에서부터' 이 선전이 시작되었을 가능성은 상상할 수조차 없다고 봅니다. 저는 아래에서부터 시작된 선전운동을 여러 차례 목격했습니다. 이른바 '사회주의적 경쟁체제'로 불리는 '스타하노프Stakhanov'운동은 스탈린의 70번째 생일을 맞이해, 이른바 '평화 국채

國債'라는 명목으로 자신의 임금을 '자발적으로' 염출해서 마련한 것이었습니다. 그러나 이처럼 엄청난 열광적인 분위기 속에서 진행되는 모든 '아래에서부터' 벌어지는 캠페인은 공산당 정치위원회와 같은 상부에서 결정한 명분에 의해 유지되기 마련입니다.

북한 공산당의 수뇌부가 지시했을까요?

이론적으로는 가능합니다. 현재까지 풀리지 않은 요인들이 존재하기 때문입니다. 세균전 비난이 처음 등장한 것은 1952년 2월이 아니라 그보다도 9개월 전이었습니다. 1951년 5월 8일 북한 외상은 유엔안보리 의장에게 전문을 보내 1950년 12월에서 1951년 1월에 걸쳐 한반도에서 미군이 세균무기를 사용했고 천연두를 퍼뜨렸다고 주장했습니다.

그런데 이러한 비난전은 몇 주간 지속되다가 갑자기 사라졌고 1952년 2월까지 이러한 침묵은 지속되었습니다. 그러더니 북한은 1952년 2월이 되자 또 다시 세균무기 문제를 제기하고 나섭니다. 그들이 어째서 수개월 동안 침묵했는가는 여전히 미스터리로 남아 있습니다.

그러나 소련과 북한의 관계에 대해 아는 사람이라면 소련의 승인 없이 북한이 독자적으로 유엔안보리에 그러한 전보를 보낼 수는 없다는 점을 쉽게 이해하실 수 있을 겁니다. 제 생각에, 북한은 이러한 프로젝트의 주도자가 될 수 없습니다.

그렇다면 이제 중국과 소련이 남습니다. 1951년 5월 북한의 전문을 살펴 볼 때 중국이 이를 주도했을 가능성은 적다고 생각합니다. 중국이 주도했을 가능성이 낮은 또 하나의 이유는, 북한의 첫 번째 비난이 있은 다음 중국이 어정쩡한 태도를 취했기 때문입니다. 이것은 1952년 2월 북한이 두 번째 비난성명을 낸지 불과 이틀 만에 저우언라이가 중화인민공화국의 명의로 비난 성명을 발표한 것과는 매우 대조적입니다. 저는 북한의 두 번째 비난 성명 역시 소련의 사전 허가가 없이는 불가능하고, 저우언라이의 성명 역시 소련과의 사전 조율 없이는 불가능했다고 생각합니다.

반면에 중국이 이를 사주했다는 설을 뒷받침하기 위해 저의 개인적인 경험을 소개하고자 합니다. 앞서 언급한 바와 같이, 저는 1952년 3월 평양에서 보건성 부상과 면담한 뒤에 보건상과 면담을 했습니다. 첫 번째 면담은 3월 6일 이루어졌는데 당시 부상은 나에게, "맨 처음 수상한 곤충을 발견했다고 보고하고 우리에게 세균전에 관해 알려준 쪽은 중국인민지원군이었습니다."라고 말했습니다. 그리고 3일 후인 3월 9일 보건상은 나에게 앞으로 기사를 쓸 때는 중국인민지원군이 아니라 '최전선에서 싸우고 있는 병사들'로 적어 달라고 요구했습니다. 이는 곧 1952년 2월 중국이 북한을 부추겨 세균전을 비난하도록 했다는 것을 보여줍니다.

1952년 비난 선전전의 주모자로 중국을 배제할 수는 없지만, 소련의 역할에 대해서도 역시 조사해 볼 필요가 있습니다.

소련의 경우가 파헤치기 제일 어렵습니다. 한국전쟁에 관한 한 그들은 항상 뒷전에 있는 듯한 태도를 취했습니다. 마치 첫 번째 줄이 아니라 두세 번째 줄에 앉아있는 듯한 태도 말이죠. 그들은 세균전 비난 선전전을 지원하고 국내외에서 호응을 유도했습니다. 그들은 또한 조사단의 활동을 지원했습니다. 사실은 그 조사단 자체가 소련에 의지한 바가 컸습니다. 하지만 그들은 여전히 그것과 전혀 상관없는 듯한 태도를 보였습니다. 그들은 자신을 드러낼 정도로 순진하지 않습니다.

당시 프로파간다의 내용에 따르면, 불행하게도 이 점은 사실이었는데, 미국 정부는 일본이 중국을 점령했을 때 세균전을 지휘·감독했던 특정인들을 면책했습니다. 바로 이시이 시로와 그의 몇몇 협력

　　　　　　　　　　한국전쟁의 거짓말

자들이었습니다. 그들이 면책을 받은 것은 그들이 제공한 정보의 대가였습니다. 이시히 그룹은 만주에서 소련의 포로가 되었을 때, 그들 가운데 12명이 1949년 하바롭스크에서 재판에 회부되었다는 것도 사실입니다. 따라서 소련은 그들의 실험결과와 관련 장비를 획득할 수 있었고 그들 맘대로 처분할 수 있었습니다. 이 점은 북한과 중국(집권한 지 2년밖에 되지 않은)이 당시 세균전 비난선전전을 계획하고 실행할 충분한 물적 기반이 없었다는 점에서 매우 중요한 의미를 갖습니다. 국제과학조사단이 발간한 보고서는 무려 650쪽에 달합니다. 이것은 과학과 비과학이 교묘히 결합된 결과물입니다. 이에 우리는 소련이 바로 이 비난선전전의 주모자이거나 가담자였다고 추론할 수 있습니다. 그들이 처음부터 비난선전전을 기획했거나 계획과 수행 모두 했을 가능성이 있습니다.

또한 반드시 관심을 기울여야 할 대목이 있습니다. 1950년 당시 저는 헝가리에 있었습니다. 당시 공산주의자들은 미국에 대한 비난을 강화하고 있었습니다. 그 무렵, 미국이 '콜로라도 감자잎벌레'를 이용해 소련진영의 감자 농작물 수확을 망치려 한다고 주장했습니다. 이와 유사한 비난이 체코슬로바키아나 폴란드에서도 들려왔죠. 이러한 비난선전의 진원지는 모스크바일 가능성이 큽니다. 선전과 선동은 소비에트 진영의 핵심 전술이었고 그들은 어떤 어려움에 봉착하든 미국에게 책임을 돌렸습니다.

'감자 농사를 망쳤다고? 그건 미국의 감자잎벌레 때문이다. 유고의 티토Josip B. Tito가 말썽이라고? 티토 뒤에는 미국이 있기 때문이지. 공산당에서 티토주의자들을 추방해야 한다고? 티토주의 음모꾼들은 가면을 벗겨서 심판대에 세워 처단해야 한다. 미국도 티토라는 꼭두각시를 조정했으니 처단되어야 마땅하다. 북한과 중국에서 전염병이 발생할 위험이 있다고? 그렇다면 전염병이 발생하기 전에 그리

고 그 전염병이 전역으로 퍼져나가기 전에 비난의 화살을 미국으로 돌려야 한다.'

바로 이러한 1950년대의 정서가 출발한지 얼마 되지 않은 중국에서는 소련에 비해 미약했던 것이죠. 즉 이러한 측면은 세균전 비난선전의 진원지가 모스크바였다는 것을 반증하는 또 다른 지표가 될 수 있을 겁니다.

마지막으로 몇 마디 덧붙이겠습니다. 제가 파리에서 연재기사를 쓰고 있을 때 저는 두 가지 흥미로운 사실을 발굴했습니다. 1933년 1월 7일 소련공산당중앙위원회와 중앙통제위원회 연석회의 석상에서 스탈린은 소련 인민의 범죄활동에 관해 말한 적이 있습니다. "그들은 집단농장에서 분열행동을 일삼고 있다. 그들 가운데 일부는 교수도 포함되어 있다. 그들은 왜곡된 열정으로 페스트와 탄저균을 가축에게 주입하고 있다. 그래서 집단농장에서는 말 수막염이 퍼져나가고 온갖 전염병이 돌고 있다." 그리고 1937~1938년 사이 공개재판에서 한 피의자가 "3개의 공장에서 치명적인 박테리아를 만들어 돼지들을 몰살시키려 했다."고 자백한 일이 있습니다. 그리고 또 다른 피고는 "나는 전투과정에서, 맹독성 바이러스를 감염시키려는 일본의 정보를 묵인했다."라고 고백했습니다.

스탈린은 세균전 비난이라는 구태의연한 사고방식을 좋아했습니다. 제가 아는 한 그는 이러한 비난을 받아야 할 첫 번째 인간입니다. 북한이나 중국보다도 약 10년이나 앞서서 이런 짓을 저질렀습니다. 제가 스탈린이라면 한국전쟁에서도 또 다시 이런 걸 궁리를 했을 겁니다.

지금까지 제가 말씀드린 모든 것은 어디까지나 가정입니다. 벌써 반세기가 지났습니다. 하지만 아직까지 결정적인 증거를 찾은 사람을 보지 못했습니다. 어찌 보면 터무니없는 이런 상황을 종결지을 수 있

한국전쟁의 거짓말

는 가장 간단한 방법은 모스크바와 베이징이 자료를 개방해 모든 것을 밝히는 것입니다. 베이징에서는 아직도 거의 기밀이 해제되지 않았지만 모스크바에서는 상당 부분 해제되고 있습니다. 그러나 이러한 기밀 해제는 거의 예외 없이 국내 상황과 맞물려 있거나 공산주의 진영 내부의 갈등 국면에 이루어집니다. 결국 베오그라드나 중국과의 갈등이 이러한 공개를 촉진하게 될 겁니다. 고르바초프가 등장하고 옐친이 등장하더니 푸틴이 그 뒤를 이었습니다. 그러나 크레믈린이라는 왕국은 아직 많은 비밀을 공개하지 않고 있습니다. 왜 그럴까요? 러시아가 구소련 시절의 외교정책을 계승하지 않고 다른 방식을 취하는 것을 어떻게 이해해야 할까요? 자신의 과오와 죄악 때문일까요?

이렇게 질문을 던지고 사실들을 정립해 나가는 것이야말로 생각의 출발점이자, 다소 판단하기 힘들더라도 앞으로 나아갈 방향을 제시하는 것이 아닐까요?[95]

끝.

주

1장 중소동맹과 중국의 한국전쟁 개입

1   원문에서는 소제목이 로마자로만 구분되어 있었는데, 독자들에게 편의를 제공하기 위해 역자가 소제목을 별도로 달았다.(역자 주)

2   毛澤東, 「論人民民主專政(1949年6月30日)」, 『毛澤東選集』第四卷, (北京: 人民出版社, 1965年), p. 1477.

3   Lu Dingyi, "Explanations of Several Basic Problems Concerning the Postwar International Situation," *Jiefang ribao*(Liberation Daily), 4 January 1947; 毛澤東, 「目前形勢和我們的任務(1947年12月25日)」, 『毛澤東選集』第四卷, pp. 1258-1259; 劉少奇, 「論國際主義與民族主義」, 〈人民日報〉, 1948年 11月 7日.

4   毛澤東, 「目前形勢和党在一九四九年的任務」, 『毛澤東軍事文选』(北京: 中國人民解放軍戰士出版社, 1981, pp. 328-329.

5   軍事科學院軍事歷史研究部編, 『中國人民解放軍戰史』第三卷,(北京: 軍事科學出版社, 1987), pp. 323-334.; 葉飛, 『葉飛回憶錄』,(北京: 解放軍出版社, 1988年), pp. 539-540.

6   毛澤東, 「丢掉幻想, 準備斗争(1949年8月14日)」, 『毛澤東選集』第四卷, (北京: 人民出版社, 1965年), pp. 1487-1493.

7   韓念龍主編, 『當代中國外交』,(北京: 當代中國出版社, 1988年), p. 4.

8   毛澤東, 「丢掉幻想, 準備斗争(1949年8月14日)」, 『毛澤東選集』第四卷, (北京: 人民出版社, 1965年), p. 1487-1494.; 薄一波, 『若干重大决策與事件的回顧』第一卷,(北京: 中共中央党校出版社, 1991年), p. 38.

9   《中共党史通訊》, No. 24 (25 December 1989), p. 4.

10 극비리에 류사오치가 소련을 방문한 사실은 최근까지 중국의 연구자나 서방의 연구자들에게 알려져 있지 않았다. 그 결과 역사가들은 그의 소련 방문과 마오쩌둥의 '일변도 성명' 발표 사이의 연관성을 잘 인식하지 못했다. 류사오치가 소련을 방문한 날짜는 쉬저의 회고록을 따랐다. 쉬저는 류사오치가 소련을 방문했을 때 대동한 통역이었다.(師哲, "I accompanied Chairman Mao to the Soviet Union," *Renwu*(Biographical Journal) No. 2, 1988, 6). 그러나 당시 중국공산당 중앙위원회 멤버였던 보이보는 그의 회고록에서 류사오치가 모스크바에 도착한 것은 6월 26일이었고, 스탈린과의 첫 회담은 6월 28일이었다고 적고 있다.(薄一波, 『若干重大决策與事件的回顧』, p. 37.) 이처럼 방소 날짜는 다를지라도 마오쩌둥의 '일변도 연설'이 류사오치의 소련 방문과 밀접한 관련이 있다는 점은 확실하다.

11 楊云若·楊奎松, 『共産國際與中國革命』,(上海: 上海人民出版社, 1988年), 第五章; Liao Ganlong, "The Relations between the Soviet Union and the Chinese Revolution during the Last Stage of the Anti- Japanese War and the War of Liberation," *Zhonggong dangshi yanjiu*, Supplementary Issue on the Relationship between the Soviet Union and the Chinese Revolution, 1990, pp. 2-4.

12 Liao, "The Relations between the Soviet Union and the Chinese Revolution during the Last Stage of the Anti-Japanese War and the War of Liberation," p. 4.

13 위의 자료, pp. 4-5.

14 위의 자료, pp. 5-6.; Wang Tingke, "The Impact of the Yalta System upon the Relationship between Stalin and the Soviet Union and the Chinese Revolution," *Zhonggong dangshi yanjiu*, Supplementary Issue on the Relationship between the Soviet Union and the Chinese Revolution, 1990, pp. 12-21., 특히 pp. 15-16.

15 Gordon Chang, *Friends and Enemies: The United States, China, and the Soviet Union, 1948-1972*, Stanford University Press, 1990, p. 28.

16 과연 스탈린이 마오쩌둥과 중국공산당 지도부가 양쯔강을 건너는 데에 반대했는지에 관해서는 최근 중국 연구자들 사이에서 활발한 토론이 이루어지고 있다. 유잔(余湛)과 장광여우(張光祐)라는 전직 중국 외교관은 스탈린이 그러한 제안을 했다는 것을 입증할 믿을 만한 증거는 없다고 주장하고 있지만, 중국공산당사 분야에서 널리 권위를 인정받고 있는 시앙칭(向青)의 연구서를 포함해 대부분의 연구자들은 현재 접근 가능한 자료들을 근거로 스탈린이 마오쩌둥과 중국공산당 지도부에게 양쯔강을 넘지 말라고 했다고 주장하고 있다. 유잔과 장광여우의 주장과 관련해서는 余湛·張光祐,「關于斯大林曾否勸阻我過長江的探討」,『党的文献』1989年第1期, pp. 56-58을 참조. 그리고 시앙칭과 다른 중국의 연구자들의 주장과 관련해서는 向青,「關于斯大林勸阻解放大軍過江之我見」,『党的文献』1989年第6期, pp. 64-66.; Liao Gailong, "The Relations between the Soviet Union and the Chinese Revolution during the Last Stage of the War Resistance Against Japan and the Period of the Liberation War," p. 7.; Chen Guangxiang, "An Exploration of Stalin's Interference with the PLA's Crossing the Yangzi River," *Zhonggong dangshi yanjiu*, The Supplementary Issue on Relations between the Soviet Union and the Chinese Revolution, 1990, pp. 98-100., p. 11을 참조.

17 분명히 마오쩌둥과 다른 중국공산당 지도자들은 국공내전에 대한 소련의 태도가 불만스러웠다. 마오쩌둥은 여러 차례 "중국혁명은 스탈린의 의도와 달리 승리를 쟁취했다."라는 말을 했다. 저우언라이 역시 "국공내전에 대한 소련의 정책은 당시 국제관계를 잘못 읽어낸 결과다. 당시 소련은 얄타협정에 따라 이미 확보된 영향권이 중국내전에 의해 뒤집힐 것을 우려하고 있었다. 그 결과 미국의 개입을 초

래했고 그것은 소련을 더욱 어려운 상황으로 내몰았다. 소련은 제3차 세계대전을 두려워하고 있었다. 스탈린 외교정책의 출발점은 소련이 평화로운 재건에 필요한 시간을 벌 수 있도록 최대한 미국을 달래는 것이었다. 소련은 중국 전역을 해방시킬 수 있는 우리의 능력에 대해 강한 의구심을 보였다. … 우리와 소련 사이에는 중국 전역을 해방시킬 수 있는 능력에 관한 평가 외에도 국제적인 상황에 대한 판단에서도 근본적인 견해차가 존재했다.”고 보았다. 毛澤東, 「論十大關係(1956年4月25日)」, 『毛澤東选集』第五卷, (北京: 人民出版社, 1965年), p. 286.; 劉曉, 『出使蘇聯八年』, (北京: 中共党史資料出版社, 1986年), pp. 4-5.; 伍修權, 『往事滄桑』(上海: 上海文藝出版社, 1986年), p. 181.

18 Yang Kui-song, "The Soviet Factor and the CCP's Policy toward the United States," *Chinese Historians*, Vol. 5, No. 1 (January 1992).

19 薄一波, 『若干重大決策與事件的回顧』, p. 36.에서 재인용. 쉬저의 회고록에서 그는 마오쩌둥이 1948년 봄에 소련을 방문할 계획이었다고 적고 있다. 그는 소련 방문 준비에 집중하고자 마오쩌둥이 청난좡쩐(城南莊鎮)이라는 작은 마을에 4월 중순부터 5월 말까지 머물렀다고 적고 있다.(한편 중국공산당 중앙비서국 인사들은 당시 시바이포에 머물렀다고 증언했다.) 이와 관련해서는 Shi Zhe, "I Accompanied Chairman Mao to the Soviet Union," pp. 4-5를 참조.

20 Shi Zhe, "I Accompanied Chairman Mao to the Soviet Union," p. 6.; 金冲及主編, 『周恩来傳』(北京: 中央文献出版社, 1998年), p. 718.

21 유고슬라비아 티토(Josip Broz Tito) 대통령이 내세운 독자적인 사회주의 노선. 경직된 스탈린식 공산주의를 거부하고 노동자들의 민주적 경영 방식 등을 내세운 소위 '인간의 얼굴을 한 사회주의' 노선을 표방했기 때문에, 소련과 스탈린에 의해 배척당했다.(역자 주)

22 Shi Zhe, "I Accompanied Chairman Mao to the Soviet Union," p. 6.; 金冲及主編, 『周恩来傳』, pp. 742-743.; 閻長林, 『在大決戰的日子里: 毛澤東生活錄實』(北京: 中國青年出版社, 1986年), p. 222.; 朱元石, 「劉少奇一九四九年祕密訪蘇」, 『党的文献』1991年 第3期, p. 75.

23 Shi Zhe, "I Accompanied Chairman Mao to the Soviet Union," p. 7.

24 Ibid, 7; 朱元石, 「劉少奇一九四九年祕密訪蘇」, p. 76.

25 Shi Zhe, "I Accompanied Chairman Mao to the Soviet Union," p. 8.

26 劉曉, 『出使蘇聯八年』, pp. 4-5.; 韓念龍主編, 『當代中國外交』, pp. 21-22.

27 Shi Zhe, "I Accompanied Chairman Mao to the Soviet Union," pp. 9-10.

28 Zhu Peimin, "The Process of the Peaceful Liberation of Xinjiang," Kashi shiyuan xuanbao(The Journal of Kashi Normal College), No. 4, 1989, pp. 14-15.; 鄧力群, 「新疆和平解放前後-中蘇關係之一頁」, 『近代史研究』1989年 第5期, 1989年, pp. 143-144.

29 Zhu Peimin, "The Process of the Peaceful Liberation of Xinjiang," pp. 16-17.; 朱元石, 「劉少奇一九四九年祕密訪蘇」, p. 79.; 鄧力群, 「新疆和平解放

한국전쟁의 거짓말

前後-中蘇關係之一頁」, p. 144.

30 Shi Zhe, "Random Reflections of Comrade Liu Shaoqi," *Geming huiyi-lu*(Revolutionary Memoirs), supplementary issue, No. 1 (October 1983), pp. 110-111.; Shi Zhe, "I Accompanied Chairman Mao to the Soviet Union," p. 10.

31 〈中央日報〉(국민당 기관지, 역자 주), 1949年5月5日; 朴斗福, 「中共參加朝戰原因之硏究」, 台北, 1975, pp. 60-61.; Robert R. Simmons, *The Strained Alliance*, (New York: The Free Press, 1975), p. 32.; Bruce Cumings, *The Origins of the Korean War*, Vol. II, "The Roaring of the Cataract, 1947-1950," (Princeton University Press, 1990), p. 359.

32 야오쉬는 한국전쟁 당시 중국인민지원군 정보장교로서, 姚旭, 『從鴨綠江到板門店: 偉大的抗美援朝戰爭』,(北京: 人民出版社, 1985年)의 저자이기도 하다. 이 글은 중국의 한국전쟁 참전을 다룬 최초의 단행본이었다. 1991년 5월 27일 필자와의 전화 인터뷰에서 그는 협정이 있었다는 사실에 관해 들은 바가 없다고 했다. 아울러 지적하기를 국민당 자료에서 그 협정을 이끈 회담에 참가했다고 주장하고 있는 저우바오종(周保中)은 당시 중국 동북지역이 아니라 남부에 있었다고 했다.(하지만 다른 자료를 찾아본 결과 1949년까지 저우바오종은 동북지역을 떠난 적이 없었다.)

33 한국과 미국 측 정보자료는 오래 동안 약 3~4만의 조선 출신 인민해방군이 1949년 7~10월에 북한으로 돌아갔다고 주장해왔다. 이러한 병력이동과 관련해 잘 정리한 저작으로는 Cumings, *The Origins of the Korean War*, II, p. 363, 838, n. 33이 있다. 현재 중국 측 자료 가운데 1개의 공식자료에서 164사단과 166사단의 인민지원군이 1949년 7월 북한으로 되돌아갔다는 사실을 확인할 수 있다. 軍事科學院軍事圖書館, 『中國人民解放軍組織沿革和各級領導成員名錄』,(北京: 軍事科學出版社, 1990年), p. 878. 1991년 5월 이 자료를 접한 중국 군사 연구자들을 인터뷰한 결과, 그들은 "조중 양국 지도자들이 쉽게 협정을 체결한 후" 1949년 가을 제4야전군 164사단과 166사단의 인민지원군이 북한으로 돌아갔다고 확인해 주었다. 다만 아직도 이들 자료가 일급 기밀로 묶여 있어 일반 연구자에게는 공개되지 않고 있어 아쉽다.

34 呂黎平, 『通天之路』(北京: 解放軍出版社, 1989年), p. 137.

35 呂黎平, 『通天之路』, p. 137.; 薄一波, 『若干重大決策與事件的回顧』, p. 37.; 韓懷智/譚旌樵主編, 『當代中國軍隊的軍事工作』二卷 (北京: 當代中國出版社, 2009年) , p. 109.

36 呂黎平, 『通天之路』, pp. 144-146.

37 위의 자료, pp. 155-156.

38 韓懷智·譚旌樵主編, 『當代中國軍隊的軍事工作』, p. 11.; 薄一波, 『若干重大決策與事件的回顧』, p. 38. 그 당시 총참모장이었던 녜룽전(聶榮臻) 역시 그의 회고록에서 많은 수의 소련 고문, 특히 군사고문관이 류사오치가 소련을 방문한 뒤

에 중국에 도착했다고 적고 있다. 이에 관해서는, 聶榮臻, 『聶榮臻回憶錄』(北京: 解放軍出版社, 1984年), p. 730을 참조.

39 朱元石, 「劉少奇一九四九年祕密訪蘇」, p. 79.

40 呂黎平, 『通天之路』, pp. 156-169.; 韓懷智·譚旌樵主編, 『當代中國軍隊的軍事工作』, pp. 160-161.

41 韓懷智·譚旌樵主編, 『當代中國軍隊的軍事工作』, p. 161.

42 呂黎平, 『通天之路』, p. 165.; 楊國宇主編, 『當代中國海軍』(北京: 中國社會科學出版社, 1987年), p. 48.

43 『中華人民共和國對外關係文件集: 第一集. 1949-1950』, (北京: 世界知識出版社, 1957), pp. 5-6.

44 〈人民日報〉, 1949年 10月 4日; 中共中央文献研究室編輯, 『建國以来毛澤東文稿』第一册, (北京: 中央文献出版社, 1987年), pp. 17-18.

45 韓念龍主編, 『當代中國外交』, pps. 5-6, 8-9.

46 〈1949년 10월 20일 마오쩌둥이 스탈린에게 보낸 전문〉, 『建國以来毛澤東文稿』, p. 81.

47 1950년 1월 3일 마오쩌둥이 중국공산당 중앙위원회에 보낸 문건, 『建國以来毛澤東文稿』, p. 213.; 韓念龍主編, 『當代中國外交』, pp. 24-25.

48 〈1949년 11월 9일 중국공산당 중앙위원회가 왕자샹에게 보낸 전문〉, 『建國以来毛澤東文稿』, p. 131.; 〈1949년 11월 12일 마오쩌둥이 스탈린에게 보낸 전문〉, 『建國以来毛澤東文稿』, p. 135.

49 쉬저의 회고에 따르면 러시아 측에서 매우 꼼꼼하게 환영준비를 했던 것으로 보인다. 즉 마오쩌둥이 탑승한 기차가 중앙역 시계 종소리가 울리는 정오 12시에 정확히 도착하도록 했고, 그의 환영식에는 소련의 고위급 인사가 대거 참여했다. 이것은 러시아 측에서 마오쩌둥을 기쁘게 하려고 준비한 것이었다. 이에 관해서는 Shi Zhe, "I Accompanied Chairman Mao to the Soviet Union," p. 12를 참조. 아울러 마오쩌둥의 모스크바 방문에 관한 소비에트 버전은 Nikola Fedorenko, "The Stalin-Mao Summit in Moscow," *Far Eastern Affairs* (Moscow), No. 2, 1989를 참조.

50 Shi Zhe, "I Accompanied Chairman Mao to the Soviet Union," p. 13.

51 伍修權, 『往事滄桑』, p. 182.; Shi Zhe, "I Accompanied Chairman Mao to the Soviet Union," pp. 13-14.

52 薄一波, 『若干重大决策與事件的回顧』, p. 41.

53 伍修權, 『往事滄桑』, p. 182.

54 Shi Zhe, "I Accompanied Chairman Mao to the Soviet Union," p. 17.; 伍修權, 『往事滄桑』, pp. 182-183.; 〈1950년 1월 2일 마오쩌둥이 중국공산당 중앙위원회에 보낸 전문〉, 『建國以来毛澤東文稿』, p. 211.

55 〈인민일보〉, 1950년 1월 3일.; 『建國以来毛澤東文稿』, p. 206. 이에 대한 마오쩌둥의 배경 설명에 관해서는 위의 〈1950년 1월 2일 마오쩌둥이 중국공산당 중

앙위원회에 보낸 전문〉 참조

56 〈1950년 1월 2일 마오쩌둥이 중국공산당 중앙위원회에 보낸 전문〉,『建國以来毛澤東文稿』, pp. 211-212.

57 소련 측에 중국이 조약 체결을 서두르고 있다는 인상을 주지 않기 위해서 마오쩌둥은 저우언라이에게, "5일 정도 준비를 해야 하니 … 비행기로 오지 말고 기차로 오시오."라고 지시했고, 저우언라이 일행은 그에 따랐다. 그 결과 저우언라이 등의 대표단은 마오쩌둥의 전문을 받고 나서 약 3주일 후에 모스크바에 도착했다. 이에 관해서는, 〈1950년 1월 2일 마오쩌둥이 중국공산당 중앙위원회에 보낸 전문〉; 伍修權,『往事滄桑』, pp. 179-180을 참조.

58 伍修權,『往事滄桑』, pp. 184-85.

59 〈1950년 1월 3일 마오쩌둥이 중국공산당 중앙위원회에 보낸 전문〉,『建國以来毛澤東文稿』, p. 213.; 伍修權,『往事滄桑』, pp. 186-88.

60 마오쩌둥이 소련을 방문한 동안 중국은 소련에 586대의 비행기를 주문했다. 이 가운데 280대는 전투기, 198대는 폭격기, 108대는 훈련기와 기타 기종이었다. 1950년 2월 16일부터 3월 5일까지 중화인민공화국 정부의 요청으로 소련의 혼성방공비행부대가 상하이, 난징, 쉬저우(徐州)로 이동하여 해당 지역의 영공 방어를 맡았다. 3월 13일부터 5월 11일까지 이 비행부대가 국민당 전투기 5대를 해당 지역에서 격추함으로써 상하이의 영공방어가 크게 강화되었다. 이에 관해서는 韓懷智·譚旌樵主編,『當代中國軍隊的軍事工作』, p. 161.; 王定烈,『當代中國空軍』(北京: 中國社會科學出版社, 1989年), pps. 78-79, 110.; 林虎主編,『空軍史(中國人民解放軍兵種歷史叢書)』(北京: 解放軍出版社, 1989年), pp. 53-54를 참조.

61 〈人民日報〉, 1950年 2月 20日.;『建國以来毛澤東文稿』, pp. 266-267.

62 『中華人民共和國對外關係文件集: 第一集. 1949-1950』, p. 81.

63 N. S. Khrushchev, *Khrushchev Remembers*, London, 1971, pp. 367-368.

64 N. S. Khrushchev, *Khrushchev Remembers: The Glasnost Tapes*, tran. and ed. by Jettold L. Schecter with Vyacheslav V. Luchkov, Boston: Little, Brown and Company, 1990, p. 143.

65 *Khrushchev Remembers*, pp. 371-772 및 제4장 참조.

66 이러한 견해를 공개적으로 밝힌 사람은 쑤위(粟裕) 장군이다. 그는 중국공산당 지도부의 지시로 타이완 공략을 비난하는 임무를 맡았다. 1950년 1월 5일과 27일 타이완 문제에 관한 그의 보고서를 참조할 것. He Di, "The Last Campaign to Unify China: The CCP's Unmaterialized Plan to Liberate Taiwan, 1949-1950," *Chinese Historians*, Vol. V, No. 1, pp. 7-8.

67 聶榮臻,『聶榮臻回憶錄』, pp. 743-744.

68 위의 책, p. 744. 1991년 기밀 해제된 중국 측 아카이브 자료를 접한 숭국군사사 전문가들과 필자가 인터뷰한 결과 1950년 북한으로 돌아간 조선적 병력은 약 2

만 3천 명으로서 네룽전이 말한 규모를 훨씬 상회한다. 이 병력은 인민해방군 제4야전단의 각기 다른 부대에 복무했으나 북한으로 돌아간 뒤에는 인민군 제7사단으로 통합 관리되었다. 이 수치는 남한과 미국 측 정보자료를 바탕으로 간행한 브루스 커밍스의 책에서 제시된 수치에 가깝다.(Cumings, *The Origins of the Korean War*, II, p. 363).

69 1948년 11월 18일 마오쩌둥이 중국공산당 동북국에 보낸 지시, 1949년 1월 20일 마오쩌둥이 톈진 시당위원회에 보낸 지시, 1949년 27일 및 29일 마오쩌둥이 쑤위 장군에게 보낸 지시. 이 문서들의 원본은 베이징의 중앙문서기록보존소에 소장되어 있다.

70 "China's Decision to Enter the Korean War: History Revisited," in *The China Quarterly*, 121 (March 1990), p. 100에서 하오위판(郝雨凡)과 자이즈하이(翟志海)가 김일성의 중국 방문을 묘사한 대목 참조. 이 책은 인터뷰를 통해 획득한 정보에 기초한 책이다. 1991년 쉬저와의 인터뷰에서 그는 김일성의 남한 공격계획은 오로지 스탈린에게만 보고되었으므로 마오쩌둥과 중국공산당 지도부는 모르고 있었다고 주장한다. 쉬저에 따르면, 1950년 10월 저우언라이가 소련을 방문했을 때 스탈린에게 왜 중국에 김일성의 계획을 알려주지 않았느냐고 물었고, 스탈린은 대답을 피했다고 한다.

71 위의 자료, pp. 99–100.

72 徐焰, 「出兵入朝參戰決策最後確定的曲切過程」, 『黨史硏究資料』 1991年 第4期, p. 7.

73 肖勁光, 『肖勁光回憶錄: 續集』(北京: 解放軍出版社, 1990), p. 26.; 周軍, 「新中國初期人民解放軍未能遂行臺灣戰役計劃原因初探」, 『中共黨史硏究』 1991年 1期, p. 72.

74 柴成文, 『板門店談判』(北京: 解放軍出版社, 1989), pp. 35–36.

75 韓懷智·譚旌樵主編, 『當代中國軍隊的軍事工作』 一卷, pp. 449–450.

76 沈宗洪·孟照辉外編, 『中國人民志願軍抗美援朝戰史』(北京: 軍事科學出版社, 1988年), pp. 7–8.; 柴成文, 『板門店談判』(北京: 解放軍出版社, 1989), p. 33.

77 薄一波, 『若干重大決策與事件的回顧』, p. 43에서 인용.

78 〈1950년 8월 5일 마오쩌둥이 중국공산당 중앙위원회와 가오강에게 보낸 글〉, 『建國以来毛澤東文稿』, p. 454.

79 杜平, 『在志願軍摠部(杜平回憶錄)』(北京: 解放軍出版社, 1989年), pp. 18–20.

80 〈1950년 8월 18일 마오쩌둥이 가오강에게 보낸 전문〉, 『建國以来毛澤東文稿』, p. 469.

81 杜平, 『在志願軍摠部(杜平回憶錄)』, pp. 23–30.; 李聚奎, 『李聚奎回憶錄』(北京: 解放軍出版社, 1986年), pp. 263–266.

82 파병 문제에 관한 중국공산당 지도부의 자세한 논의는 Chen Jian, "China's Changing Aims during the Korean War," forthcoming in the inaugural issue(Spring 1992) of *The Journal of American-East Asian Relations*을

참조할 것.

83 현재 접근 가능한 자료에 따르면 인천상륙작전으로 상징되는 유엔군의 반격으로 북한군이 대대적인 타격을 입기 전까지 김일성은 중국의 지원을 직접적으로 요구하지 않았다고 한다. 柴成文, 『板門店談判』, p. 77.; 洪學智, 『抗美援朝戰爭回憶』(北京: 解放軍文藝出版社, 1990), pp. 8-9. 1991년에 필자가 인터뷰한 내용도 이러한 사실을 재확인한 바 있다.

84 姚旭, 『從鴨綠江到板門店: 偉大的抗美援朝戰爭』, p. 22.; 徐焰, 『第一次較量: 抗美援朝戰爭的歷史回顧與反思』(北京: 中國廣播電視出版社, 1990年), p. 22.

85 실제로 우리는 소련 공군부대가 "중소 양국 정부의 협정에 따라" 1950년 8월 중국 동북지역에 도착하여 "해당 지역의 방위를 책임졌다"는 사실을 중국 측의 한 자료를 통해 알고 있다. 이것은 한국전쟁 초기에 중소 간에 의견 교환이 있었다는 것을 명백히 보여주는 것이다. 王定烈, 『當代中國空軍』, p. 78.

86 柴成文, 『板門店談判』, p. 79.

87 위의 자료, p. 80.

88 많은 중국 측 자료는 중국이 한국전쟁에 개입하기로 최종적인 결정을 내리기 전에 만일 중국이 북한에 군대를 파견한다면 소련은 그곳에 공군을 보내겠다고 합의한 것으로 언급하고 있다. 그러나 이들 자료 가운데 극히 일부는 양측의 협정이 체결되었을 때라는 단서를 달고 있다. 이것은 洪學智, 『抗美援朝戰爭回憶』, pp. 24-25와 1991년 필자가 인터뷰한 중국 연구자들과의 대화 속에서도 등장한다.

89 柴成文, 『板門店談判』, p. 80.; 張希, 「彭德怀受命率師抗美援朝的前前後後」, 『中共黨史資料』第31輯(1989年10月), p. 123.

90 張希, 「彭德怀受命率師抗美援朝的前前後後」, pp. 123-124.; 김일성이 마오쩌둥에게 보낸 서한의 전문 내용은 다음을 참조할 것. 叶雨蒙, 『出兵朝鮮: 抗美援朝歷史紀實』(北京十月文藝出版社, 1990年), pp. 39-40.

91 張希, 「彭德怀受命率師抗美援朝的前前後後」, pp. 123-125.; 徐焰, 『第一次較量: 抗美援朝戰爭的歷史回顧與反思』, p. 22.

92 〈1950년 10월 2일 마오쩌둥이 스탈린에게 보낸 전문〉, 『建國以来毛澤東文稿』, pp. 539-540.

93 張希, 「彭德怀受命率師抗美援朝的前前後後」, pp. 133-136.; 姚旭, 『從鴨綠江到板門店: 偉大的抗美援朝戰爭』, pp. 23-24.; 「中央關于時事宣傳的指示(1950年10月26日)」, 國防大學黨史黨建政工教研室編, 『中共黨史教學參考資料』第十九冊,(北京: 國防大學出版社, 1986年), pp. 211-213.

94 毛澤東, 「關于組成中國人民志願軍的命令(1950年10月8日)」, 『建國以来毛澤東文稿』第一冊, p. 544.

95 張希, 「彭德怀受命率師抗美援朝的前前後後」, pp. 142-145.; 柴成文, 『板門店談判』, pp. 84-85; Hu Guangzhen and Bao Mingrong, "Several Factual Corrections of Yao Xu's 'The Brilliant Decision to Resist America and Assist Korea," *Dangshi yanjiu (Studies of Party History)*, No. 3, 1981, p. 60.

96 張希,「抗美援朝戰爭中的彭德懷」,『星火燒原』1985年 第6期, p. 3.; Hu and Bao "Several Factual Corrections of Yao Xu's 'The Brilliant Decision to Resist America and Assist Korea," p. 60.

97 柴成文,『板門店談判』, p. 83.; 張希,「彭德懷受命率師抗美援朝的前前後後」, p. 147.

98 장시(張希)는 그의 글「彭德懷受命率師抗美援朝的前前後後」, p. 147.에서 저우언라이가 스탈린과 만난 날짜에 관해 설명하고 있다. 그런데 1991년 5월 22일 필자가 쉬저를 만났을 때 그는 다른 날, 즉 10월 6일이라고 말하며 자신의 기억은 정확하다고 주장했다. 그러나 다른 자료들을 살펴보면 저우언라이는 10월 7일까지는 베이징을 떠나지 않았던 것으로 추정되므로 필자는 쉬저의 주장을 받아들일 수 없다.

99 이 대목은 장시의「彭德懷受命率師抗美援朝的前前後後」, pp. 147-148을 인용하였다. 장시의 설명에 따르면 이 회의에서 세부적인 부분들을 대개 柴成文,『板門店談判』, p. 83.; 洪學智,『抗美援朝戰爭回憶』, pp. 25-26등의 다른 중국 측 자료를 통해서도 확인된다. 1991년 5월 22일 쉬저와의 인터뷰에서, 그리고 그 후에 발간한 그의 회고록에서도, 그는 통설과 다른 이야기를 꺼냈다. 그에 따르면 저우언라이는 10월 6일 중국공산당 정치국이 북한 파병을 결정했다는 사실을 전하고자 스탈린을 찾아갔다. 당시 스탈린은 중국 측에 강한 압력을 행사하기보다는 만일 유엔군이 압록강까지 밀고 올라온다면 그것이 중국의 안보를 얼마나 위협할 것인지, 특히 중국 동북지역을 얼마나 위협할 것인지 생각해 보라고 말했다. 또한 스탈린은 경고하기를 북한에서 쏟아져 들어올 난민들을 중국이 수용해야만 하는 문제가 나중에 얼마나 골치 아플 것인지 심각하게 고민해보라고 말했다. 그는 소련 측의 입장을 옹호하며 소련은 북한과 맞대고 있는 국경선이 짧아 군대를 파견할 수 없다고 했다. 그러나 중국공산당의 결정에 따라 저우언라이는 스탈린에게 의견을 양보할 마음이 없었다. 그러자 스탈린은 다소 감정적으로 나오며, "중국이 조선에 파병을 하지 않을지는 결국 당신들이 결정할 몫이오. 그러나 조선의 사회주의는 순식간에 붕괴할 것이오." 그런데 쉬저의 이 얘기들은 현재까지 밝혀진 자료의 내용과 상충된다. 첫째, 다른 자료들에는 저우언라이가 10월 7일까지 베이징을 떠나지 않았던 것으로 나온다. 따라서 저우언라이가 10월 6일 소련에 체류하고 있었다는 것은 시간적으로 맞지 않다. 둘째, 마오쩌둥이 10월 2일 스탈린에게 보낸 전문과 마오쩌둥이 10월 8일에 내린 중국군의 북한 파병 명령, 그리고 저우언라이-스탈린 회담 이후에 북한 파병을 결정했다는 쉬저의 주장과 달리, 중국공산당 지도부가 저우언라이와 스탈린의 회담 이전에 이미 전쟁 개입을 결정한 사실을 고려해 볼 때 쉬저는 여전히 앞서 언급한 마오쩌둥의 전문 시점과 자신의 주장이 서로 모순됨에도 불구하고 같은 주장을 되풀이하고 있다.

100 〈1950년 12월 12일 마오쩌둥이 펑더화이, 가오강 등에 보낸 전문〉,『建國以来 毛澤東文稿』, p. 553.

101 張希,「彭德懷受命率師抗美援朝的前前後後」, p. 150.

한국전쟁의 거짓말

102 〈1950년 10월 13일 마오쩌둥이 저우언라이에게 보낸 전문〉,『毛澤東軍事文选』, p. 347.;『建國以来毛澤東文稿』, p. 556.

103 1964년 4월 16일 천위(陳毅)의 연설, 姚旭,『從鴨綠江到板門店: 偉大的抗美援朝戰爭』, p. 22에서 인용.

104 〈1950년 10월 14일 마오쩌둥이 저우언라이에게 보낸 전문〉,『建國以来毛澤東文稿』, pp. 558-559.

105 〈1950년 10월 15일 마오쩌둥이 가오강과 펑더화이에게 보낸 전문〉,『建國以来毛澤東文稿』, p. 564.

106 張希,「彭德怀受命率師抗美援朝的前前後後」, pp. 153-154. ; 沈宗洪·孟照辉外編,『中國人民志願軍抗美援朝戰史』, p. 15; Hu Guangzhen, "Brilliant Decisions and Great Achievements: On the Decision to Dispatch Troops to Korea," *Dangshi yanjiu*(Studies in Party History), No.1, 1983, p. 37.; 彭德怀,「在中國人民志愿軍师以上干部动员大会上的讲话(1950年10月14日)」,『彭德怀軍事文选』(北京: 中央文献出版社, 1988), pp. 320-327.(다른 자료에 따르면, 펑더화이의 지시는 10월 16일에 내려졌다. 그런데『彭德怀軍事文選』에서는 10월 14일로 잘못 기재되어 있다.)

107 徐焰,「出兵入朝參戰決策最後確定的曲切過程」, p. 11.

108 〈1950년 10월 17일 마오쩌둥이 가오강과 펑더화이에게 보낸 전문〉,『建國以来毛澤東文稿』, p. 567.

109 徐焰,「出兵入朝參戰決策最後確定的曲切過程」, pp. 11-12. 1950년 10월부터 12월까지 소련은 공군사단 13개를 지원했고, 이 가운데 12개는 전투기 사단, 그리고 1개는 폭격기 사단이었다. 이들은 중국 동북지역, 북부, 동부, 그리고 중남부 지역에서 중국의 영공 방어를 위해 노력했고 중국 공군을 훈련시켰다. 王定烈,『當代中國空軍』, pp. 78-79.

110 〈1950년 10월 18일 마오쩌둥이 덩화, 홍쉐즈, 한시엔추(韓先楚), 셰팡에게 보낸 전문〉,『建國以来毛澤東文稿』, p. 568.

111 李銀橋,『走向神壇的毛澤東』, (北京: 中外文化出版公司, 1989年), pp. 122-123.

2장 "무엇이 두려운가?" 스탈린의 대미 전쟁 위험 감수

1 수집된 자료의 구체적인 내용에 관해서는 다음의 글에서 번역하여 설명했다. The Cold War International History Project(CWIHP) Bulletin, Issue 5(Spring 1995) and Issue 6/7(Winter 1995/1996).

2 〈1950년 5월 13-14일 스탈린과 마오쩌둥 간에 오고 간 전문〉은 다음 글에 실렸다. *CWIHP Bulletin, Issue 4*(Fall 1994), pp. 60-61.

3 Evgenii P. Bajanov and Natalia Bajanova, "The Korean Conflict, 1950-

1953: The Most Mysterious War of the 20th Century," Unpublished Working Paper, CWIHP, forthcoming.

4 〈1949년 3월 7일 스탈린과 김일성 수상이 이끄는 북한 사절단 간의 대화〉. 위의 글에서 인용.

5 〈1949년 4월 17일, 스탈린이 슈티코프에게 보내는 전문〉, 러시아연방대통령 기록관(APRF), Perechen 3, List 25. 러시아연방 외교정책기록관(AVPRF), Fond 059a, Opis 5a, Delo 4, Papka 11, List 80.

6 Bruce Cumings, *The Origins of the Korean War, Volume II, The Roaring of the Cataract, 1947–1950*(Princeton: Princeton University Press, 1990), p. 388.

7 Bruce Cumings, *The Origins of the Korean War, Volume II*, pp. 379–384.

8 슈티코프의 보고서 내용은 부록(No. 1)을 참조할 것.

9 Evgenii P. Bajanov and Natalia Bajanova의 글에서 언급된 슈티코프의 〈5월 28일, 6월 2일, 6월 18일, 6월 22, 7월 13일자 보고서〉 참조.

10 〈1949년 8월 2일 보고서〉, APRF, Evgenii P. Bajanov and Natalia Bajanova 의 글, p. 11.

11 〈1949년 10월 3일 (Grigorii Ivanovich) Tunkin(평양주재 소련대사관 대리대사) 이 클레믈린에 보낸 전문〉, 위의 글, pp. 18–19.

12 〈1949년 8월 14일, 슈티코프 대사와 김일성, 박헌영의 대화비망록〉, 위의 글, p. 16. 위의 권고는 8월 12일과 14일 김일성과 박헌영과 나눈 대화비망록에 첨부 되었다. 여기에는 김일성과 박헌영이 "남침 외에는 한반도의 문제를 해결할 수 있는 다른 선택의 여지가 없다고 주장하며 거듭 남침 문제를 제기했다."고 기록되 어 있다.

13 〈1949년 9월 27일 슈티코프가 스탈린에게 보낸 보고서〉, APRF. Evgenii P. Bajanov and Natalia Bajanova, pp. 16–17.

14 Kathryn Weathersby, "To Attack or Not to Attack?: Stalin, Kim Il Sung and the Prelude to War," *CWIHP Bulletin, Issue 5*(Spring 1995), pp. 1–9.

15 〈9월 23일자 정치국 결정문 초안〉, APRF. Evgenii P. Bajanov and Natalia Bajanova, pp. 32–33.

16 〈9월 21일자 정치국 결정문 초안〉, 위의 글, pp. 32–33.

17 〈1949년 10월 30일 슈티코프가 스탈린에게 보낸 전문〉, 위의 글, pp. 11–12.

18 〈1950년 1월 30일 스탈린이 슈티코프에게 보낸 전문과 김일성에 대한 메시지〉, APRF. 및 AVPRF, Fond 059a, Opis 5a, Delo 3, Papka 11, List 92. 전문 전 체 내용은 *CWIHP Bulletin, Issue 5* (Spring 1995), p. 9를 참조할 것.

19 〈1950년 2월 2일 스탈린이 슈티코프에게 보낸 전문〉, APRF. Evgenii P. Bajanov and Natalia Bajanova, p. 37.

20 〈1950년 3월 30 - 4월 25일, 김일성의 소련 방문 보고서〉, 전 연방 공산당(볼셰비키) 중앙위원회 국제부, 위의 글, pp. 40-42.

21 새로운 조약 문제를 둘러싼 스탈린과 마오쩌둥 간의 대화 기록에 관해서는, "Stalin's Conversations with Chinese Leaders," *CWIHP Bulletin*, *Issues 6-7*(Winter 1995/1996), pp. 4-27을 참조할 것.

22 〈1950년 5월 15일 로쉰이 스탈린에게 보낸 전문〉, APRF. Evgenii P. Bajanov and Natalia Bajanova, pp. 51-52.

23 〈1950년 5월 16일 로쉰이 스탈린에게 보낸 전문〉, 위의 글, p. 52.

24 〈1950년 5월 2일 로쉰이 스탈린에게 보낸 전문〉, 위의 글, p. 52. Bajanov는 저우언라이(周恩來)가 1950년 6월 2일 소련대사와의 면담에서 미국이 한반도에서의 전쟁에 개입할 가능성에 대해 이와 비슷한 대화를 되풀이 했다고 지적했다.

25 〈1950년 5월 16일 로쉰이 스탈린에게 보낸 전문〉, 위의 글, pp. 52-53.

26 〈1950년 5월 16일 스탈린이 마오쩌둥에게 보내는 전문과 함께 로쉰에게 보낸 전문〉, 위의 글, p. 53.

27 Bruce Cumings, *The Origins of the Korean War, Volume II*, pp. 466-478.

28 〈1950년 5월 29일 슈티코프가 스탈린에게 보낸 전문〉, APRF. Evgenii P. Bajanov and Natalia Bajanova, p. 57.

29 〈1950년 5월 29일 슈티코프가 스탈린에게 보낸 전문〉, 위의 글, p. 57.

30 〈1950년 6월 13일 슈티코프가 스탈린에게 보낸 전문〉, 위의 글, p. 58.

31 〈1950년 6월 16일 슈티코프가 스탈린에게 보낸 전문〉, 위의 글, pp. 58-59.

32 〈1950년 6월 21일 스탈린이 슈티코프에게 보낸 전문〉, 위의 글, p. 60.

33 〈1950년 6월 21일 슈티코프가 스탈린에게 보낸 전문〉, 위의 글, pp. 59-60.

34 〈1950년 6월 21일 스탈린이 슈티코프에게 보낸 전문〉, 위의 글, p. 60.

35 〈1950년 7월 1일 Fyn-Si[스탈린]가 슈티코프에게 보낸 전문〉, APRF. Fond 45, Opis 1, Delo 34, List 104. 및 AVPRF, Fond 059a, Opis 5a, Delo 3, Papka 11, List 107. *CWIHP Bulletin*, *Issue 5-6*(Winter 1995/96), p. 43에 수록.

36 〈1950년 7월 6일 Fyn-Si[스탈린]가 슈티코프에게 보낸 전문〉, APRF. Fond 45, Opis 1, Delo 346, List 140. 위의 글, p. 43에 수록.

37 〈1950년 7월 13일 필리포프[스탈린]가 저우언라이 또는 마오쩌둥에게 보낸 전문(로쉰 경유)〉, APRF. Fond 45, Opis 1, Delo 331, List 85. 위의 글, p. 44에 수록.

38 〈1950년 8월 28일 Fyn-Si[스탈린]가 김일성에게 보낸 전문(슈티코프 경유)〉, APRF. Fond 45, Opis 1, Delo 347, List 5-6, 10-11. 위의 글, p. 45에 수록.

39 마오쩌둥은 중국의 개입을 제안하는 스탈린에 대해 "미국과 중국의 전면적인 충돌을 초래할 수 있고, 그 결과 소련 역시 전쟁에 휘말릴 수 있는데, 이렇게 되면 문제가 엄청나게 커질 수 있다"는 식으로 답장을 보냈다. 〈1950년 10월 3일 로

쉰이 필리포프[스탈린]에게 보낸 전문〉, APRF. Fond 45, Opis 1, Delo 334, Listy 105-106. 위의 글, pp. 115-116에 수록.

40 〈1950년 10월 8[7]일 Fyn-Si[스탈린]가 김일성에게 보낸 서한(슈티코프 경유), 마오쩌둥에게 보내는 답변 내용을 인용〉, APRF. Fond 45, Opis 1, Delo 347, Listy 65-67. 위의 글, pp. 116-117.

41 위의 글.

42 〈1950년 10월 13일 스탈린이 김일성에게 보낸 전문〉, APRF. Evgenii P. Bajanov and Natalia Bajanova, pp. 80-81. 다음 날, 슈티코프는 이 메시지에 대해 김일성이 "어려운 일이지만, 지시가 그렇다면 따를 것"이라고 했다고 스탈린에게 보고했다. 그리고 김일성은 소련 군사고문단에게 스탈린이 지시한 계획을 만들어 달라고 부탁했다. 〈1950년 10월 14일 슈티코프가 Fyn-Si[스탈린]에게 보낸 전문〉, APRF. Fond 45, Opis 1, Delo 335, List 3. *CWIHP Bulletin*, *Issue 5-6*(Winter 1995/96), p. 118을 참조.

43 필자는 평시 1개 항공연대가 45대의 항공기로 구성되고 3~4개의 연대가 하나의 사단을 구성하는 소련 공군이 중국에 파견되었을 때는 1개 연대 30대의 항공기로 구성된 2개 연대가 하나의 사단이었음을 지적해 준 마크 오닐(Mark O'Neill)에게 감사한다.

44 〈1950년 10월 내각위원회 결의〉, 러시아연방 국방부 중앙기록보관소, Fond 16, Opis 3139, Delo 16, Listy 162-165. 전문은 부록 참조.

45 Archive of the President of the Russian Federation, List III, pages 41-44.

46 Central Archive of the Ministry of Defense, RF-A, Fond 16, Opis 3139, Delo 16, Listy 162-165., 군사용어에 관해서는 마크 오닐Mark O'Neill의 도움을 받아 필자가 번역함.

3장 한국전쟁기 중국과 북한의 갈등과 해소

1 이와 관련하여 지난 수십 년 간 가장 영향력 있는 저서와 논문은 다음과 같다. Gordon Chang, *Friends and Enemies: China, the United States, and the Soviet Union, 1948-1972*(Stanford, CA:Stanford University Press, 1990); Mineo Nakajima, "The Sino-Soviet Confrontation: Its Roots in the International Background of the Korean War," *Australian Journal of Chinese Affairs, 1,* 1991.; S.Goncharov, J. Lewis, Xue Litai *Uncertain Partners: Stalin, Mao, and the Korean War*(Stanford, CA: Stanford University Press, 1993); O.A. Westad, ed., *Brothers in Arms: The Rise and Fall of the Sino-Soviet Alliance 1945-1963*(Stanford, CA: Stanford University Press, 1998); 楊奎松 編著, 『毛澤東與莫斯科的恩恩怨怨』(南昌: 江西人民出版社, 1999); 沈志華, 『毛澤東, 史達林與韓戰』(香港: 天地圖書有限

公司, 1998)

2   1996년 1월 홍콩에서 개최된 CWIHP 학술회의에서 러시아 연구자들이 한국전쟁기 소련과 북한의 관계에 관해 발표했다. 예를 들면 A. Mansourov의 논문이 그렇다. A. Mansourov, "Soviet-North Korean Relations and the Origins of the Korean War." 2000년 홍콩에서 "중국, 베트남, 그리고 인도차이나 전쟁"이라는 제목으로 열린 CWIHP 학술회의에서 중국 연구자들은 베트남전쟁 기간 중국과 베트남의 관계에 관해 발표했다. 李丹慧主編, 『中國與印度支那戰爭』(香港: 天地圖書有限公司, 2000).

3   Chen Jian, *China's Road to the Korean War: The Making of the Si-no-American Confrontation*(New York, NY: Columbia University Press, 1994); 楊奎松, "Zhongguo Chubing Shimo," Inchoen University conference, 1999.; 沈志華, "論中國出兵朝鮮決策的是非成敗"『二十一世紀』雙月刊, 第10期(香港: 2000年).

4   〈1950년 1월 30일 스탈린이 김일성에게 보낸 전문〉에 관해서는, Kathryn Weathersby, "To Attack or Not to Attack?: Stalin, Kim Il Sung and the Prelude to War," *Cold War International History Project Bulletin*, 5(Spring 1995), p. 9를 참조할 것. 세부내용은 다음을 참조하라. 沈志華, "中蘇同盟條約與蘇聯在遠東的前略目標",『黨史研究資料』, 第9期, 1997年., "Sino-Soviet Relations and the Origin of the Korean War: Stalin's Strategic Goals in the Far East," *Journal of Cold War Studies*, Vol. 2, No. 2(Spring 2000), pp. 44-68.

5   E. P. Bajanov and N. Bajanova, *The Korean Conflict, 1950-1953: The Most Mysterious War of the 20th Century? Based on Secret Soviet Archives*(수기), pp. 40-42. Bajanov와 Bajanova가 제시한 문서의 세부내용에 관해서는 Kathryn Weathersby, "'Should We Fear This?, Stalin and the Danger of War with America," *CWIHP Working Paper No. 39*(Spring 2002)를 참조할 것.

6   러시아연방 외무장관, "한국전쟁 직전과 초기의 주요 사건 연표(Khronologiia), 1949년 1월 - 1950년 10월"(수기), pp. 30-31. 1995년 CWIHP가 입수한 러시아 기록관의 한국전쟁 관련 문서에서, Washington, DC. National Security Archive 소장.

7   위의 책. p. 31.

8   李海文, "中共中央究意何時決定志願軍出國作戰", 『黨的文獻』, 第5期, 1993年, p. 85.

9   中共中央文獻研究室 編, 『周恩来年譜(1949-1976)』上卷(北京: 中央文献出版社, 1997), p. 54; 앞의 '사건 연표(Khronologiia)', p. 38.

10   '사건 연표(Khronologiia)', pp. 35-37.

11   1950년 7월 4일, 로쉰과 쩌우다펑의 면담 비망록. 1996년 홍콩 CWIHP 학술회

의에서 발표된 O.A. Westad's "The Sino-Soviet Alliance and the United States: Wars, Policies, and Perceptions, 1950-1961"에서 인용.

12 〈1950년 7월 5일 스탈린이 로쉰에게 보낸 전문, 저우언라이에게 보내는 메시지〉. 전문 내용은 Kathryn Weathersby, "New Russian Documents on the Korean War," *CWIHP Bulletin, Issue 6/7*(Winter 1995/1996), p. 43을 참조할 것.

13 〈1950년 7월 8일 스탈린이 로쉰에게 보낸 전문〉', 전문 내용은 위의 글, p. 44. 참조.

14 『周恩来年譜(1949-1976)』, p. 51.

15 차이청원 대사와의 면담(2000년 9월 12일). 또한 북한에 파견된 중국 측 무관보였던 왕다강(王大剛)의 회고에 따르면, 이들은 중국과 인민해방군에 소속된 조선인 병사들을 통해서만 전쟁 상황을 파악할 수 있었다고 한다. 1996년 홍콩 CWIHP 학술회의에서 발표된 David Tsui, "Did the DPRK and the PRC Sign a Mutual Security Pact?" 참조할 것. 박일우(중국 이름은 '왕웨이王巍')는 항일전쟁 기간 동안 팔로군의 대일공작 부대인 덩화(鄧華) 지대(支隊)에서 근무했고 중국에서 핑시(平西)의 현장(縣長), 서기 등을 지냈다.(박일우, 역자 주)

16 1950년 8월 26일 군사회담에서 저우언라이는 북한에 중국군사대표단을 즉시 파견하지 못하는 것은 중국 측 사정 때문이라고 했다. 中共中央文獻硏究室·中國人民解放軍軍事科學院編, 『周恩来軍事文選』第四卷(北京: 人民出版社, 1997), pp. 45-46. 참조. 그러나 저우언라이는 나중에 소련대사에게 그 이유에 대해 북한이 동의하지 않기 때문이라고 말했다. '사건 연표(Khronologiia)', pp. 52-54; Goncharov, Lewis and Xue, *Uncertain Partners*, p. 163. 참조.

17 1950년 8월 13일 선양 군사회담에서 가오강의 발언, 軍事科學院軍事歷史硏究部, 『抗美援朝戰爭史』(北京: 軍事科學出版社, 2000), pp. 91-92.

18 '사건 연표(Khronologiia)', pp. 45-47.

19 '사건 연표(Khronologiia)', pp. 48-49; Chen Jian, 앞의 책, p. 273. 이상조 북한대사가 이러한 상황을 확인해 주었다. 孫寶升, "毛澤東曾預言美軍可能在仁川登陸", 『軍事史林』, 第5期, 1990年, p. 13을 참조할 것

20 이는 북한 측 관계자의 회고에 따른 것이다. 소련 군사고문단 역시 유엔군의 후방 상륙 가능성을 제기했다. Goncharov, Lewis and Xue, *Uncertain Partners*, p. 171 참조.

21 차이청원 대사와의 면담(2000년 9월 12일).

22 차이청원 대사와의 면담(2000년 9월 12일).

23 마오쩌둥은 가오강에게 보낸 서한에서 이러한 상황에 따라 군대를 보내야 하니 서둘러 준비하라고 했다. 柴成文, 『板門店談判』(北京: 解放軍出版社, 1989), p. 79.

24 '사건 연표(Khronologiia)', pp. 52-54

25 위의 자료, pp. 56-54

26 Goncharov, Lewis and Xue, *Uncertain Partners*, pp. 174-175.

27 A. Mansourov, "Stalin, Mao, Kim, and China's Decision to Enter the Korean War: September 16-October 15, 1950" *CWIHP Bulletin, Issue 6-7*(Winter 1995/1996), pp. 97-98.

28 〈1950년 10월 1일 스탈린이 슈티코프와 마트바예프(Matveyev)에게 보낸 전문〉. 1995년 CWIHP가 입수한 러시아연방 대통령기록관의 문서에서, Washington, DC. National Security Archive 소장.

29 『板門店談判』, p. 80.

30 沈志華, "中國被迫出兵朝鮮 : 決策過程及其原因", 『黨史研究資料』第1期, 1996年; 沈志華, "中蘇聯盟與中國出兵朝鮮的決策", 『當代中國史研究』, 第5期, 1996年과 第1期, 1997年.

31 영역본에는 '신의주(Sinuiju)'로 되어 있는데 오역이다. 중국어 원문에는 '신안주'로 적혀 있다. 10월 8일 당시 한국군과 유엔군은 평양과 원산을 잇는 지역까지 북진했기 때문에, 북한과 중공은 '신안주'와 '함흥'을 잇는 전선에서 방어하고자 했다고 보는 것이 타당하다.(역자 주)

32 〈1950년 10월 8일 김일성이 마오쩌둥에게 보낸 전문〉; 〈1950년 10월 10일 펑더화이가 마오쩌둥에게 보낸 전문〉; 차이청원 대사와의 면담(2000년 9월 12일).

33 〈1950년 10월 1일 스탈린이 로쉰에게 보낸 전문, 마오쩌둥과 저우언라이에게 보내는 메시지의 전달〉. 전문 내용은 A. Mansourov, "Stalin, Mao, Kim and China's Decision to Enter the Korean War," *CWIHP Bulletin, Issue 6/7*(Winter 1995/1996), pp. 116-117을 참조할 것.

34 〈1950년 10월 25일 펑더화이가 마오쩌둥에게 보낸 전문〉. 차이청원 대사와의 면담(2000년 9월 12일).

35 차이청원 대사와의 면담(2000년 9월 12일).

36 王焰主 編, 『彭德怀年譜』(北京 : 人民出版社, 1998), p. 445.

37 〈1950년 10월 25일 및 11월 2일 펑더화이가 마오쩌둥에게 보낸 전문〉.

38 평안북도 남쪽에 위치(역자 주)

39 평안남도에 위치한 순천(역자 주)

40 『抗美援朝戰爭史』, 第2卷, p. 167.

41 차이청원 대사와의 면담(2000년 9월 12일); 위의 자료; 〈1950년 11월 11일 펑더화이가 마오쩌둥에게 보낸 전문〉; 『彭德怀年譜』, p. 449.

42 〈1950년 11월 9일 펑더화이가 중앙군사위원회를 통해 김일성에게 보낸 전문〉; 〈1950년 11월 18일 펑더화이가 마오쩌둥에게 보낸 전문〉.

43 차이청원 대사와의 면담(2000년 9월 12일); 『抗美援朝戰爭史』, 第2卷, p. 167; '〈1950년 11월 18일 펑더화이가 마오쩌둥에게 보낸 전문〉'.

44 『抗美援朝戰爭史』, 第2卷, pp. 167-168.

45 『周恩来軍事文選』第四卷, p. 100. 모음집 제목이 '중국 연합사령관 저우언라이'라고 출판되었지만, 저우언라이의 수기 원고를 확인한 중공중앙문헌연구실의 담당자는 '동지들(Tongzhi lai)'이라는 말을 '저우언라이(Zhou Enlai)'로 오인한

것이라고 지적했다. 許虹·劉得平, "訂定〈周恩来軍事文選〉中的兩個錯誤", 『黨史研究資料』, 第1期, 2001年, pp. 47-48.

46 『抗美援朝戰爭史』, 第2卷, p. 167.

47 『周恩来軍事文選』, 第四卷, pp. 122-123. 조약에 따라 조중 연합사령부는 유격대와 각 사단에만 명령을 히달할 수 있었디. 예를 들면, 『彭德怀年譜』, p. 454를 참조할 것.

48 차이청원 대사와의 면담(2000년 9월 12일);〈1950년 12월 6일 마오쩌둥이 펑더화이에게 보낸 전문〉;〈1950년 12월 7일 펑더화이가 마오쩌둥에게 보낸 전문〉;『彭德怀年譜』, p. 453.

49 〈1950년 12월 13일, 16일, 19일 펑더화이가 제9집단군에 보낸 전문〉;『彭德怀年譜』, p. 465.

50 현재의 랴오닝성과 지린성 일대(역자 주)

51 중국어 원문에서는 '조중 공군연합집단군사령부'로 명시되어 있다.(역자 주)

52 周恩來軍事活動紀事編寫組, 『周恩來軍事活動紀事(1818-1975)』 下卷(北京: 中央文獻出版社, 2000), pp. 178-179. 한국전쟁 기간 소련 공군의 참전에 관한 자세한 논의에 관해서는 沈志華 "抗美援朝戰爭中的蘇聯空軍", 『中共黨史研究』, 第2期, 2000年을 참조할 것.

53 〈1950년 12월 19일 펑더화이가 마오쩌둥에게 보낸 전문〉;『彭德怀年譜』, p. 456.

54 자세한 내용은 沈志華, "抗美援朝戰爭中的蘇聯空軍", 『中共黨史研究』, 第2期, 2000年 참조.

55 『毛澤東軍事文集』 全六卷, pp. 245-246, 249-250.

56 『彭德怀軍事文選』, p. 383.;〈1951년 1월 3일 펑더화이가 김일성에게 보낸 전문〉;『彭德怀年譜』, p. 464.

57 〈1951년 1월 4일 마오쩌둥이 스탈린에게 보낸 전문〉. 전문 내용은 K. Weathersby, "New Russian Documents on the Korean War," *CWIHP Bulletin, Issue 6/7*(Winter 1995/96), pp. 53-54를 참조할 것.

58 인민지원군 당 정치위원 보고에 따르면, "현재 우리 군의 병력이 충분하지 않고 보급은 매우 부족하다. 군의 재편과 재보급, 수송과 탄약이 이루어지지 않는다면 더 이상 싸울 수 없다." 〈1951년 1월 8일 인민지원군 당 정치위원이 중앙군사위원회에 보낸 전문〉. 楊鳳安·王天成, 『駕馭朝鮮戰爭的人』(北京: 中共中央党校出版社, 1993), p. 222를 참조.

59 『彭德怀自述』, p. 350.

60 차이청원 대사와의 면담(2000년 9월 12일).〈1951년 1월 8일 차이청원 대사가 펑더화이에게 보낸 전문〉;〈1951년 1월 1일 펑더화이가 마오쩌둥에게 보낸 전문〉;『彭德怀年譜』, p. 465.

61 王亞志, "抗美援朝戰爭中的彭德怀, 聶榮臻", 『軍事史林』 第1期, 1994年, p. 11.

62 『彭德怀年譜』, p. 465.

한국전쟁의 거짓말

63 차이청원 대사와의 면담(2000년 9월 12일). 〈1951년 1월 10-11일 펑더화이와
    김일성의 대화 녹음기록〉.

64 차이청원 대사와의 면담(2000년 9월 12일). 『彭德怀年譜』, p. 466.

65 『彭德怀年譜』, p. 461; 洪學智著, 『抗美援朝戰爭回忆』(北: 京解放軍文艺出版
    社, 1990), pp. 111-112.; 雷英夫, "抗美援朝幾個重大決策的回憶", 『黨的文
    獻』, 第6期, 1993年, p. 41.

66 '〈1951년 1월 16일 마오쩌둥이 스탈린에게 보낸 전문〉, 마오쩌둥이 펑더화
    이를 통해 김일성에게 전하는 메시지 첨부'. 전문 내용은 K. Weathersby,
    "New Russian Documents on the Korean War," CWIHP Bulletin, Issue
    6/7(Winter 1995/1996), pp. 56-57을 참조할 것.

67 '〈1951년 1월 27일 마오쩌둥이 스탈린에게 보낸 전문〉, 김일성과의 면담 내용
    에 관해 펑더화이가 마오쩌둥에게 보낸 1월 19일자 전문 첨부'. 전문 내용은 K.
    Weathersby, "New Russian Documents on the Korean War," pp. 56-57
    을 참조.

68 자세한 내용은 沈志華: "抗美援朝戰爭決策中的蘇聯因素", 『堂代中國史硏究』,
    第1期, 2000年; 沈志華, "論中國出兵朝鮮決策的是非成敗" 『二十一世紀』, 第
    10期, 2000年 참조.

69 인민지원군이 1951년에 입은 수송 손실율은 84.6%에 달했다. '抗美援朝戰爭後
    勤經驗總結'編輯委員會編, 『抗美援朝戰爭後勤經驗總結·專業勤務』下冊(北京:
    金盾出版社, 1987), p. 140.

70 張明遠, "風雪戰勤-憶抗美援朝戰爭的後勤保障", 『軍事史林』, 第5期, 1990,
    p. 34; 위의 책, 『抗美援朝戰爭後勤經驗總結·專業勤務』下冊, 1987年, p. 6.

71 『彭德怀年譜』, p. 449; 張明遠, "風雪戰勤-憶抗美援朝戰爭的後勤保障", p. 29.

72 차이청원 대사와의 면담(2000년 9월 12일).

73 『抗美援朝戰爭後勤經驗總結·專業勤務』下冊, 1987年, p. 6.

74 위의 책, pp. 41-42; 張明遠, "風雪戰勤-憶抗美援朝戰爭的後勤保障", 『軍事史
    林』, 第5期, 1990年, p. 34.

75 '抗美援朝戰爭後勤經驗總結'編輯委員會編, 『抗美援朝戰爭後勤經驗總結·資料
    選編(鐵路運送類)』下冊(北京: 解放軍出版社, 1988), pps. 273, 282, 285.

76 위의 책, pp. 283-284; 張明遠, 앞의 글, p. 33.

77 『抗美援朝戰爭後勤經驗總結·專業勤務』下冊, pps. 6, 3-4.

78 차이청원 대사와의 면담(2000년 9월 12일).

79 〈1951년 2월 19일 예린·장밍위안·펑민이 가오강에게 보낸 전문〉.

80 〈1951년 3월 15일 예린·장밍위안·펑민이 가오강에게 보낸 전문〉; 〈1951년 3월
    22일 펑더화이가 가오강과 저우언라이에게 보낸 전문〉.

81 〈1951년 3월 25일 저우언라이가 가오강과 펑더화이에게 보낸 전문〉.

82 張明遠, "風雪戰勤-憶抗美援朝戰爭的後勤保障", 『軍事史林』, 第5期, 1990年,
    p. 34.

83 '⟨1951년 3월 25일 스탈린이 마오쩌둥에게 보낸 전문⟩'.

84 '⟨1951년 3월 25일 저우언라이가 가오강과 펑더화이에게 보낸 전문⟩'.

85 앞의 책, 『周恩來軍事活動紀事(1818-1975)』下卷, 2000年, p. 204.

86 『抗美援朝戰爭後勤經驗總結·專業勤務』下冊, pp. 6-7; 『抗美援朝戰爭後勤經
    驗總結·基本經驗』, pp. 66-67.

87 1959년 루산(盧山)회의에서 마오쩌둥을 비판했던 펑더화이는 국방부장과 중앙
    군사위원회 부주석에서 해임되었다. 이후 문화대혁명 시기에는 홍위병에게 조리
    돌림을 당했다.(역자 주)

88 『彭德怀自述』, p. 352.

89 1951년 11월까지만 해도 마오쩌둥은 전쟁포로 문제 해결이 어렵지 않을 것
    으로 생각했다.; ⟨1951년 11월 14일 마오쩌둥이 스탈린에게 보낸 전문⟩, K.
    Weathersby, "New Russian Documents on the Korean War," CWIHP
    Bulletin, Issue 6/7(Winter 1995/1996), pp. 70-71을 참조할 것.

90 ⟨1952년 2월 8일 마오쩌둥이 스탈린에게 보낸 전문⟩.

91 라주바예프의 1952년 1분기 활동보고서, A. Volokhova, "Peregovor o per-
    emiriia v Koree, 1951-1953 gg.," Problemy Dal'nego Vostoka, 2000
    No.2, p. 104에서 인용.

92 위의 글.

93 라주바예프의 1952년 2분기 활동보고서, A. Volokhova, p. 104에서 인용.

94 『周恩来年譜』, pp. 249-250.

95 『周恩来軍事文選』, 第四卷, pp. 289-290. 전문 내용은 K. Weathersby,
    "New Russian Documents on the Korean War," CWIHP Bulletin, Issue
    6/7(Winter 1995/1996), p.78을 참조.

96 『周恩來軍事活動紀事(1818-1975)』下卷, 2000年, p. 280. 전쟁을 계속할 필요
    성이 있다는 마오쩌둥의 구상에 관한 연구로, Zhang Shu Guang, Mao's Mil-
    itary Romanticism: China and the Korean War, 1950-1953(Lawrence:
    University of Kansas Press, 1995), pp. 216-246이 있다.

97 ⟨1952년 7월 18일 마오쩌둥이 스탈린에게 보낸 전문⟩. 전문 내용은 K.
    Weathersby, "New Russian Documents on the Korean War," CWIHP
    Bulletin, Issue 6/7(Winter 1995/1996), pp. 78-79. 참조.

98 ⟨1952년 7월 17일 라주바예프가 바실리예프에게 보낸 전문⟩.

99 『彭德怀年譜』, p. 449.

100 『周恩來軍事活動紀事(1818-1975)』下卷, 2000年, p. 242.

101 A. Volokhova, p. 106, 108.

102 『周恩来年譜』, p. 250.

103 ⟨1952년 7월 16일 스탈린이 마오쩌둥에게 보낸 전문⟩. 전문 내용은 K.
    Weathersby, "New Russian Documents on the Korean War," CWIHP
    Bulletin, Issue 6/7(Winter 1995/1996), pp. 77-78을 참조.

104 〈1952년 8월 20일 스탈린과 저우언라이의 대화 내용 기록〉. 전문 내용은 위의 글, pp. 10-14를 참조.

105 〈1952년 8월 19일과 20일 스탈린과 저우언라이의 대화 내용 기록〉. 전문 내용은 위의 글, pp. 9-20. 참조. 다른 해석으로 와다 하루키(和田春樹)가 CWIHP 홍콩 학술회의에 제출한 논문을 참조할 것.; Vojtech Mastny, *The Cold War and Soviet Insecurity: The Stalin Years*(New York: Oxford University Press, 1996), pp. 147-148.

106 이에 관한 연구로, 沈志華, "1953年朝鮮停戰-中蘇領導人的政治考慮", 『世界史』, 第3期, 2001년을 참조할 것. 정전을 요구하는 1953년 3월 19일자 소련 내각위원회 결정문 전문에 관해서는 K. Weathersby, "New Russian Documents on the Korean War," *CWIHP Bulletin, Issue 6/7*(Winter 1995/1996), pp. 80-83을 참조.

107 『彭德怀自述』, p. 352.

4장 한국전쟁기 미국의 생물학무기 사용에 관한 중국 측의 거짓 의혹 제기

1 이 글의 요약본은, Milton Leitenberg, "A Chinese Admission of False Korean War Allegations of Biological Weapon Use by the United States," Asian Perspective 40, no. 1 (January-March2016), pp. 131-146에 게재되어 있다. 필자는 최근에 나온 중국어 출판물을 번역해 준 드류 커시(Drew Casey), 리홍 러우(Jiehong Lou), 토비욘 로덴(Torbjorn Loden), 멜빈 거토브(Melvin Gurtov), 찰스 크라우스(Charles Kraus)에게 깊은 감사의 뜻을 표한다. 또한 스베틀라나 사브란스카야(Svetlana Savranskaya)와 마크 크라머(Mark Kramer)는 새로운 러시아 자료에 관한 정보를 제공해 주었고, 특히 마크 크라머는 러시아국립정치사회사기록보존소(RGASPI)의 문서들을 번역까지 해주었다. 만일 이들의 도움이 없었다면 이 보고서는 세상에 빛을 볼 수 없었을 것이다.

2 보다 자세한 내용은 Milton Leitenberg, "New Russian Evidence on the Korean War Biological Warfare Allegations: Background and Analysis," *CWIHP Bulletin, Issue 11*(Winter 1998), pp. 180-190을 참조할 것. 이 보고서의 도입부는 주로 이 책의 내용을 바탕으로 했다. 이미 1998년 연구에서 자세한 내용들을 다루었으므로 이 글에서는 반복하지 않겠다. 독자들은 필자가 기존에 발표한 자료들을 참조하기 바란다. 아울러 Kathryn Weathersby, "Deceiving the Deceivers: Moscow, Beijing, Pyongyang and the Allegations of Bacteriological Weapons Use in Korea," *CWIHP Bulletin, Issue 11*(Winter 1998), pp. 176-180을 참조.

3 Leitenberg, "New Russian Evidence on the Korean War Biological Warfare Allegations." 이하 자세한 설명을 위한 반복 언급은 생략하기로 한다.

4 Milton Leitenberg, "False Allegations of US Biological Weapons Use during the Korean War," in Anne L. Clunan et al, eds., *Terrorism, War or Disease, Unravelling the Use of Biological Weapons* (Stanford, CA: Stanford University Press, 2008), pp. 120-143을 참조.

5 United Nations Security Council, "Letter from the Permanent Representative of the Union of Soviet Socialist Republics, President of the Security Council, Dated 30 June 1952. Annex I: International Association of Democratic Lawyers Appeal to the Security Council," S/2684/Add. 1, 30 June 1952를 참조. 당시 국제민주변호사협회(ADL) 보고서는, '미국이 저지른 일련의 행동들은 지난 2차 세계대전에서 독일의 히틀러와 일본 히로히토의 야만성을 훨씬 뛰어넘는 폭거로서, 미국 침략주의자들은 인공적으로 천연두, 페스트, 콜레라 등을 유발하는 세균을 북한 등지에 살포하여 세계를 충격과 공포의 도가니로 몰아넣었다.'고 적고 있다. 또한 중국의 거짓 주장에 동조하는 서방의 주장은 이보다 더 과장된 것이었다. 상기 소비에트 국제민주변호사협회의 보고를 청취하기 위해 1952년 4월 25일 영국에서 열린 회의석상에서 조셉 니담(Joseph Needham)의 말을 빌자면, 캐나다 평화자문회의장인 제임스 엔디콧(James Endicott)은 "(미국이) 방사능 분진을 살포해 마을을 몇 개씩이나 파괴했다."고 주장했다 이에 관해서는 Tom Buchanan, "The Courage of Galileo: Joseph Needham and the 'Germ Warfare' Allegations in the Korean War," *History 86*, no. 284 (October 2001): p. 509, doi: 10.1111/1468-229X.00203 참조.

6 聶榮臻, 「侵朝美軍進行細菌戰及我采取措施情況的報告(1952年2月28日)」, 『聶榮臻軍事文选』(北京: 解放軍出版社, 1992), pp. 365-366을 참조. 보고의 대부분은 다른 내용을 다루고 있다. 예를 들면, 중국군군의 백신 사전준비와 화생방, 미국의 핵무기 사용에 관한 예상 등이다.

7 *Report of the International Scientific Commission for the Investigation of the Facts Concerning Bacterial Warfare in Korea and China* (Beijing: Foreign Languages Press, 1952)

8 Leitenberg, "False Allegations of US Biological Weapons Use during the Korean War."

9 Tibor Méray, "The Truth About Germ Warfare" 이 글은 프랑스 파리에서 발행되는 일간지인 〈Franc-Tireur〉에 1957년 5월 6일부터 19일까지 게재된 12개의 연재기사로 구성되어 있다.(http://digitalarchive.org/document/123153. 에서 볼 수 있다.) 필자의 논문인, Milton Leitenberg, "The Korean War Biological Weapon Allegations: Additional Information and Disclosures" *Asian Perspective 24*, no. 3 (2000), pp. 159-172에서도 소개하고 있다.

10 Méray, "The Truth About Germ Warfare"(강조는 필자)

11 이것은 필자에게 개인적으로 연락을 해 온 것이다. 2명의 동료 연구자들의 도움

을 받아 퇴역한 구소련군 간부 2명으로부터 각각 이와 똑같은 평가를 받았다. 이 중 한 명은 과거 구소련의 무기통제 전문가였다.

12 1998년까지 출간되었거나 발표된 이러한 다양한 가설의 내용에 관해서는 Leitenberg, "New Russian Evidence on the Korean War Biological Warfare Allegations."에 요약 정리했다

13 "Special Estimate: Communist Charges of US Use of Biological Warfare," SE-24, March 25, 1952; Declassified in 2000. Preparation of the study began on March 7, 1952.

14 "NSC-62: Chemical Warfare Policy," A Report to the National Security Council by the Secretary of Defense, February 1, 1950, Record Group 273, National Archives and Records Administration. 미국의 세균전 정책과 능력에 관해서는 Milton Leitenberg, "False Allegations of US Biological Weapons Use during the Korean War." 참조.

15 "NSC-147: Analysis of Possible Courses of Action in Korea," December 28, 1953, *Foreign Relations of the United States, 1952-1954*, Volume XV, Korea, Part 1 (Washington, DC: Government Printing Office, 1984)

16 〈Robert Kastenmeier 하원 원내대표가 필자에게 제공한 트루먼 대통령의 서한〉(July 25, 1969)
http://digitalarchive.wilsoncenter.org/document/123088.

17 Certificate, Brigadier General H.L. Hillyard, US Army, Secretary of the Joint Chiefs of Staff, April 21, 1959, CCS 3260: Chemical, Biological etc. 1959, Record Group 218: Records of the Joint Chiefs of Staff: Central Decimal File, Box 032, US National Archives. 이 자료는 필자가 1998년 역사가 존(John van Courtland Moon)으로부터 입수한 것이다.

18 이에 관해서는 Conrad C. Crane, "'No Practical Capabilities': American Biological and Chemical Warfare Programs during the Korean War," *Perspectives in Biology and Medicine 45*, no. 2 (Spring 2002): pp. 241–249, doi: 0.1353/pbm.2002.0024 참조.

19 *US Department of the Army, US Army Activity in the US Biological Warfare Program*, vol. 2, February 24, 1977.

20 "Telegram from Mao Zedong to I.V. Stalin(Filippov) about the Use by the Americans of bacteriological weapons in North Korea (Excerpt)," February 21, 1952, Archive of the President of the Russian Federation, Kathryn Weathersby가 영역.
http://digitalarchive.wilsoncenter.org/document/113747.

21 "Resolution of the Presidium of the USSR Council of Ministers about Letters to the Ambassador of the USSR in the PRC, V.V. Kuznetsov and to the Charge d'Affaires for the USSR in the DPRK, S.P. Suzdalev," May

2, 1953, Archive of the President of the Russian Federation, Kathryn Weathersby가 영역.
http://digitalarchive.wilsoncenter.org/document/112030.

22   "Telegram to V.M. Molotov from Beijing from the USSR Ambassador to the PRC, V.V. Kuznetsov," May 11, 1953, Archive of the President of the Russian Federation, Kathryn Weathersby가 영역. http://digitalar-chive.wilsoncenter.org/document/112031.

23   "Telegram from the USSR Charge d'Affaires in the DPRK, S.P. Su-zdalev to V.M. Molotov," June 1, 1953, Archive of the President of the Russian Federation, Kathryn Weathersby가 영역. http://digitalarchive.wilsoncenter.org/document/112032.

24   1998년 소비에트 중앙위원회 문서가 공개된 뒤에도 북한과 그 외곽단체, 그리고 중국과 그 대리단체에 의해 최소한 각기 8권 이상의 책이 발간되었다. 이것들은 하나같이 한국전쟁 기간 동안 미국의 세균무기 사용에 대한 기존의 주장은 여전히 유효하다고 역설하고 있다.

25   吳之理,「1952年的細菌戰是一場許惊」,『炎黃春秋』2013年11期, pp. 36-39.

26   1988년 Halliday와 Cumings는 국제과학조사단을 맞이하며 마오쩌둥이 한 이야기를 약간 다른 방식으로 묘사하고 있다. 즉 당시 마오쩌둥은 "너무 복잡하게 조사할 것 없다. 그들은 시험 삼아 세균무기를 사용해 본 것이다. 하지만 그것은 성공하지 못했다. 그들이 떨어뜨린 것들은 하나같이 감염되지 않은 곤충들이지 않는가?"라고 말했다고 한다. 두 저자는 아마도 국제과학조사단 멤버 중 누군가로부터 마오쩌둥의 이야기를 듣고 인용한 듯하다. 그 멤버는 이탈리아 대표인 Franco Graziosi일 확률이 높은데, 그 이야기는 신뢰도가 떨어진다. 아울러 마오쩌둥이 정말로 '감염되지 않은 곤충'을 언급했다면 국제과학조사단은 곧바로 조사 임무를 끝내버렸을 것이다. 이에 관해서는, Jon Halliday and Bruce Cum-ings, *Korea: The Unknown War* (New York: Pantheon Books, 1988), p. 185를 참조.

27   沈宗洪, 孟照輝, 國英俊, 中國人民解放軍軍事科學院, 軍事歷史研究部,『中國人民志願軍抗美援朝戰史』(北京: 軍事科學出版社, 1988)

28   曲愛國,「是美軍的罪行还是中朝方面的"謊言"-關于抗美援朝戰爭反細菌戰斗爭的歷史考察」,『軍事歷史』2008年2期, pp. 1-8.(위 논문은 이후 개정되어 다음에 게재되었다.『文史參考』2010年 第12期, pp. 74-81.)

29   Susan Wright, ed., *Biological Warfare and Disarmament, New Prob-lems/New Perspectives* (Boulder: Rowman & Littlefield Publishers, Inc, 2002)에서 중국 군비총국의 무기 감독 선임연구원인 저우윤화(鄒雲華)는 "China: Balancing Disarmament and Development"라는 글을 게재한 바 있다. 그녀는 "U.S. Biological Warfare against China and North Korea"라는 절에서, "1988년 중국 군사과학원 연구자들이 집필한 몇몇 비공개본, 특히 역사

책"을 언급했다. 그녀의 연구에 따르면 이 내부 연구자들은 '인민해방군 아카이브와 중국 당안관 자료'를 접했다고 한다. 그녀는 미국을 비난하는 신빙성 없는 세균전 선전전을 반복했을 뿐만이 아니라 미주에서 세계냉전사 프로젝트(the Cold War International History Project) 소식지(Bulletin)에 게재된 필자의 글을 비판했는데, 정확한 서지사항을 제시하지도 않았고 어떤 내용을 담고 있는지 제대로 소개하지도 않았다. 책의 편집진이 그렇게 하도록 허용했다는 것이 이상하다.

30 Leitenberg, "New Russian Evidence on the Korean War Biological Warfare Allegations."

31 이 문서의 약 2/3정도가 요약된 형태로 일본 〈産經新聞〉에 게재되었다.

32 Китайская Народная Республика в 1950-е годы : сборник документов в двух томах (Памятники исторической мысли, 2010), 132–152 passim.

33 우쯔리가 1월 29일 사건에 관해 언급한 시점과 마오쩌둥이 스탈린에게 메시지를 보낸 2월 21일 사이에는 약 한 달 동안의 시차가 존재한다는 사실에 주목할 필요가 있다. 또한 우쯔리가 접근할 수 없는 다른 대화에는 세균전 관련 근거가 분명히 존재한다는 가정 하에 소련과 중국 관료 사이에 여러 층위에 걸쳐 의견이 교환되었다는 기록이 남아 있을 개연성이 있지만 러시아 아카이브에서 출간한 것은 없다.

34 RGASPI, F. 558, Op. 11, D. 342, L. 92, Mark Kramer가 영역.
http://digitalarchive.wilsoncenter.org/document/123148.

35 스탈린의 전문에 따르면, 3월 8일 저우언라이로부터 전문이 있었다는 사실을 알 수 있다.

36 RGASPI, F. 558, Op. 11, D. 343, Ll. 51–52, Mark Kramer가 영역.
http://digitalarchive.wilsoncenter.org/document/123152.

37 Weathersby, "Deceiving the Deceivers," pp. 182–183. 이 세 개의 문서는 각각 1953년 4월 21일 베리야(L.P. Beria)가 말렌코프(G.M. Malenkov)와 소련 공산당 상임위 간부들에게 참조자료로 보낸 비망록이다. http://digitalarchive.wilsoncenter.org/document/112027
"Memorandum from V.M. Molotov to Members of the Presidium of the CC CPSU," April 21, 1953, http://digitalarchive.wilsoncenter.org/document/112028
"Protocol No 6 of the Meeting of the Presidium of the CC CPSU about the MVD Note on the Results of the Investigations into the Reports of Former Advisers to the Ministry of State Security and DPRK Ministry of Foreign Affairs, Cdes. Glukhov and Smirnov," April 24, 1953, http://digitalarchive.wilsoncenter.org/document/112035.

38 RGANI, F. 3, Op. 8, D. 24, Ll. 2, 2ob, Mark Kramer가 영역.
http://digitalarchive.wilsoncenter.org/document/123246.

39 RGANI, F. 3, Op. 8, D. 24, Ll. 107-108, Mark Kramer가 영역
    http://digitalarchive.wilsoncenter.org/document/123245.

40 Shiwei Chen, "History of Three Mobilizations: A Reexamination of the
    Chinese Biological Warfare Allegations against the United States in the
    Korean War," *The Journal of American-East Asian Relations* 16, no. 3
    (Fall 2009): 216-217, doi: 10.1163/187656109793645652.

41 毛澤東, 「關于粉碎敵人細菌戰的題詞(1952年)」, 中共中央文献研究室)·中國人
    民解放軍軍事科學院 編, 『建國以來毛澤東軍事文稿』中卷(北京: 軍事科學出版
    社·中央軍事出版社, 2010), p. 105.

42 毛澤東, 「對朝鮮前方發現敵空投帶菌昆蟲及處置意見報告的批語(1952年2月
    19日)」, 中共中央文献研究室)·中國人民解放軍軍事科學院 編, 『建國以來毛澤
    東軍事文稿』中卷(北京: 軍事科學出版社·中央軍事出版社, 2010), p. 12. 이것
    은 1952년 2월 18일 중앙인민위원회 산하 인민혁명군사위원회의 총참모장인 네
    룽전의 보고에 대한 답변이다.

43 네룽전의 보고는 한국전선에서 적들이 세균에 감염된 곤충을 공중에서 살포했다
    는 내용이었다. 보고의 주된 내용은 적들이 한국전선에 주로 거미, 파리, 그리고
    벼룩을 살포했으며 피해는 광역에 걸쳐 있다는 것으로서, 이것을 발견한 것은 20
    사단, 26사단, 39사단, 그리고 42사단이었다. 아울러 이와 관련해 전문가를 파
    견해 상황을 파악하도록 해야 하며, 발견한 곤충들을 베이징으로 보낼 터이니 그
    것들이 어떤 박테리아에 감염되었는지 조사해 달라는 것이었다. 당시 전문가들의
    예측에 따르면 그 박테리아들은 콜레라, 장티푸스, 전염병, 급성열병 등을 유발할
    것이라고 했다.

44 RGASPI, F. 558, Op. 11, D. 342, Ll. 87-89. Mark Kramer가 영역.
    http://digitalarchive.wilsoncenter.org/document/123147.

45 RGASPI, F. 558, Op. 11, D. 342, L. 92. Mark Kramer가 영역.
    http://digitalarchive.wilsoncenter.org/document/123148.

46 毛澤東, 「關于撫順市郊發現大批昆虫等的批語(1952年3月4日)」, 中共中央文
    献研究室 編, 『建國以來毛澤東文稿』第三冊(北京: 中央文獻出版社, 1987), p.
    303. 이 지시는 선양에서 보낸 3월 3일자 보고 '정보 15번'에 등장한다. 이 자료
    는 3월 2일 오후 5시 동북군구 위생국에서 베이다고(Beidagou)의 무순 남쪽 70
    리 경비지구로부터 대량의 곤충을 발견했다는 공안분견대의 보고를 받은 내용이
    다. 이 분견대는 샘플을 확보하기 위해 곧바로 검역관을 파견했다. 그의 조사 결
    과에 따르면 이 지역에서는 정체불명의 검은 벌레 외에도 다량의 파리, 거미, 벼
    룩이 발견되었다. 전염병 예방 담당 기구에 따르면 한반도의 미군이 2가지 방법
    으로 박테리아를 살포했다고 한다. 하나는 폭탄이었고 다른 하나는 세균을 담은
    보따리였다. 무순에서 발견된 파리와 거미는 아마도 보따리에 담겼던 것으로 추
    정된다. 동북군구 위생국은 30명의 방역대원을 파견해 행정당국으로 하여금 전
    염병 예방위원회를 조직하도록 하고 살균과 더불어 무순 남쪽지역에 검역을 실시

하도록 했다.

47 RGASPI, F. 558, Op. 11, D. 342, Ll. 97-98. Mark Kramer가 영역. http://digitalarchive.wilsoncenter.org/document/123149.

48 RGASPI, F. 558, Op. 11, D. 342, L. 104. Mark Kramer가 영역. http://digitalarchive.wilsoncenter.org/document/123150.

49 이것은 마오쩌둥이 스탈린에게 보낸 전보이다. 毛澤東,「請蘇聯增派一个空軍師協助攔擊散布細菌之敵機(1952年3月11日)」, 中共中央文献研究室·中國人民解放軍軍事科學院 編,『建國以來毛澤東軍事文稿』中卷(北京: 軍事科學出版社·中央軍事出版社, 2010), pp. 17-18.

50 앞서 보았듯이 필리포프는 스탈린을 말한다.

51 1952년 3월 12일 스탈린이 마오쩌둥에게 보낸 전문에 따르면, 소련정부는 제트 전투기 부대 1개 연대를 선양 지역에 주둔하도록 파견한다고 했다.

52 RGASPI, F. 558, Op. 11, D. 342, L. 190. Mark Kramer가 영역. http://digitalarchive.wilsoncenter.org/document/123151.

53 이것은 마오쩌둥이 저우언라이에게 보낸 것으로서 중국인민지원군의 전염병 예방에 관한 기사와 관련된 것이다. 이 기사는 중국인민지원군 신화통신 지국에서 신화통신 본사로 송부한 것이다. 毛澤東,「做志願軍辦法組織防疫機構(1952年3月16日)」, 中共中央文献研究室·中國人民解放軍軍事科學院 編,『建國以來毛澤東軍事文稿』中卷(北京: 軍事科學出版社·中央軍事出版社, 2010), p. 19.

54 중앙인민위원회 인민혁명군사위원회 총참모장 녜룽전과 그리고 중앙인민위원회 인민혁명군사위원회 부(副)총참모장 쑤위를 지칭한다.

55 이것은 저우언라이와 중앙위원회 전염병방지위원회 의장 허청(賀誠)이 1952년 5월 12일 상신한 보고에 관한 마오쩌둥의 논평이다. 毛澤東,「對反細菌戰防疫工作情況報告的批語(1952年5月14日)」, 中共中央文献研究室·中國人民解放軍軍事科學院 編,『建國以來毛澤東軍事文稿』中卷(北京: 軍事科學出版社·中央軍事出版社, 2010), p. 32.

56 저우언라이와 허청의 보고서(허청이 포워딩한 보고)에는 다음과 같은 내용이 담겨 있다. 우선 북한에서 주요한 문제는 여전히 전염병이지만 중국 동북지역의 가장 큰 문제는 뇌염이다. 전염병과 뇌염이 계속 발병하고 있지만 전역에 걸친 방역 작업은 이루어지지 않고 있다. 첫째, 아직 하절기가 도래하지 않았고 적들이 세균 살포지역을 확대하고 있으므로 아직 낙관하기에는 이른 상황이며 여전히 감염병이 확산될 가능성이 있다. 둘째로 현재 대중 방역과 전염병 예방 캠페인이 진행 중이다. 주된 활동으로는 쥐를 잡아 페스트를 박멸하고 위생환경을 개선하는 것이다. 셋째, 4월에 착수한 중요한 연구 활동은 동북지역의 뇌염에 관한 것이고, 주된 선전활동은 미 제국주의자들에 의한 세균전 범죄에 관한 전시를 준비하는 것이다. 넷째로 4월에 주요 행정지구에서는 중국인민지원군 전염병 방지위원회와 함께 다음 사항을 의결했다. 즉 올해의 방역작업은 가을까지 지속한다. 방역작업의 목표물을 각 지역에서 정한다. 방역에 관한 연구를 강화한다. 선전전을 궤도

에 올린다. 방역팀을 신설하고 검역을 위한 병원 침상을 늘린다. 위생 및 방역에 관한 진료소를 설치하고 살균소를 확대한다.

57 RGASPI, F. 558, Op. 11, D. 343, Ll. 51-52. Mark Kramer가 번역. http://digitalarchive.wilsoncenter.org/document/123152.

58 중앙인민위원회 인민혁명군사위원회 총무과에서 1952년 7월 28일 보고한 내용에 관해 인민혁명군사위원회 부의장 펑더화이에게 마오쩌둥이 보낸 코멘트이다. 毛澤東, 「關于志願軍衛生勤務工作的批語(1952年7月30日)」, 中共中央文献研究室·中國人民解放軍軍事科學院 編, 『建國以來毛澤東軍事文稿』中卷(北京: 軍事科學出版社·中央軍事出版社, 2010), p. 46.

59 초기 조사를 위해 북한에 파견한 부대가 위생과 전염병 예방작업 활동, 세균전 대응상황 등을 작성한 상황보고에 기초해 중앙인민위원회 인민혁명군사위원회 총무과가 상신한 내용이다. 이 보고서는 당시 해결이 시급한 과제와 수행한 업적을 명시하고 있다. 당시 총무과는 북한 전선에 파견된 이래 발생한 인민지원군 부상병을 구호하고 있었다. 이 과에서는 문제해결을 위한 제언도 첨언했다.

60 여기서 중앙인민위원회 인민혁명군사위원회 총무과가 제언한 7가지 제안은 다음과 같다. 1) 각 기관의 위생관련 인력을 확충한다. 2) 각 개별 부대 및 분대 별로 방역 팀을 설치한다. 3) 병원과 앰뷸런스를 갖춘 의료파견대를 설치한다. 4) 인민지원군 위생국의 권한을 대폭 확대한다. 5) 군부대 상부와 정부에 직접 보고 가능한 각 부대나 하급부대 레벨의 기관을 신설한다. 6) 각 가정에서 가료중인 군인들의 수를 의료파견대에서 치료중인 군인의 수와 균형을 맞춘다. 7) 화생방 작전을 위해 독가스와 화학물질 전문가를 파견한다.

61 글루호프가 고문으로 파견된 곳은 사회안전성 산하 '정치보위국'이었는데, 1952년 '정치보위국'은 내무성 산하로 바뀌었다.

62 국가안전부는 1954년 국가보안위원회, 즉 KGB로 바뀐다.(역자 주)

63 RGANI, F. 3, Op. 8, D. 24, Ll. 2, 2ob. Mark Kramer가 영역. http://digitalarchive.wilsoncenter.org/document/123246.

64 영역본에는 작성일이 별도로 명기되지 않았지만, 필자인 라이텐버그는 역자에게 이 문서의 작성일이 '1953년 4월 24일'이라고 확인해 주었다.(역자 주) RGANI, F. 3, Op. 8, D. 24, Ll. 107-108. Mark Kramer가 영역. http://digitalarchive.wilsoncenter.org/document/123245.

65 정치보위국은 사회안전성 산하였다가 1952년 내무성 산하로 바뀌었다.(역자 주)

66 영역본에는 Riumin이라고 되어 있는데, 일반적으로는 Mikhail Dmitrievich Ryumin으로 표기된다.(역자 주)

67 이것은 마오쩌둥이 김일성에게 보낸 전문이다. 毛澤東, 「擬公布美軍細菌戰戰俘供詞(1953年11月8日)」, 中共中央文献研究室·中國人民解放軍軍事科學院 編, 『建國以來毛澤東軍事文稿』中卷(北京: 軍事科學出版社·中央軍事出版社, 2010), p. 185.

68 1957년 5월 6일부터 19일에 걸쳐 〈Parisian daily〉에 게재된 12편의 기사.

Marlya Ridgwell의 영역(1988년 9월). http://digitalarchive.wilsoncenter.
org/document/123153.

69 필자가 Kastenmeier로부터 받은 사본.
    http://digitalarchive.wilsoncenter.org/document/123088.

70 中國炎黃文化研究會 主編,『炎黃春秋』2013年 第11期, pp. 36-39.

71 중국어로 온신(瘟神,wenshen)은 한국과 중국 지역에서 믿던 신으로서 각종 질
    병과 역병을 불러오는 신이다. 이 사건에서 유럽인들이 이 중국의 동양적 어감의
    온신이란 용어를 사용한다면 어감이 상당히 윤색될 것이다.

72 더욱 정확히 말하자면 '집파리(houseflies)'이다.

73 중국어 용어는 일반적으로 '사람벼룩(pulex irritans)'을 지칭하는 데 사용한다.
    그런데 원문 기사는 일반 명칭 뒤에 학명을 병기하는 예외적인 몇몇 사례를 제외
    하고는 유기물에 관한 일반적인 명칭을 사용하고 있다.

74 이것은 아마도 의학용어로 'Isotomapalustris palustris'를 지칭하는 것으로 추
    정된다.

75 위에서 저자가 비록 '집파리(housefly)'라는 용어를 사용했지만, 이 경우에는 더
    욱 더 일반적인 범주의 '파리(fly)'라는 용어를 사용한다.

76 여기서는 다시 저자가 '집파리(housefly)'라는 용어를 사용한다.

77 여기서 말하는 붕어는 학명으로 'Carassius carassius'이다.

78 원문에 따르면 주즈광은 공식적인 보고서를 의미하는 '보고(報告)'가 아닌 학술
    논문을 의미하는 '문장(文章)'이라는 표현을 사용했다.

79 이 중앙위생부가 인민해방군 위생부인지, 아니면 중앙정부의 위생부인지 여부는
    불분명하다. 그러나 어느 경우이든 중국인민지원군 위생부보다는 상위 기관이었
    을 것으로 추정된다.

80 중국어로 "engaged in"이라는 표현은 종종 부정적인 의미로 사용된다. 또한 그
    것은 비도덕적인 비난의 뉘앙스를 풍긴다.

81 이것은 의학용어로 'Yersinia pestis'라고 한다.

82 원본 회고록에 따르면 '거짓 경보(false alarm)'라는 용어는 허치 교수가 사용했
    다고 한다.

83 중국어 원문에 따르면 여기서 펑더화이는 복수의 사람들을 거론하고 있다.

84 *Yersinia pestis.*

85 *Vibrio cholera.*

86 *Bacillus anthracis.*

87 이 책의 중국어판 제목은『中國科學技術史』이다.

88 이 사람의 이름은 일단 중국어로 표기된 러시아 이름을 다시 가장 가까운 영어로
    바꾼 것이므로 철자가 다를 수 있다.

89 즉 학명으로는 'Pulex irritans'였다.

90 당시 인도인 교수의 이름은 중국어로 suoke(索克)라고 적고 있다. 따라서 영어
    철자는 확인할 수 없다.

91 중국어로는 **鲁振汉**이라고 적고 있는데 북한에서는 **鲁振漢**이라고 쓰며 한글로는 '로진한'이라고 한다.

92 말하자면 한국계 중국인이다.

93 즉 "그들은 만장일치로 이런 방식으로 문제를 몰고 가는 것에 동의했다."

94 필자가 입수한 개인 문서. http://digitalarchive.wilsoncenter.org/document/123154.
    티버 머레이의 개정 원고는 *The Korea Society Quarterly 3*(Fall 2000), pps. 10-11, 44-45.에 게재되었다.

95 Christine과 William Hyde의 영역.

지은이 프로필

1. 천젠(陳兼, Chen Jian)

미국 코넬대학 역사학과 교수. 미국과 중국의 관계사, 중국을 둘러싼 세계냉전사 전문. 미국과 중국을 오가며 활동 중. 주요 저서로 Mao's China and the Cold War(Chapel Hill, NC: The University of North Carolina Press, 2001) 등이 있다.

2. 캐스린 웨더스비(Kathryn Weathersby)

미 존스홉킨스대 국제대학원(SAIS) 교수. 1990년대 초 러시아 외교부와 구 소련공산당, 국방부 등의 기밀문서와 한국전쟁 관련 문서들을 발굴하고 연구했다. 20여 년 간 미국 우드로윌슨센터에서 '세계냉전사 프로젝트'(CWIHP)의 한국전쟁 연구책임자로 일했다. 고려대 등 국내 대학과 미국을 오가며 활동 중이다.

3. 션즈화(沈志華)

화동사범대학 국제냉전사(冷戰史)센터 주임교수. 중국공산당 선전부장 덩리췬(鄧力群)의 후원으로 중국사회과학원에 입학했으나 1983년 재학 중 정치사건에 연루돼 복역한 경험이 있다. 조기 출소 후 사업가로 활동하기도 했다. 다시 연구자의 길로 돌아 와 1993년 중국사학회동방역사연구소를 세운 후 구소련의 비밀문서와 중국공산당의 문서 등을 통해 한국전쟁과 냉전사를 연구하고 있다. 〈최후의 천조(天朝)〉, 〈김일성 시대의 중국과 북한〉, 〈마오쩌뚱 스탈린과 조선전쟁〉 등을 저술했다.

4. 밀턴 라이텐버그(Milton Leitenberg)

과학자이자 군축문제 전문가로서 오랫동안 스톡홀름 국제평화연구소(SIPRI)에서 활동했다. 이후 코넬대, 메릴랜드 대학에서 교수로 활동했다. 전술핵무기와 생물학무기 통제에 관한 연구의 세계적인 전문가이다. 주요 저서로 The Soviet Biological Weapons Program: A History(Harvard University Press, 2013) 등이 있다.

1. 오일환(吳日煥, OH ILWHAN, 국제정치학박사 Ph.D.)

- 한국외국어대 일본어학과 학사, 한국정신문화연구원 정치학 석사, 박사과정 수료
  일본 츠쿠바대학(筑波大学) 박사
  「引揚·送還をめぐる1950年代の日中·日朝交渉に関する研究−交渉戦略と交渉理論」,
  2006
- 대한민국국회 국방위 및 정보위 정책비서관
- UN University Joint Graduate Courses(UNU-JGC) 국제분쟁과정 수료
- 국무총리실 일제강점하강제동원피해진상규명위원회 전문위원
- 현재 ARGO인문사회연구소 대표연구위원, 중앙대학교 대학원 및 광운대학교 외래교수

○ 논저

『한국전쟁의 수수께끼』, 가람기획, 2000(공저)

『재외동포사 총서 11, 일본 한인의 역사(하)』, 국사편찬위원회, 2010(공저)

『국역 경성발달사』, 서울시사편찬위원회, 2010(공역)

『강제동원을 말한다. 명부편 제1권 − 이름만 남은 절규』, 선인, 2011(공저)

『국역 경성부사 제3권』, 서울시사편찬위원회, 2014(공역)

『전후 일본의 역사문제』, 논형, 2016(번역)

『태평양전쟁사 1』, 채륜, 2017(공역)

『책임과 변명의 인질극』채륜, 2018(공저)

「1950年代 在中日本人 引揚問題를 둘러싼 中日間 협상−3단체방식의 형해화과정을 중심으로」, 『한일민족문제연구』 제12호, 2007.

「강제동원 사망자 유골봉환을 둘러싼 한일 정부 간 협상에 관한 소고− 1969년, 제3차 한일각료회의를 중심으로」, 『한일민족문제연구』 제17호, 2009

2. 이연식(李淵植, YI YEONSIK, 문학박사 Ph.D.)

- 서울시립대학교 및 대학원 졸업(한일관계사, 동아시아 인구이동)
  「해방 후 한반도 거주 일본인 귀환에 관한 연구」, 서울시립대 박사논문, 2009
- 1999~2001, 문부성 초청 국비유학, 국립도쿄가쿠게이대학교(国立東京学芸大学) 일본연구과
- 2002~2013, 서울시립대학교, 고려대 행정대학원, 서울시인재개발원 등 출강
- 2001~2003, 교육부 한일역사공동위원회 제3분과(근현대사) 한국 측 간사

- 2004~2008, 국무총리실 일제강점하강제동원피해진상규명위원회 연구위원
- 2008~2011, 서울특별시사편찬위원회 전임연구원
- 2014~현재, 일본소피아대학교(日本上智大) 외국인초빙연구원(KAKEN Foreign Fellow Faculty), 아르고인문사회연구소 선임연구위원

○논저

『타이헤이마루사건 진상조사보고서』, 일제강점하강제동원피해진상규명위원회, 2006

『日韓歷史共通敎材 - 日韓交流の歷史』, 明石書店, 2007(공저)

『근현대 한일관계의 제 문제』, 동북아역사재단, 2011(공저)

『帝国の崩壊とひとの再移動』, 勉誠出版, 2011(공저)

『조선을 떠나며』, 역사비평사, 2012(단독)

『帝国以後の人の移動』, 勉誠出版, 2013 (공저)

『近代の日本と朝鮮』, 東京堂出版, 2014(공저)

『朝鮮引揚げと日本人』, 明石書店, 2015(단독)

『국역 경성부사 1-3권』, 서울시사편찬위원회, 2012-2014(공역)

『태평양전쟁사 1』, 채륜, 2017(공역)

『책임과 변명의 인질극』 채륜, 2018(공저)

「해방 직후 우리 안의 난민·이주민 문제에 관한 시론」, 『역사문제연구』 35호, 2016

「종전 후 한일 양국 귀환자의 모국 정착과정 비교 연구」, 『한일민족문제연구』 31호, 2016

「화태청 자료를 통해 본 일본제국의 사할린한인 동원실태 연구」, 『일본사상』 32호, 2017

3. 방일권(邦一權, BANG ILKWON, 문학박사 Ph.D.)

- 한국외국어대학교 및 대학원 졸업(서양사, 러시아사)
- 상트페테르부르크 러시아 학술원 역사연구소 박사

  К.П. Победоносцев и распространение церковно-приходски
  х школ в 1884-1904 гг, (포베도노스체프와 교회교구학교의 확산, 1884-1904, 2000년도)
- 2000~2017, 한국외대, 경기대, 청주대 등 출강
- 2005~2009, 국무총리실 일제강점하강제동원피해진상규명위원회 연구위원
- 2009~2017, 한국외국어대학교 중앙아시아연구소 연구교수
- 2014~현재, 아르고인문사회연구소 선임연구위원

○ 논저

『검은 대륙으로 끌려간 조선인들』, 일제강점하강제동원피해진상규명위원회, 2006(공저)

『러시아 문화에 관한 담론』 1-2, 나남, 2011(공역)

『강제동원을 말한다: '제국'의 끝자락까지』, 선인, 2011(공저)

『사할린한인 관련 자료 조사와 분석』, 동북아역사재단, 2013(단독)

『극동 러시아 한인사회 실태조사』, 중앙아시아연구소, 2013(공저)

『오호츠크해의 바람: 산중반월기』, 선인, 2013(편역)

『사할린한인의 동원·억류·귀환 경험』, 국사편찬위원회, 2015(공저)

『태평양전쟁사 1』, 채륜, 2017(공역)

『책임과 변명의 인질극』 채륜, 2018(공저)

「중앙아시아 각국의 러시아 디아스포라: 형성과 변화」, 『러시아·몽골』, 대외경제정책연구원 전략지역심층연구 논문집 3, 2012

「한국과 러시아의 사할린한인연구 – 연구사의 검토」, 『동북아역사논총』 38호, 2012

「러시아 지역 사할린한인 기념 공간의 현황과 과제」, 『한일민족문제연구』 26호, 2014

「제정러시아 한인 사회와 정교학교 교육」, 『재외한인연구』 36호, 2015

전쟁과 평화 학술총서 III-1

한국전쟁의 거짓말
스탈린, 마오쩌둥, 김일성의 불편한 동맹

1판 1쇄 펴낸날 2018년 11월 20일

지은이 천젠, 캐스린 웨더스비, 션즈화, 밀턴 라이텐버그
편역자 오일환, 이연식, 방일권(ARGO인문사회연구소)

펴낸이 서채윤 펴낸곳 채륜
책만듦이 김승민 책꾸밈이 이한희

등록 2007년 6월 25일(제2009-11호)
주소 서울시 광진구 자양로 214, 2층(구의동)
대표전화 02-465-4650 팩스 02-6080-0707
E-mail book@chaeryun.com Homepage www.chaeryun.com

이 도서의 국립중앙도서관 출판예정도서목록(CIP)은 서지정보유통지원시스템 홈페이지(http://seoji.nl.go.kr)와 국가자료공동목록시스템(http://www.nl.go.kr/kolisnet)에서 이용하실 수 있습니다. (CIP제어번호 : CIP2018035393)

채륜서(인문), 앤길(사회), 띠움(예술)은 채륜(학술)에 뿌리를 두고 자란 가지입니다.
물과 햇빛이 되어주시면 편하게 설 수 있는 그늘을 만들어 드리겠습니다.